昆仑信托
KUNLUN TRUST CO., LTD.

金鼠送福迎新年，昆仑财富常相伴。昆仑信托全体员工感谢新老朋友的信任，并致以新年的祝福！

昆仑信托坚持"以诚树人，以实立业，以信兴企"的经营管理理念，争做"金融街上的石油人"，产融业务多点开花，融融协同亮点纷呈，为广大石油员工提供了一条低风险、高收益的理财渠道。

新一年，昆仑信托蹄疾而步稳，勇毅而笃行，以源远流长的信仰、分享共赢的信任、大信有成的信誉、不忘初心的信念，信守承诺，砥砺奋进，再谱新篇。

信誉无价
托付有道

昆仑信托金融理财中心
微信公众号

昆仑信托金融理财中心
微信服务号

地　址　北京市　西城区　金融大街1号石油金融大厦B座　　邮　编　100033

地　址　浙江省　宁波市　鄞州区　民安东路268号
宁波国际金融服务中心北区E座28－31层　　邮　编　315042

理财咨询电话　北京　010－6359777/63597666
　　　　　　　宁波　0574－87031714/87031730

国投泰康信托有限公司

(简称"国投泰康信托")是经中国人民银行批准设立、中国银行保险监督管理委员会监管的非银行金融机构,注册资本金26.7亿元人民币。公司主要股东为国投资本股份有限公司、泰康保险集团股份有限公司、悦达资本股份有限公司。

公司秉承"有道而正 信则人任"的核心价值观,形成了稳健、规范、创新、进取的经营风格。自成立以来,公司所有信托产品均实现平稳运行,为投资人实现了预期收益。公司致力于成为稳健卓越的资产管理机构和值得托付的财富管理人。

公司坚持市场化、专业化、特色化的发展思路,形成了投行服务、资产管理和财富管理三位一体、互相支撑、协同发展的业务体系。

- 以融资人融资需求为核心,在房地产、基础设施、小微金融、供应链金融等领域,开展债务融资、资产证券化、同业合作等专业投行服务;
- 以专业的资产管理能力为基础,开展不动产投资、股权投资、证券投资和另类投资等资产管理业务;
- 以机构和高净值人士的财富管理需求为基础,开展账户管理、资产配置、家族信托等财富管理业务。

微信服务号

微信订阅号

国投财富APP

中航信托
AVIC TRUST

同心·同行
继往开来

不辜负每一份信任
致力于成为备受信赖、专业领先、广获尊重的金融整合服务商

中航信托股份有限公司是由中国银保监会批准设立的非银行金融机构，注册资本46.57亿元。

现已发展成为管理资产逾6000亿元、净资产逾百亿、进入行业发展前列的现代金融企业。

公司业务齐全、产品多样、服务完备，覆盖了私募投行、资产管理、财富管理全理财价值链，在全国24个大中城市共设立32个业务团队与28家财富中心。

公司股东实力雄厚，由特大型央企中国航空工业集团有限公司及境外投资者新加坡华侨银行等单位共同发起组建，是集央企控股、上市背景、中外合资、军工概念于一身的信托公司。

2019年，中航信托以35.89亿元的信托业务收入位列全国68家信托公司的第4位，主要经营指标均位于行业第一发展梯队。

作为中国信托业协会第四届会员大会会长单位，凭借不断创新实干的担当精神及推动行业发展的责任意识，中航信托得到了监管、协会、同业及社会各界的认可与信任，连续四年获评行业协会最高评级A级，多次获得"中国优秀信托公司"、"最具竞争力信托公司"、"十佳财富管理创新奖"等荣誉称号。

私募投行
Private investment bank

资产管理
Asset management

财富管理
Wealth management

财富热线：400-8855-258   www.avictc.com

中航财富公众号　　三分钟了解中航信托　　中航员警公众号

华宸信托有限责任公司成立于1988年,前身为内蒙古自治区信托投资公司,注册地为呼和浩特市,属地方性非银行金融机构。目前公司前三大股东为内蒙古交通投资(集团)有限责任公司、中国大唐集团资本控股有限公司、内蒙古自治区人民政府国有资产监督管理委员会。

作为一家小型信托公司,华宸信托采取一体两翼的发展战略布局,立足内蒙古,跻身增长极,服务实体经济,服务中小企业,服务中产客户,以财富管理为主体、私募投行和资产管理为两翼,以财富管理为核心业务,以资产管理为基础业务,以私募投行为生存业务,做专财富管理,做强资产管理,做精私募投行,以供应链金融和互联网金融为平台,打造成为具有较强资产管理能力的财富管理机构,走市场化、专业化、精细化和特色化发展之路。

华章永续 宸宇辉煌

联系电话 0471-6944557 0471-4193900

目　录

第一章　2019年中国信托业回顾与展望 …… 1

第一节　2019年宏观经济形势分析与2020年展望 …… 3
一、贸易争端使全球经济复苏雪上加霜 …… 3
二、我国经济增速放缓，第三产业增加值增速继续领跑 …… 5
三、消费增速全面赶超固定资产投资增速 …… 5
四、CPI与PPI增速再现"剪刀差" …… 6
五、非制造业、制造业PMI年底反弹明显 …… 8
六、贸易顺差大幅增加 …… 9
七、2020年经济形势展望 …… 10

第二节　2019年金融货币政策分析与2020年展望 …… 11
一、净现金投放规模适度增加，广义货币增速持续回落 …… 11
二、社会融资规模增量上升，债券市场运行平稳 …… 12
三、人民币先升值再贬值，兑美元汇率波动平缓 …… 14
四、金融市场监管政策纷至沓来 …… 15
五、2020年金融货币政策展望 …… 20

第三节　宏观金融政策对信托的主要影响 …… 22
一、信托产品收益下行压力显现 …… 22
二、信托产品创新备受关注 …… 23
三、对信托业风险管控提出新要求 …… 24

第四节　2019年中国信托业现状与特征分析 …… 26
一、信托资产规模降中趋稳，固有资产增幅收窄 …… 26
二、信托公司主业收入稳中有增，产品收益缓步提高 …… 29
三、资管细则陆续发布，顶层设计层出不穷 …… 32
四、服务（类）信托受到高度关注 …… 40

五、非标转标蕴含转型先机 ……………………………………………… 47
六、信托科技赋能 …………………………………………………………… 49
七、房地产信托业务规模大幅缩减，消费金融业务异军突起 ………… 53
八、信托国际化步伐放缓 …………………………………………………… 58
九、信托受益权账户上线标志行业基础设施进一步完善 ……………… 63
十、信托公司加速布局财富管理中心 …………………………………… 65
十一、风险项目规模急剧攀升，风控手段亟待跟进 …………………… 66
十二、2020年信托业发展趋势展望 ……………………………………… 70

第二章 信托机构 …………………………………………………………… 75

第一节 2019年部分信托公司经营指标概览 ……………………………… 77
一、营业收入增长分化 ……………………………………………………… 79
二、营业支出刚性增长 ……………………………………………………… 81
三、净利润向头部公司集中 ………………………………………………… 82
四、整体资本实力提升 ……………………………………………………… 83
五、结语 ……………………………………………………………………… 83

第二节 信托机构概况 ………………………………………………………… 84

第三节 信托公司经营分析 …………………………………………………… 85
一、主要财务指标分析 ……………………………………………………… 86
二、信托资产规模分析 ……………………………………………………… 96
三、信托资产结构分析 ……………………………………………………… 99
四、盈利能力分析 …………………………………………………………… 110
五、风险增大下的整体风险可控 …………………………………………… 113

第四节 信托公司人力资源分析 ……………………………………………… 118
一、信托机构从业人员基本情况 …………………………………………… 118
二、人力资源岗位分析 ……………………………………………………… 120

第三章 集合资金信托产品 …………………………………………………… 123

第一节 2019年集合资金信托产品发行概况 ……………………………… 125
一、2019年集合资金信托产品发行概况 …………………………………… 125
二、信托产品的资金运用方式 ……………………………………………… 127

三、信托产品的资金投向 ··· 127

第二节 房地产信托产品及业务发展概况 ································ 128
 一、整体概况 ··· 128
 二、房地产信托产品发行情况 ······································· 129
 三、房地产创新产品 ··· 130
 四、房地产信托发展展望 ··· 132

第三节 工商企业信托产品 ·· 133
 一、工商企业信托发行情况 ··· 133
 二、主要创新产品与案例 ··· 135

第四节 基础设施类信托产品 ·· 137
 一、基础设施类信托产品发行 ······································· 137
 二、基础设施类信托产品创新 ······································· 137
 三、基础设施类信托产品发展展望 ··································· 138

第五节 证券投资信托 ·· 139
 一、证券市场状况 ··· 139
 二、证券投资信托产品发行情况 ····································· 140
 三、证券投资信托发展展望 ··· 141

第六节 信托特色及创新业务 ·· 142
 一、慈善信托呈现良好发展态势 ····································· 142
 二、企业资产证券化业务仍有较大发展空间 ··························· 143
 三、加快创新发展家族信托 ··· 144
 四、消费权益信托产品引关注 ······································· 145

第七节 2020年信托产品创新转型趋势和展望 ··························· 146

第四章 2019年泛资产管理市场：优化与创新　　147

第一节 2019年泛资管市场回顾与展望 ································· 149
 一、银行理财：规模增长、收益下降 ································· 149
 二、信托资管：持续调整、结构优化 ································· 152
 三、基金管理：热度持续、模式转变 ································· 160
 四、期货资管：增长加快、着力创新 ································· 168
 五、券商资管：规模缩水、把握机遇 ································· 173

六、保险资管：行情稳定、合作发展 …………………………………………… 177
七、基金子公司：艰难发展、亟须转型 …………………………………………… 184
八、银行理财子公司：逐步发展、重塑格局 …………………………………… 188
第二节 2019年泛资管市场政策解读 …………………………………………………… 195
一、年度重点监管政策回顾 ………………………………………………………… 195
二、新修改的《证券投资基金法》通过 ………………………………………… 197
三、《信用评级业管理暂行办法》发布 ……………………………………………… 200

第五章 2019年信托法律法规评述 …………………………………………… 203

第一节 审理营业信托纠纷案件的新指引 …………………………………………… 205
一、引　言 …………………………………………………………………………… 205
二、第88条"营业信托纠纷的认定" ……………………………………………… 207
三、第89条"资产或者资产收益权转让及回购" ……………………………… 209
四、第90条"劣后级受益人的责任承担" ………………………………………… 215
五、第91条"增信文件的性质" …………………………………………………… 218
六、第92条"保底或者刚兑条款无效" …………………………………………… 220
七、第93条"通道业务的效力" …………………………………………………… 225
八、第94条"受托人的举证责任" ………………………………………………… 226
九、第95条"信托财产的诉讼保全" ……………………………………………… 228
十、第96条"信托公司固有财产的诉讼保全" ………………………………… 231
第二节 信托受益权的标准化和"信托转标" ……………………………………… 238
一、信托受益权的标准化 …………………………………………………………… 238
二、《标准化债权类资产认定规则》（征求意见稿）和"信托转标" ………… 244
第三节 我国信托立法的展望 …………………………………………………………… 246
一、概述 ……………………………………………………………………………… 246
二、即将出台的《民法典》对《信托法》的影响 ……………………………… 249
三、继续期待《信托公司条例》的出台 ………………………………………… 249

第六章 焦点探析：2019—2020年大资管行业政策框架与导向 ………… 251

第一节 大资管行业基本政策框架梳理 ……………………………………………… 253
一、已发布政策文件梳理 …………………………………………………………… 253

二、待发布政策文件梳理 …………………………………………………… 254
三、21部原资管相关政策文件被废除 …………………………………… 254
四、大资管行业政策框架图 ………………………………………………… 255

第二节 大资管行业主体框架 …………………………………………………… 256
一、基本构成及对应规模 …………………………………………………… 256
二、大资管行业的新成员(12家已获批筹、7家已获开业,另有18家银行公告表示设立理财子公司) ………………………………………… 257
三、上市银行非保本理财规模具体情况(截至2019年6月底) ……… 259

第三节 大资管行业具体政策导向对比 ……………………………………… 261
一、维度1:产品端(资管产品分类) …………………………………… 261
二、维度2:销售端(针对社会大众的公募资管产品) ………………… 263
三、维度3:销售端(针对合格投资者的私募资管产品) ……………… 264
四、维度4:投资端(理财子公司最松) ………………………………… 268
五、维度5:关于分级产品和杠杆的规定 ………………………………… 270
六、维度6:净资本、风险资本、风险准备与流动性风险监管 ………… 271
七、维度7:非标债权认定 ………………………………………………… 276
八、维度8:大资管行业估值 ……………………………………………… 278
九、维度9:后续可能会对私人银行等财富管理业务采取牌照管理模式
 ……………………………………………………………………………… 282
十、维度10:大资管行业的重要任务是服务于承接债务压力 ………… 282

图目录

图 1-1　2019 年社会消费零售总额及固定资产投资情况 ……………………（6）
图 1-2　2019 年 CPI、PPI 月度变动情况 ………………………………………（7）
图 1-3　2019 年非制造业、制造业 PMI 变动情况 ……………………………（8）
图 1-4　2019 年我国进出口额月度变化情况 …………………………………（9）
图 1-5　2019 年货币供应量 ……………………………………………………（12）
图 1-6　2019 年中国社会融资规模增量 ………………………………………（13）
图 1-7　2019 年人民币汇率指数走势 …………………………………………（15）
图 1-8　信托资产规模（2016Q1—2019Q3）…………………………………（26）
图 1-9　信托资产来源结构（2018Q4—2019Q3）……………………………（27）
图 1-10　信托资产功能结构（2018Q3—2019Q3）……………………………（28）
图 1-11　信托公司固有资产（2018Q4—2019Q3）……………………………（29）
图 1-12　信托公司收入与利润（2018Q1—2019Q3）…………………………（30）
图 1-13　信托产品收益（2018Q1—2019Q3）…………………………………（31）
图 1-14　2019 年新发行信托产品平均年收益率 ……………………………（32）
图 1-15　华润信托证券投资运营服务业务模式 ……………………………（43）
图 1-16　2019 年 1—11 月资产证券化信托产品月度数量变化 ……………（46）
图 1-17　房地产信托规模及占比（2018Q3—2019Q3）………………………（54）
图 1-18　房地产信托业务规模增速及占比（2018Q3—2019Q3）……………（54）
图 1-19　金融机构信托业务规模及占比（2018Q3—2019Q3）………………（55）
图 1-20　基础产业信托业务规模及占比（2018Q3—2019Q3）………………（56）
图 1-21　2019 年 1—11 月消费信托初始登记数量 …………………………（57）
图 1-22　QDII 信托业务余额及占比变动情况（2017Q1—2019Q3）…………（61）
图 1-23　信托风险项目个数与资金规模（2018Q1—2019Q3）………………（67）
图 2-1　信托公司 2019 年营业收入增速情况 ………………………………（80）

图 2-2	信托公司 2019 年营业收入与增速的散点图	(80)
图 2-3	信托公司 2019 年营业支出与收入增速的散点图	(81)
图 2-4	信托公司 2019 年净利润增速情况	(82)
图 2-5	信托公司资产负债率的分布情况	(83)
图 2-6	2015—2019 财年信托公司信托报酬率趋势	(88)
图 3-1	2010—2019 年国内集合资金信托产品发行数量及募集规模统计	(126)
图 3-2	2019 年集合资金信托产品发行数量及规模统计	(127)
图 3-3	不同资金运用方式的资金募集规模占比	(127)
图 3-4	不同资金投向的信托产品资金募集规模占比	(128)
图 3-5	新建住宅价格指数走势	(129)
图 3-6	鼎信安盈保利千灯湖项目信托交易结构	(131)
图 3-7	工业企业经营效益情况	(134)
图 3-8	企业经营景气指数	(134)
图 3-9	证券投资信托发行数量及规模统计	(141)
图 3-10	企业资产证券化发行趋势	(143)
图 4-1	互联网宝宝类理财产品收益率	(150)
图 4-2	理财产品预期年化收益率（1 年）	(150)
图 4-3	固有资产规模及增速	(152)
图 4-4	固有资产运用方式比重	(153)
图 4-5	所有者权益构成	(154)
图 4-6	新增信托项目种类规模及占比	(154)
图 4-7	未来 1 年信托到期规模及分类规模	(155)
图 4-8	信托资金投向比例	(156)
图 4-9	工商企业信托投资情况	(156)
图 4-10	金融机构信托投资情况	(157)
图 4-11	基础产业信托投资情况	(158)
图 4-12	房地产行业信托投资情况	(158)
图 4-13	证券行业信托投资情况	(159)
图 4-14	近两年非货币基金规模变化	(161)
图 4-15	私募基金管理变动情况	(162)

图4-16	不同规模管理人数量	(163)
图4-17	城镇居民人均可支配收入	(165)
图4-18	2018年美国各类基金管理主体占比	(166)
图4-19	五大交易所2019年1—11月成交量	(169)
图4-20	2019年前9个月保险业月度累计赔付对比	(177)
图4-21	2018年保险资产配置结构	(178)
图4-22	信托计划投资规模占保险资金运用余额比例	(179)
图4-23	保险资金投资的信托计划投资期限分布	(179)
图4-24	各信用等级融资类产品投资规模	(180)
图4-25	信托产品北京、上海地区投资规模分布	(181)
图4-26	基金子公司规模	(184)
图4-27	基金子公司成立数量	(185)
图4-28	基金子公司数量	(185)
图4-29	信托资管(左)与券商资管(右)通道业务占比	(190)
图4-30	银行"T+0"产品收益率高于货币基金	(191)
图4-31	2018年底不同类型银行理财产品存续余额	(191)
图4-32	2017年底部分商业银行网点数量	(192)
图4-33	2017年中美线上理财渗透率对比	(192)
图4-34	主要互联网理财平台AUM及市场份额	(193)
图6-1	大资管行业政策框架	(256)
图6-2	大资管行业构成	(257)
图6-3	资管产品的分类	(262)

表目录

表1-1　全球经济增长率 …………………………………………（3）

表1-2　商品和服务贸易增长情况 ………………………………（4）

表1-3　2019年三产业产值同比增速季度数据 …………………（5）

表1-4　人民币兑主要货币月均汇率走势 ………………………（14）

表1-5　2019年主要金融政策汇总 ………………………………（18）

表1-6　2019年与信托业发展相关的法规和制度 ………………（34）

表1-7　不同类型服务信托提供的服务 …………………………（42）

表1-8　2019年1—11月新增QDII信托业务登记情况 …………（59）

表1-9　信托公司QDII业务获批额度分布 ………………………（62）

表1-10　信托风险项目分类占比情况 ……………………………（68）

表1-11　2020年1—9月到期信托项目个数及规模 ……………（69）

表2-1　2019年61家信托公司营业收入、净利润数据 …………（77）

表2-2　信托公司的整体收入结构 ………………………………（81）

表2-3　信托公司净利润的集中度情况 …………………………（82）

表2-4　中国信托公司名录 ………………………………………（84）

表2-5　信托公司资本利润率统计分析 …………………………（87）

表2-6　信托公司信托报酬率的统计分析 ………………………（89）

表2-7　信托公司人均净利润的统计分析 ………………………（90）

表2-8　资本利润率序列 …………………………………………（91）

表2-9　信托报酬率序列 …………………………………………（93）

表2-10　信托公司信托资产规模的统计分析 ……………………（97）

表2-11　2015—2019财年信托公司信托资产行业分布占比 …（102）

表2-12　2019财年各项信托资产比例最大的前3名 …………（104）

表2-13　2019财年各项信托资产规模最大的前3名 …………（105）

表2-14　2015—2019财年各项信托资产投资比例最稳定的前3名 ……（105）

表2-15	信托公司信托资产运用方式分布	(107)
表2-16	2019财年各项信托资产运用方式比例最大的前3名	(108)
表2-17	2019财年各项信托资产规模最大的前3名	(109)
表2-18	各项信托资产比例最稳定的前3名	(109)
表2-19	2015—2019财年信托公司营业收入统计分析	(111)
表2-20	信托公司利润总额统计分析	(112)
表2-21	信托公司资产减值损失统计分析	(113)
表2-22	净资本相关指标排名	(115)
表2-23	自营不良资产规模的统计分析	(115)
表2-24	自营不良资产率的统计分析	(116)
表2-25	自营不良资产规模分布	(117)
表2-26	信托公司自营不良资产缩减前五名	(117)
表2-27	信托公司资产类别	(118)
表2-28	信托公司从业人员规模的统计分析	(118)
表2-29	信托公司从业人员规模前3名	(119)
表2-30	信托公司从业人员规模增幅前3名	(119)
表2-31	信托公司从业人员年龄的统计分析	(120)
表2-32	信托公司从业人员年龄最小的前3名	(120)
表2-33	信托公司从业人员岗位分布的统计分析	(121)
表2-34	信托公司信托业务人员的统计分析	(121)
表2-35	信托公司高学历从业人员统计分析	(122)
表2-36	2018—2019财年信托公司人力资源高学历分布排名前3名 (122)	
表4-1	公募基金数量及构成	(161)
表4-2	理财子公司现金类产品与公募货币基金区别	(190)
表5-1	信托受益权转让限制情形	(241)
表6-1	已废除的资管相关政策文件	(255)
表6-2	理财子公司获批情况	(258)
表6-3	申请设立的理财子公司情况	(258)
表6-4	上市银行非保本理财规模	(260)
表6-5	公募资管产品销售渠道对比	(264)

表6-6	合格投资者认定条件	(265)
表6-7	各监管政策对合格投资者的认定标准	(267)
表6-8	资管产品投资端监管政策对比	(269)
表6-9	资管行业对不同类型金融机构的监管指标	(271)
表6-10	不同类型金融机构净资本、风险资本计算方法	(272)
表6-11	自有资金投资风险资本的风险系数	(274)
表6-12	理财资金投资风险资本的风险系数	(275)
表6-13	认定为标准化债权资产的条件及细则	(276)
表6-14	标准化资产和非标准化资产的认定范围对比	(278)
表6-15	对资管产品估值的相关规定	(279)
表6-16	不同类别资管产品的估值方法	(280)

中国信托业发展报告
(2020)

第一章

2019 年中国信托业回顾与展望

第一节 2019年宏观经济形势分析与2020年展望

一、贸易争端使全球经济复苏雪上加霜

(一)全球经济增长率

国际货币基金组织(IMF)于2019年4月发布《世界经济展望报告》,修正2018年全球经济增速为3.6%,较2017年下调0.2个百分点,并预测2019年全球经济增速将进一步下滑,降至3.3%。10月,IMF大幅下调了对亚洲地区、拉美—加勒比地区、中东及北非等部分经济体的经济增速预期,进一步将2019年全球经济增速调降至3.0%,同时预期2020年全球经济增速将回升至3.4%。

具体而言,发达经济体的经济增长逐步趋稳,IMF预计2019年发达国家经济增速较2018年略有下降,但2020年将逐步稳定,维持在1.7%左右;另外,受发达国家贸易保护的负外部性影响,新兴经济体经济增速在2019年出现下滑,但不同区域经济增长表现各异,亚洲地区经济增速小幅回落,而中东、北非、拉美等地区新兴市场国家经济增速减缓趋势较为明显。在对2019年世界经济增速的预期中,IMF全面下调了全球主要经济体的经济增速,其中对中东及北非地区经济增速预期从1.3%调降至0.1%,对拉美—加勒比地区经济增速预期从1.4%调降至0.2%。如表1-1所示。

表1-1 全球经济增长率 (%)

	2018年	2019年4月预期	2019年10月预期
世界范围	3.6	3.3	3.0
发达经济体	2.2	1.8	1.7

续表

	2018 年	2019 年 4 月预期	2019 年 10 月预期
新兴经济体	4.5	4.4	3.9
亚洲地区	6.4	6.3	5.9
中东及北非	1.4	1.3	0.1
拉美—加勒比地区	1.0	1.4	0.2

资料来源：国际货币基金组织(IMF)《世界经济展望报告》。

(二)全球商品和服务贸易情况

表 1-2 报告了自 2016 年以来世界范围商品和服务贸易的增长情况，IMF 于 2019 年 10 月发布的《世界经济展望报告》预期 2019 年全球商品和服务贸易量年增长率为 1.1%，较 2018 年大幅下调 2.5 个百分点。其中，新兴经济体出口增速为 1.9%，进口增速为 0.7%，较发达经济体分别高 1 个百分点和低 0.5 个百分点。2019 年全球各经济体出口、进口增速全年下滑，新兴经济体的进口增速下调最为显著。部分国家重拾贸易保护政策使新兴经济体受到较大冲击，全球经济复苏也因此受到制约，持续放缓。

从贸易条件视角来看，2019 年发达经济体贸易条件变动较为稳定；而新兴经济体贸易条件在经历 2017—2018 年的短暂提高后，再次出现下调，预计将一直持续到 2020 年，新兴经济体在参与全球价值链过程中对国际市场定价的主导权有所减弱。

表 1-2 商品和服务贸易增长情况　　　　　　　　　　　　　(%)

	2016 年	2017 年	2018 年	2019 年*	2020 年*
贸易量	2.3	5.7	3.6	1.1	3.2
出口:发达经济体	1.8	4.7	3.1	0.9	2.5
出口:新兴经济体	3.0	7.3	3.9	1.9	4.1
进口:发达经济体	2.6	4.7	3.0	1.2	2.7
进口:新兴经济体	1.8	7.5	5.1	0.7	4.3
贸易条件:发达经济体	1.2	-0.2	-0.7	0.0	-0.1
贸易条件:新兴经济体	-1.6	0.8	1.5	-1.3	-1.1

资料来源：国际货币基金组织(IMF)《世界经济展望报告》，2019 年和 2020 年数据为预测值。

二、我国经济增速放缓，第三产业增加值增速继续领跑

2019年前三季度，我国以不变价格测算的国内生产总值为63.78万亿元，同比增长6.2%，较上年同期小幅下降0.5个百分点。其中，第一产业和第二产业增加值占比分别为6.73%和40.18%，较上年同期分别降低0.21和0.23个百分点；第三产业增加值占比53.10%，较上年同期提高0.44个百分点。虽然以不变价格测算的国内生产总值增长率出现小幅回落，但在全球经济放缓的大背景下，伴随我国经济结构的逐步优化，依然维持了在新兴经济体中较快的经济增长，可持续的高质量的增长模式成为我国经济发展的新常态。

2019年三产业产值同比增速变动趋势差异明显：其中，第一产业产值同比增速前两季度上升势头明显，但在第三季度增速下降0.1个百分点；第二产业产值前三季度同比增速逐步下降，2019年第三季度同比增速较第一季度下降0.5个百分点；第三产业产值同比增速呈现较强的稳定性，2019年前三季度均维持在7.0%。如表1-3所示。

表1-3　2019年三产业产值同比增速季度数据　　　　　　　　（%）

	2018Q4	2019Q1	2019Q2	2019Q3
第一产业	3.5	2.7	3.0	2.9
第二产业	5.8	6.1	5.8	5.6
第三产业	7.6	7.0	7.0	7.0

资料来源：国家统计局。

三、消费增速全面赶超固定资产投资增速

2019年11月，当月社会消费品零售总额为38093.8亿元，虽然较上月减少10.5亿元，但是同比增长8.04%。从1—11月累计情况来看，社会消费品零售总额为372872.3亿元，较2018年同期增长8.05%。分季度来看，2019年前三季度各月社会消费品零售总额在3.05万亿元至3.45万亿元区间波动，总体较为平缓；进入第四季度以来，社会消费品零售总额跃升明显，10月社会消费品零售总额环比大幅增加0.36万亿元，11月依然持续高位运行。

从同比增速来看，2019年社会消费品零售总额展现同比较快增长特征，各月同比增速均维持在7%以上，其中6月同比增速更是达到9.85%，为全年社会消费品零售总额增速最快的月份。

另外,2019年11月,全国新建固定资产投资累计增速为5.5%,环比增加0.7个百分点,较2018年同期增加1.1个百分点。从全年来看,全国新建固定资产投资累计增速在第一季度末陡然上升至5.4%,然后维持在5.5%左右小幅波动,10月短暂回调至4.8%,11月再次反弹超过全年平均水平。

通过对比发现,2019年上半年,社会消费品零售总额和新建固定资产投资额的同比增速变动相关性较低,而到了下半年,两者展现出较高的同向相关特征,固定资产投资与社会消费品零售总额间的经济传导机制充分发挥效能,展现了我国宏观经济的市场化运作特征。另外,2019年社会消费品零售总额的同比增速明显高于新建固定资产投资额的同比增速,消费逐步替代投资成为拉动经济的核心因素。如图1-1所示。

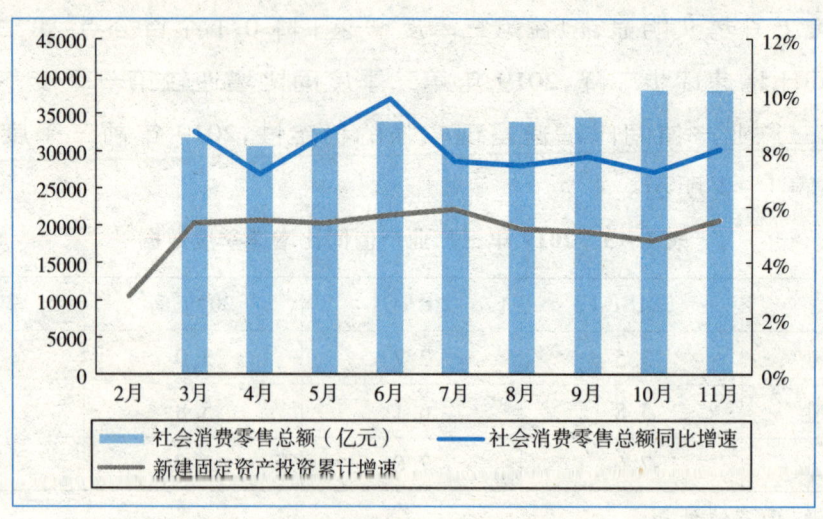

图 1-1　2019 年社会消费零售总额及固定资产投资情况

资料来源:国家统计局。其中,1—2月统计数据并未披露,故此图中部分数据在年初有所缺失。

四、CPI 与 PPI 增速再现"剪刀差"

从居民部门来看,2019年11月我国居民消费价格指数(CPI)同比上涨4.5%,自年初以来持续上涨,达到前11个月的最高水平。2019年1—11月,CPI环比最大涨幅出现在2月,CPI环比上涨1.0%;环比最大降幅出现在3月,CPI环比下降0.4%,与往年保持一致,CPI在2月和3月受春节假期等季节性因素影响分别展现超调与回调特征,但相较以往波动有所放缓。与上年同期相比,2019年11月居民消费价格指数同比增速除了交通和通信类居民消费价格指数下降了2.8%之外,均展现上升趋势,具体包括:食品烟酒类居民消费价格指数(上升13.9%)、衣着类居民消费价格指数(上升1.1%)、居住类居民消费价格指数(上升0.4%)、生活用品及服务类居民消费价格指数(上升0.4%)、教育文化和娱乐类居民消费价格指数(上升1.7%)、医疗保健类居民消费价格指数(上升2.0%)、其他用品和服务类居民消费价格指数(上升4.5%)。

另外,分析城乡差异年内变化,发现2019年上半年城市与农村居民消费价格同比增速基本持平,下半年农村居民消费价格同比增速逐步超过城市居民消费价格同比增速,并且差异逐步扩大。其中,2019年11月农村食品烟酒价格同比上升17%,较其他类商品明显高于城市此类价格同比增速;城市衣着类商品价格同比增速为1.3%,较其他类商品明显高于农村此类价格同比增速。生活用品及服务类居民消费价格指数在2019年11月实现城乡基本持平。

从生产部门来看,2019年11月我国工业品出厂价格(PPI)同比下降1.4%,环比下降0.1%。2019年1—11月,PPI环比最大涨幅出现在4月,PPI上涨0.3%;环比最大降幅为0.6%,出现在1月。

区分工业部门,2019年11月,出厂价格指数增速较快(同比增长超过3%)的4个行业是黑色金属矿采选业(同比增长8.3%),农副食品加工业(同比增长7.5%),文教、工美、体育和娱乐用品制造业(同比增长3.4%)和有色金属矿采选业(同比增长3.2%);降幅较大(同比减少超过10%)的两个行业是化学纤维制造业(同比减少12.6%)、石油和天然气开采业(同比减少11.2%)。

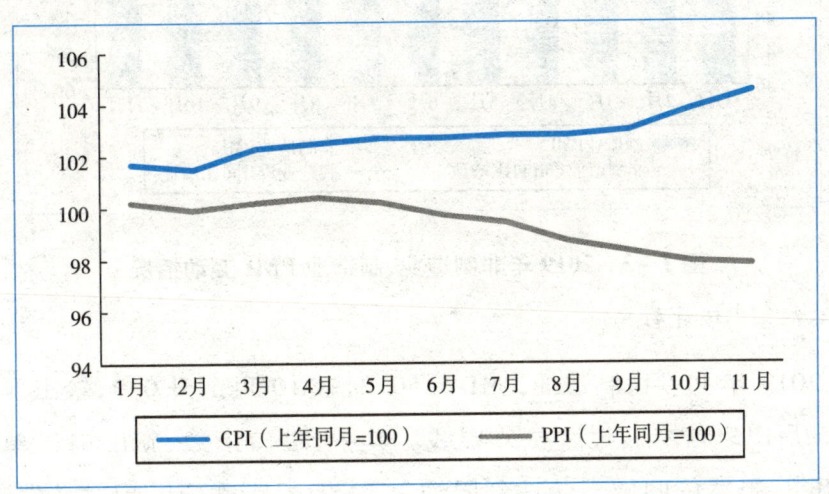

图1-2 2019年CPI、PPI月度变动情况

资料来源:国家统计局。

图1-2表明2019年月度PPI增速在短暂上扬后呈现明显下降趋势,而CPI在年初进行超调和回调后全年呈现上升趋势,增速在年底进一步上升。虽然猪肉等个别消费品价格上涨带动CPI整体上扬,但PPI的持续下降表明我国宏观经济内需依旧不足,工业企业利润下行趋势仍将持续,经济下行风险不可忽视。

五、非制造业、制造业PMI年底反弹明显

图1-3报告了2019年1—11月中国非制造业、制造业采购经理指数(PMI)的变动情况。2019年11月,中国非制造业PMI为54.4,较10月上升1.6,较上年同期上升1.87%,同比增速自4月以来首次为正。其中,在手订单指数、存货指数、新出口订单指数、从业人员指数长期低于荣枯分界线,11月分别为44.6、47.4、48.8、49;投入品价格指数和销售价格指数涨幅明显,分别较上年同期上升4.72%和3.85%,成为拉动11月非制造业PMI同比上升的主要因素。纵观全年,虽然非制造业PMI全年呈现下降趋势,但依然远远超过荣枯分界线,并且在年底出现明显的反弹。

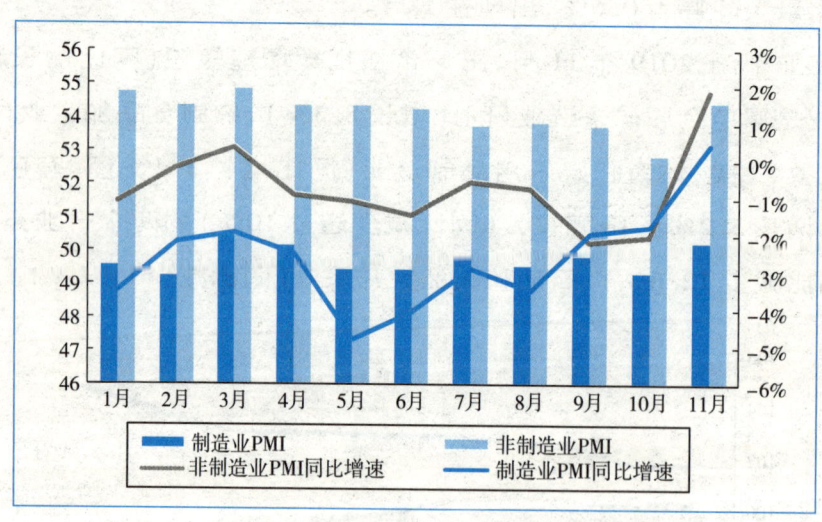

图1-3 2019年非制造业、制造业PMI变动情况

资料来源:国家统计局。

另外,2019年11月,制造业PMI为50.2,较10月上升0.9,较上年同期上升0.4%,自5月以来首次超过荣枯分界线。其中,进口指数、新出口订单指数分别为49.8、48.8,虽然依旧位于荣枯分界线之下,但同比增速远超过其他二级指数,分别达到5.73%和3.83%;生产经营活动预期指数、生产指数分别为54.9和52.6,长期处于较高水平。纵观全年,与非制造业PMI相比,制造业PMI的波动

程度较高;同时,制造业景气程度与非制造业相比具有一定差距,制造业 PMI 仅在 3 月和 11 月超过荣枯分界线。

六、贸易顺差大幅增加

海关总署发布的进出口商品国别(地区)总值表(人民币值)披露,2019 年 1—11 月我国累计出口额为人民币 15.55 万亿元,同比增长 4.52%;累计进口额为人民币 12.95 万亿元,与上年同期基本持平;贸易顺差为人民币 2.61 万亿元,同比大幅上升 35.06%。

图 1-4 描述了我国 2019 年 1—11 月进出口数据月度变化情况。年初进口额出现较大波动,出口额在 2 月急剧减少,但与 2018 年相比并未出现单月贸易逆差现象。此后,出口恢复强劲上升趋势,进口则在上半年出现小幅回调,6 月贸易顺差增至 3415 亿元,达到全年最高水平;9 月以来出口额、进口额展现同向变动趋势,贸易顺差波动较为平缓。中美贸易争端在 2019 年并未给我国出口造成持续性影响,我国贸易差额反而同比出现大幅增长。

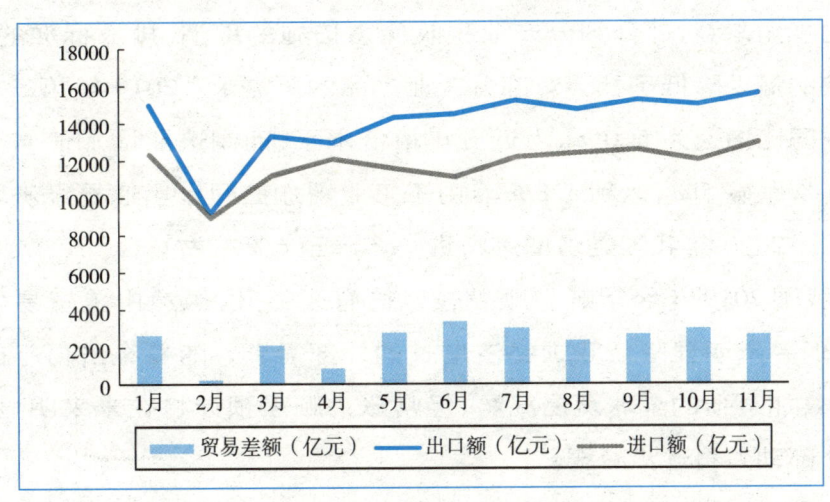

图 1-4　2019 年我国进出口额月度变化情况

资料来源:海关总署。

2019 年 1—11 月,我国累计出口额最大的前五位目的国(地区)分别为美国(人民币 26398.06 亿元)、中国香港(人民币 17324.67 亿元)、日本(人民币 8992.12 亿元)、韩国(人民币 6938.58 亿元)、越南(人民币 6054.53 亿元)。其中,对越南出口同比增速最快,达到 21.4%;对韩国和日本的出口同比增速分别达到 7.8% 和 2.0%;受贸易争端和地区局势动荡影响,对美国和中国香港的出口呈现衰退现象,分别下降8.4%和4.3%。

另外,2019年1—11月,我国累计进口额最大的前五位来源国(地区)分别为韩国(人民币10905.24亿元)、中国台湾(人民币10827.76亿元)、日本(人民币10668.84亿元)、美国(人民币7634.51亿元)、澳大利亚(人民币7584.79亿元)。其中,从澳大利亚的进口同比增速最快,达到17.3%,澳大利亚也挤出德国成为我国第五大进口来源国(地区);从中国台湾的进口同比增速基本持平;从美国、韩国和日本的进口额纷纷同比减少,分别为-19.4%、-12.9%和-2.4%。

七、2020年经济形势展望

从全球视角来看,2019年,随着全球贸易壁垒不断增加以及地缘政治的紧张局势,国际货币基金组织在10月下调2020年经济增速的预期,2019年10月发布的《世界经济展望报告》预测2020年全球经济增速将达到3.4%,将4月的预期下调0.2个百分点。其中,对中国2020年经济增速的预期也从4月的6.1%下调至5.8%。全球贸易缩减与制造业衰退给全球经济复苏带来了诸多不确定性。

从国内视角来看,部分细分产业税收优惠措施的取消、排放标准的调整,以及共享经济的涌现降低了社会对部分工业产品的总需求。2019年第三季度工业增加值当季同比增速为5.0%,为近五年最低水平;而制造业增加值当季同比增速近五年首次跌破5%,达到4.8%。由于工业增加值同比增速是经济增长的先行指标,预计2020年我国经济增速将进一步降至6%左右。

另外,我国2019年经常账户顺差较以往有所上升,虽然中美贸易争端前景仍不明朗,但并未明显降低我国经济增长的外部需求。随着经济再平衡进程的持续深入,叠加紧张的全球贸易局势,经常账户顺差预计将在未来明显缩减,经济增长的外部动力将逐步减弱。

同时,在去杠杆防风险的背景下,伴随制造业PMI指数长期低迷,以及非制造业PMI指数并未展现明显的上扬势头,企业大幅增加投资的可能性依然不高;此外,基于防风险需求,中央政府对地方政府融资平台的管控仍将持续,全社会的投资需求预计并不会有较大跃升。

在物价方面,随着猪肉价格的上升,2019年的CPI增速持续上扬,综合考虑季节性消费需求因素以及猪肉产能的逐步释放,预计2020年CPI将持续前高后低的变动趋势。而2019年以CPI增速衡量的通胀率的上升,将在一定程度上影响居民的消费意愿,2020年通胀率变动的不确定性也将使居民消费对经济增长的拉动效果不会太大。

总的来说,随去杠杆出现的严监管措施以及贸易紧张局势加剧将造成宏观经济总需求下降,但灵活的财政政策也将对冲这些因素对经济增长产生的负面影响。预计2020年,我国经济将继续发力调结构,经济增速将稳定回落。

第二节 2019年金融货币政策分析与2020年展望

一、净现金投放规模适度增加,广义货币增速持续回落

2019年,中国人民银行继续实施稳健的货币政策,运用存款准备金率、中期借贷便利、公开市场操作、再贷款、再贴现、常备借贷便利等多种货币政策工具在保持流动性合理充裕的同时进行逆周期调节。一方面,1月和9月分三次全面下调金融机构存款准备金率,累计达到1.5个百分点;另一方面,为实现政策调整的结构性,人民银行在1月、4月和7月多次开展定向中期借贷便利(TMLF)操作,助力民营企业和小微企业发展。此外,人民银行于8月17日改革完善贷款市场报价利率(LPR)形成机制,与原有的LPR形成机制相比,新的LPR报价按照公开市场操作利率加点形成。完善LPR形成机制有助于减小贷款基准利率和市场利率的"双轨"现象,促进贷款利率进一步市场化,提高利率传导效率,推动降低贷款实际利率水平。

2019年11月末,我国广义货币(M2)余额196.14万亿元,同比增长8.18%,增速较上年同期回落0.39个百分点;狭义货币(M1)余额56.25万亿元,同比增长3.49%,增速较上年同期提高2.01个百分点;流通中货币(M0)余额7.40万亿元,同比增长4.83%,增速较上年同期也提高2.01个百分点。另外,2019年前三季度现金净投放921亿元,同比大幅增加312亿元。11月净投放现金578亿元,同比增加121亿元,净投放现金月度规模明显高于前三个季度的平均水平。同时,11月人民币贷款增加1.39万亿元,人民币存款增加1.31万亿元;外币贷款减少39亿美元,外币存款增加1亿美元。

对比2019年1—11月广义货币(M2)余额的变化情况以及三类货币(M2、M1、M0)余额同比增速,发现M2货币同比增速在2019年较为稳定,维持在

8.3%附近波动,略低于2018年水平;M1货币同比增速在年初快速上升,下半年进入稳定波动阶段;M0货币同比增速在1月达到17.2%的全年最高水平,但2月迅速回调至负增长,随后展现缓慢波动上升趋势。如图1-5所示。

2019年中国人民银行更加注重定向开展结构性货币政策,M1余额同比增速显著下降表明监管高层对防控通胀的决心,M0余额同比增速有所上升也体现了人民银行采取审慎货币政策确保了社会流动性需求。此外,人民银行通过在中国香港发行央行票据以及公开市场业务维持了货币政策的稳定性。

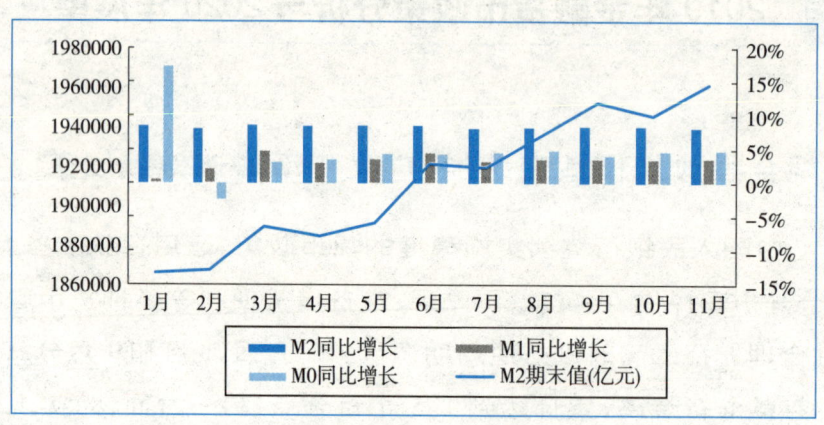

图1-5 2019年货币供应量

资料来源:国家统计局网站及人民银行《金融统计数据报告》。

二、社会融资规模增量上升,债券市场运行平稳

(一)社会融资规模

2019年11月末,社会融资规模存量达到221.28万亿元,较上年同期增加10.7%。其中,人民币贷款、企业债券和委托贷款分别占比68.01%、10.43%和5.23%,明显高于其他项目;未贴现的银行承兑汇票、委托贷款、外币贷款、信托贷款呈现负增长,增速为-12.6%、-8.2%、-6.9%、-3.7%;存款类金融机构资产支持证券、贷款核销和地方政府专项债券增速较快,分别为341.4%、6.5%和30.2%。

2019年1—11月,社会融资规模增量累计为21.23万亿元,比上年同期增加3.56万亿元,同比上升20.15%。其中,1月、3月、9月社会融资规模增量为3.57万亿元、1.96万亿元、1.76万亿元,位居前三。另外,外币贷款、委托贷款、信托贷款、未贴现银行承兑汇票规模增量总体为负,1—11月累计分别减少1070

亿元、8080亿元、2375亿元和5707亿元。

对比2019年1—11月社会融资规模增量中人民币贷款、企业债券、股票融资结构变化的月度数据,发现人民币贷款增量占比在年初和年末相对较高,而企业债券增量占比季节性波动趋势明显(在4月、7月、10月达到波峰)。通过测算累计增量占比指标发现:人民币贷款依然是社会融资的主要渠道,但是人民币贷款对社会融资规模增量的贡献度较上年有所降低;债券融资对社会融资规模增量的贡献度较往年明显提高,债券市场的逐步完善拓宽了企业的融资渠道;而股票融资对社会融资规模增量的贡献度长期处于较低水平,与2018年相比差异不大。如图1-6所示。

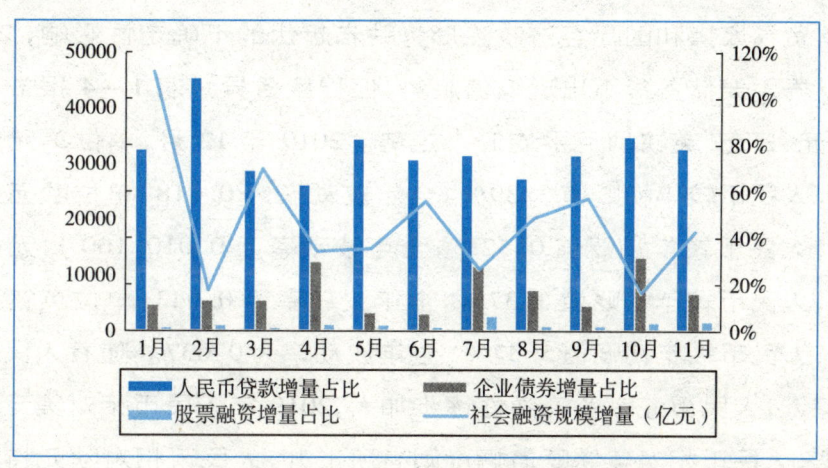

图1-6　2019年中国社会融资规模增量

资料来源:中国人民银行网站。

(二)债券市场发行与运行情况

2019年12月17日,中国人民银行发布《2019年11月金融市场运行情况》。报告显示,2019年11月,债券市场共发行各类债券3.9万亿元,较上年同期下降0.1万亿元。其中,国债发行4022.0亿元,较上年同期大幅上升54.75%;地方政府债券发行457.9亿元,较上年同期基本持平;金融债券发行6000.0亿元,较上年同期增长2.85%;公司信用类债券发行9083.8亿元,较上年同期增加8.69%;资产支持证券发行1664.5亿元,较上年同期大幅减少38.53%;同业存单发行1.8万亿元,较上年同期减少10.0%。

11月,银行间债券市场现券成交额为21.4万亿元,较上年同期增加18.89%;交易所债券市场现券成交额为7140.8亿元,较上年同期增加25.94%,

2019年两类市场现券成交额变动趋势与2018年相比展现较强的一致性。另外，11月末，银行间债券总指数为196.47点，较上年同期上升8.81点，较上月末上涨1.47点，展现稳定的增长势头。

总的来说，严控政府融资平台使地方政府债券的发行量得到稳定的控制，2019年国债发行量大幅提高，缓解了资产支持证券发行量大幅减少对债券市场运行的冲击。债券市场的成交规模同比增幅明显，表明银行间债券市场交易制度逐步完善，交易活跃度有所上升。

三、人民币先升值再贬值，兑美元汇率波动平缓

受中美贸易摩擦和国际经济政治形势跌宕起伏的不确定性影响，2019年人民币兑换世界主要储备货币出现贬值趋势，但程度各异。表1-4报告了人民币兑美元、欧元、日元、英镑的月平均汇率走势。2019年12月，单位美元兑换人民币7.02元，人民币较年初贬值3.39%，全年波动率为0.018；单位欧元兑换人民币7.80元，人民币较年初贬值0.52%，全年波动率为0.010；100日元兑换人民币6.44元，人民币较年初贬值3.37%，全年波动率为0.043；单位英镑兑换人民币9.22元，人民币较年初贬值5.37%，全年波动率为0.037。随着人民币汇率改革的持续深入，人民币汇率变动弹性逐步加大，2019年人民币相对美元贬值幅度较上年收窄，人民币相对英镑贬值幅度则有所上升，人民币相对欧元持续维持稳定的汇率水平。

表1-4 人民币兑主要货币月均汇率走势

日期	1USD	1EUR	100JPY	1GBP
2019-01	6.79	7.76	6.23	8.75
2019-02	6.74	7.64	6.10	8.76
2019-03	6.71	7.59	6.04	8.85
2019-04	6.72	7.54	6.01	8.75
2019-05	6.85	7.67	6.24	8.80
2019-06	6.88	7.78	6.37	8.73
2019-07	6.88	7.72	6.35	8.59
2019-08	7.02	7.82	6.62	8.55
2019-09	7.08	7.81	6.61	8.76

续表

日期	1USD	1EUR	100JPY	1GBP
2019-10	7.07	7.83	6.53	8.99
2019-11	7.02	7.76	6.45	9.04
2019-12	7.02	7.80	6.44	9.22

资料来源：中国外汇交易中心、中国货币网。

总体来看，2019年前三季度，人民币相对日元贬值，相对英镑升值；进入第四季度后，人民币相对日元、英镑的变动趋势迅速反转，对日元展现先贬值再升值的现象，对英镑则展现先升值再贬值的现象。此外，人民币相对美元和日元的汇率变动趋势高度相关，但相对美元波动则较为平缓。

从人民币汇率指数视角来看，CFETS人民币汇率指数、BIS货币篮子人民币汇率指数、SDR货币篮子人民币汇率指数均显示人民币币值在2019年第一季度升值趋势明显，但在5月和8月出现巨幅贬值；进入第四季度后，各汇率指数变动趋于平缓，总体展现贬值趋势。如图1-7所示。

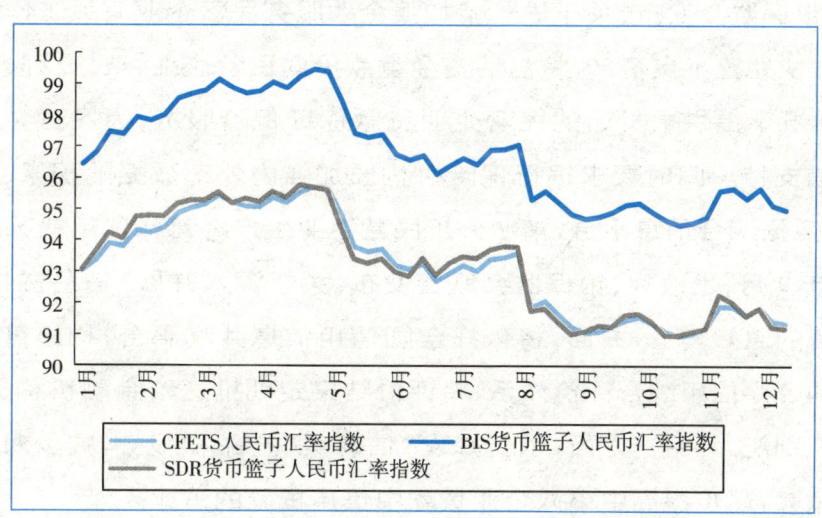

图1-7　2019年人民币汇率指数走势

资料来源：中国外汇交易中心、中国货币网。

四、金融市场监管政策纷至沓来

2019年，中国人民银行、银保监会、证监会密集颁布多项金融法规，关注领域重点为金融机构业务导向、交易结算与市场监管等方面。

（一）金融机构业务导向

在展业方式上，2019年8月，中国银保监会、国家知识产权局和国家版权局联合下发《关于进一步加强知识产权质押融资工作的通知》，鼓励银行保险机构积极开展知识产权质押融资业务，并对此类业务适当放宽了监管要求。一方面，鼓励商业银行对企业的专利权、商标专用权、著作权等相关无形资产进行打包组合融资，提升企业复合型价值，扩大融资额度；另一方面，鼓励商业银行培养知识产权质押融资专门人才，建立知识产权资产评估机构库，加强对知识产权第三方资产评估机构的合作准入与持续管理。

在支持领域上，注重对乡村振兴、民营企业、中小微企业等融资支持。2019年2月，人民银行、银保监会、证监会、财政部、农业农村部联合发布《关于金融服务乡村振兴的指导意见》，分别设定了金融服务乡村振兴的短期、中期和长期目标。通过积极拓宽农业农村抵质押物范围，不断加大金融精准扶贫力度；此外，通过创新债券市场融资工具和产品，加大多层次资本市场的支持力度。

同期，银保监会发布《关于进一步加强金融服务民营企业有关工作的通知》，要求银行加快处置不良资产，将盘活资金重点投向民营企业；要求保险机构要在风险可控情况下提供更灵活的民营企业贷款保证保险服务，为民营企业获得融资提供增信支持。同时要求银行保险机构要加强内外部数据的积累、集成和对接，搭建大数据综合信息平台，精准分析民营企业生产经营和信用状况。

2019年9月，发改委、银保监会联合发布《关于深入开展"信易贷"支持中小微企业融资的通知》。一方面，将依托全国信用信息共享平台，构建符合中小微企业特点的公共信用综合评价体系，将评价结果定期推送给金融机构，提高金融机构风险识别能力；另一方面，创新开发"信易贷"产品和服务，减少对抵质押担保的过度依赖，逐步提高中小微企业贷款中信用贷款的占比。

（二）交易结算

2019年3月，人民银行发布《关于进一步加强支付结算管理防范电信网络新型违法犯罪有关事项的通知》。为有效应对和防范电信网络新型违法犯罪新形式和新问题，监管部门从健全紧急止付和快速冻结机制、加强账户实名制管理、加强转账管理、强化特约商户与受理终端管理、广泛宣传教育、落实责任追究机制等六方面提出21项措施，加固了金融业支付结算的安全防线。

12月，中国证券登记结算有限责任公司发布《结算备付金管理办法》。主要内容体现在三个方面：其一，调整债券以外的其他证券品种的最低备付金计收比例，由20%降至18%；其二，可根据结算参与人类别、风险程度、遵守结算纪律等情况，对结算参与人适用差异化的最低结算备付金计收比例；其三，补充全国中小企业股份转让系统市场相关结算备付金收取相关规定，即从事证券交易场所上市或挂牌的证券、证券投资基金及其他证券类金融产品交易结算业务的结算参与人均应遵守本办法，人民币特种股票（B股）交易、开放式基金等产品场外申购赎回的结算业务除外。

（三）市场监管

在风险监管方面，2019年4月，银保监会发布《商业银行金融资产风险分类暂行办法（征求意见稿）》，促进商业银行准确评估信用风险，真实反映金融资产质量。首先，将金融资产按照风险程度分为五类，分别为正常类、关注类、次级类、可疑类、损失类，后三类合称不良资产；其次，对于重组资产，提出基于准确判断债务人财务困难的状况的风险分类方法；最后，在治理架构、董事会职责、高管层职责、管理制度等方面对商业银行风险分类管理提出新的要求。

在业务合规监管方面，2019年1月，中国银行间市场交易商协会发布《境外非金融企业债务融资工具业务指引（试行）》，规范境外非金融企业债务融资工具业务。适用范围特指在中华人民共和国境外合法注册成立、具有独立法人资格的非金融企业在交易商协会注册发行的债务融资工具。监管部门在注册和发行、注册文件要求、募集资金使用、信息披露等方面对业务的开展加以规范。

5月，银保监会、财政部、人民银行、国务院扶贫办联合发布《关于进一步规范和完善扶贫小额信贷管理的通知》，规范扶贫小额信贷管理。首先，进一步明确了保障对象、贷款用途、贷款条件；其次，对于贷款到期仍有用款需求的贫困户，经办银行应提前介入贷款调查和评审，稳妥办理续贷和展期；最后，鼓励有条件的县级政府可建立风险补偿机制，并积极探索风险分担形式。

同期，人民银行、外管局制定《存托凭证跨境资金管理办法（试行）》，规范境外基础证券发行人在中国境内发行的存托凭证，以及境内企业在境外发行的存托凭证的相关业务。在存托凭证发行资金管理、存托凭证跨境转换资金管理、存托凭证存托资金管理、统计与监督管理等方面明确了业务开展的方式。

7月，证监会发布《证券经纪业务管理办法（征求意见稿）》，规范证券经纪业务。其一，对证券经纪业务进行界定，即指在证券交易活动中，接受投资者委托，处理交易指令、办理清算交收的经营性活动；其二，对业务营销、账户实名制、适当性管理、交易行为管理、异常交易监控进行规范；其三，从隔离制度、组织体系、人员评聘与管理、稽核审计等方面对公司内部控制提出要求。

在监管措施方面，2019年9月，中国银保监会发布《中国银保监会现场检查办法（试行）（征求意见稿）》，明确了现场检查的三种方式，即常规检查、临时检查和稽核调查。在职责分工、立项管理、检查流程、检查方式、检查处理、考核评价等方面，规范了现场检查行为。10月，银保监会发布《中国银保监会行政处罚办法（征求意见稿）》，进一步对行政处罚案件管辖、立案调查、审理审议、权利告知与听证、决定与执行等内容作出全流程规范。

具体政策如表1-5所示。

表1-5 2019年主要金融政策汇总

时间	发布机构	法规名称	目的
1月	中国银行间市场交易商协会	《境外非金融企业债务融资工具业务指引（试行）》	为贯彻落实党中央、国务院关于"推动形成全面开放新格局""扩大金融业对外开放"等政策精神，促进境外非金融企业债务融资工具业务规范发展，提升银行间市场开放水平
	人民银行、银保监会、证监会、财政部、农业农村部联合印发	《关于金融服务乡村振兴的指导意见》	深入贯彻落实中央农村工作会议、《中共中央国务院关于实施乡村振兴战略的意见》和《乡村振兴战略规划（2018—2022年）》有关要求，切实提升金融服务乡村振兴效率和水平
2月	银保监会	《关于进一步加强金融服务民营企业有关工作的通知》	为深入贯彻落实中共中央办公厅、国务院办公厅印发的《关于加强金融服务民营企业的若干意见》精神，进一步缓解民营企业融资难融资贵问题，切实提高民营企业金融服务的获得感
4月	人民银行	《关于进一步加强支付结算管理 防范电信网络新型违法犯罪有关事项的通知》	为有效防范电信网络新型违法犯罪，切实保护人民群众财产安全和合法权益
	银保监会	《商业银行金融资产风险分类暂行办法（征求意见稿）》	促进商业银行准确评估信用风险，真实反映资产质量

续表

时间	发布机构	法规名称	目的
5月	银保监会、财政部、人民银行、国务院扶贫办	《关于进一步规范和完善扶贫小额信贷管理的通知》	进一步规范扶贫小额信贷管理,切实解决有关政策措施不具体、风险补偿机制不完善、集中还款压力较大等问题,促进扶贫小额信贷健康发展,助力打赢精准脱贫攻坚战
	人民银行、证监会	《关于做好开放式债券指数证券投资基金创新试点工作的通知》	为更好地满足境内外投资者投资债券指数型产品的需求
	人民银行、国家外汇管理局	《存托凭证跨境资金管理办法(试行)》	为规范存托凭证跨境资金管理
7月	证监会	《证券经纪业务管理办法(征求意见稿)》	为了规范证券经纪业务活动,保护广大投资者合法权益,维护证券市场正常秩序
	人民银行	《金融控股公司监督管理试行办法(征求意见稿)》	为推动金融控股公司规范发展,有效防控金融风险,更好地服务实体经济
	证监会	《公开募集证券投资基金信息披露管理办法》	为优化公募基金信息披露制度,切实保护投资者合法权益
8月	银保监会、国家知识产权局、国家版权局	《关于进一步加强知识产权质押融资工作的通知》	促进银行保险机构加大对知识产权运用的支持力度,扩大知识产权质押融资
	人民银行	中国人民银行公告〔2019〕第15号	为深化利率市场化改革,提高利率传导效率,推动降低实体经济融资成本,中国人民银行决定改革完善贷款市场报价利率(LPR)形成机制

续表

时间	发布机构	法规名称	目的
9月	银保监会	《中国银保监会现场检查办法(试行)(征求意见稿)》	进一步完善现场检查制度框架,规范现场检查行为,提升现场检查质效
	发改委、银保监会	《关于深入开展"信易贷"支持中小微企业融资的通知》	为认真贯彻落实习近平总书记在民营企业座谈会上的重要讲话精神,落实《中华人民共和国中小企业促进法》和《关于加强金融服务民营企业的若干意见》《关于促进中小企业健康发展的指导意见》等法律、政策文件要求
10月	银保监会	《中国银保监会行政处罚办法(征求意见稿)》	为适应银行保险监管体制改革的需要,加快推进机构改革后银行业和保险业行政处罚程序的统一规范,完善行政处罚工作机制,严肃整治市场乱象,防范化解金融风险
11月	银保监会	《银行业保险业消费投诉处理管理办法(征求意见稿)》	为不断增强人民群众获得感、幸福感、安全感,切实维护银行业保险业消费者合法权益
	银保监会	《关于银行保险机构加强消费者权益保护工作体制机制建设的指导意见》	为进一步夯实银行保险机构的消费者权益保护工作主体责任,推动银行保险机构贯彻以人民为中心的发展思想,加强银行业保险业消费者权益保护工作
12月	中国证券登记结算有限公司	《结算备付金管理办法》	优化结算备付金收取制度,旨在平衡好交易结算过程中安全、效率、成本之间的关系,在确保安全的基础上,尽可能降低交易结算成本,提高市场效率

资料来源:基于人民银行、银监会、证监会等监管机构官方网站披露信息整理。

五、2020年金融货币政策展望

2019年底召开的中央经济会议描绘了2020年中国经济发展的主基调,即科学稳健把握宏观政策逆周期调节力度,增强微观主体活力,把供给侧结构性改革主线贯穿于宏观调控全过程。金融货币政策作为宏观政策的重要组成部分,必将围绕经济发展的主基调展开。近几年货币政策的取向在防风险和稳增长之间权衡,随着经济下行压力的出现,预计2020年金融货币政策重点关注领域将从结构性去杠杆微调为降低融资成本、疏通货币传导机制、引导资金投向短板领域（例如：民生建设、基础设施短板、先进制造业）等方面。

首先，仅在2019年第三季度，中国人民银行便开展了五次中期借贷便利（MLF）操作，1次定向中期借贷便利（TMLF）操作，并结合准备金率的下调以及完善贷款市场报价利率（LPR）形成机制，货币政策稳健中性逐步向关注社会流动性方向靠拢，适度宽松态势明显。预计2020年，货币政策偏向持续收紧的可能性大幅降低，通过降准等措施对流动性适度关注将成为可能的政策工具。

其次，金融货币政策多次强调对小微企业与民营企业融资支持，货币政策的结构性安排特征日趋明确。2020年，金融货币政策势必要与经济政策、产业政策、区域政策相互融合扶持，引导资金投向当前的经济发展短板领域，通过对具有高技术附加值的新兴科技产业、先进制造业以及民生建设领域的支持，促进消费升级，带动经济的内生发展机制，以缓解当前经济发展的阶段性困境。因此，预计2020年金融货币政策将针对上述领域出台金融支持细则。

但我们也不得不看到金融货币政策的逆周期调节力度受到多因素制约。2019年下半年，猪肉价格拉高了物价水平，使货币政策发挥作用较为有限。2020年上半年，受翘尾因素影响，预计物价水平仍将短期维持相对高点。因此，2020年货币政策的集中发力点应在下半年展现。同时，结构性的定向金融货币政策将替代总量型货币政策，成为重要政策选项。

在人民币汇率方面，中美贸易摩擦对市场预期的影响程度逐步下降，美国、欧洲经济的持续低迷均将推动人民币汇率有所反弹。此外，欧美发达经济体适度宽松的货币政策也将助推这一趋势。因此，预计2020年人民币兑美元汇率将重新回到7以内。

总体来说，2020年我国将继续实施稳健的货币政策，通过加强逆周期调节、结构性调整应对经济短期出现的下行压力。名义GDP增速下滑也将使广义货币M2和社会融资规模增速趋稳，以与之相匹配；中长期基础货币跌幅预计有所收窄，全面降准也将成为保证流动性相对充裕的政策工具。

第三节　宏观金融政策对信托的主要影响

2019年我国货币政策在注重防控风险的前提下适度关注流动性,虽然广义货币M2增速持续回落,但是净现金投放规模适度增加,社会融资规模增量稳步上升;债券发行量总体趋稳,国债和企业债发行量同比增速较高。在上述市场背景下,开展中期借贷便利(MLF)、定向中期借贷便利(TMLF)操作,助力民营企业和小微企业发展,以及完善贷款市场报价利率(LPR)形成机制,降低企业的融资成本等宏观金融货币政策相继实施。《商业银行金融资产风险分类暂行办法(征求意见稿)》《关于做好开放式债券指数证券投资基金创新试点工作的通知》《关于进一步加强知识产权质押融资工作的通知》等宏观金融政策纷纷相继出台。监管机构出台了一系列宏观金融政策规范金融市场秩序,提高了经济抗风险的能力。同时,宏观金融货币政策也将在产品收益、业务创新、风险防控三个方面对信托业产生影响。

一、信托产品收益下行压力显现

2019年中央经济工作会议再次指出经济增长存在下行压力,宏观金融货币政策的取向也从通过去杠杆来防控风险转为兼顾稳信心来防控风险。自2019年下半年以来,流动性适度宽松,由此给信托业带来双重影响。一方面,信托业具有较强的顺周期特征,流动性的适度宽松将缓解信托资产增速下滑的趋势,使信托资产规模趋于稳定;另一方面,流动性的适度宽松也将降低实体经济融资成本和减少同业的资金缺口,作为资管领域的一个子类,部分同业类和实业类信托产品收益率势必将呈现走低趋势。

事实上,据用益信托数据披露,2019年下半年(7—12月)新成立集合信托产品收益率平均为7.92%,明显低于上半年(1—6月)的8.20%,并且最高收益率由8.44%降至8.15%,最低收益率也从7.96%回调至7.69%。除股权类集合信托产品外,2019年下半年信托产品收益率全线下滑。其中,新成立产品数量仅次于股权类集合信托产品的贷款类集合信托产品收益率从8.27%降至8.02%。同时,2019年新发行集合信托产品月度收益率也呈现下降趋势。

随着信托收益率的下降,流动性适度宽松的货币金融政策带来的间接影响就是行业竞争进一步加剧。一方面,对传统的房地产、政信信托业务的严监管,使信托公司在展业过程中变得异常谨慎,此类业务规模大幅收缩;另一方面,相对于传统信托业务,信托公司的现存客户对于权益类、股权类和证券类等近几年涌现的信托产品认可度依然不高,在股票市场复苏企稳的背景下,信托公司在客户维护方面持续承压。

二、信托产品创新备受关注

2019年,严监管依旧是宏观货币金融政策的主基调,而信托公司的三大传统业务(通道业务、房地产业务、政信业务)均成为监管部门关注重点;同时,商业银行理财子公司相继运营,行业竞争日益激烈。在严监管和同业竞争加剧的双重背景下,信托公司纷纷加速转型,而转型的主要方式就是产品创新,支持领域创新与展业模式创新均是突破口。

此外,2019年,金融业出台多部行业发展及监管法规,推动金融机构进行产品创新,提高金融市场效率。2019年1月,人民银行、银保监会、证监会、财政部、农业农村部联合印发《关于金融服务乡村振兴的指导意见》。其中,短期目标指出要不断加强涉农金融机构差别化定价能力,加快推进农村金融产品和服务创新;中长期目标则指出到2035年基本建立多层次、广覆盖、可持续、适度竞争、有序创新、风险可控的现代农村金融体系。此外,在第四部分进一步明确了金融产品和服务创新的三点思路,即:积极稳妥开展林权抵押贷款,探索创新抵押贷款模式,拓宽农业农村抵质押物范围;单独制定目标并实行差异化考核,创新金融机构内部信贷管理机制;积极运用大数据、区块链等技术,提高涉农信贷风险的识别、监控、预警和处置水平,创新农村经营主体信用评价模式。

随后,银保监会发布《关于进一步加强金融服务民营企业有关工作的通知》,在第一部分持续优化金融服务体系中明确指出通过业务创新提高服务民营企业效率的政策导向。一方面,鼓励中型商业银行设立普惠金融事业部,结合各自特色和优势,探索创新更加灵活的普惠金融服务方式;另一方面,各地商业银行要坚持回归本源,发挥了解当地市场的区位优势,创新信贷产品,服务地方实体经济。此外,支持商业银行创新资本补充工具,通过发行无固定期限资本债券、转股型二级资本债券等创新工具补充资本。

5月,人民银行和证监会联合发布《关于做好开放式债券指数证券投资基金创新试点工作的通知》,筹措推出以跨市场债券品种为投资标的,并且可在交易所上市交易或在银行间市场协议转让的债券指数公募基金。这一市场领域的创新增强了债券市场的相互联系,提高了市场风险对冲的策略效率和避免价格扭曲的政策效率,有助于更好满足境内外投资者投资债券指数型产品的需求,并促进债券市场长远健康发展。证监会将负责开放式债券指数证券投资基金的注册与审核工作。

8月,银保监会、国家知识产权局、国家版权局联合发布《关于进一步加强知识产权质押融资工作的通知》。一方面,支持商业银行建立适合知识产权质押融资特点的风险评估、授信审查、授信尽职和奖惩制度,创新信贷审批制度和利率定价机制;另一方面,鼓励商业银行在知识产权打包融资以及地理标志、集成电路布图设计作为知识产权质押物的可行性等方面进行探索,加强知识产权质押融资服务创新。

9月,发改委、银保监会联合发布《关于深入开展"信易贷"支持中小微企业融资的通知》,再次提到创新的重要性。支持金融机构创新"信易贷"产品和服务,以及创新"信易贷"违约风险处置机制。

在监管法规对业务创新导向的指引下,信托公司在2019年纷纷发力新兴业务模式。作为信托业务创新的前沿,家族信托业务规模持续较快增长,2019年第三季度家族信托业务规模较第二季度提高50.99%。而8月,建信信托操作完成了首单上市公司控股股东将股票(股权)置入家族信托,标志着家族信托业务在股票领域实现了突破。信托公司在开展家族信托业务时不再局限于资金信托业务模式,转而在信托目的和业务模式上不断创新。

另外,信托公司也在净值化管理领域创新业务模式,基金中的信托(TOF)凭借其灵活化、标准化、净值化的优势,成为信托业务创新的又一发力点。2019年,包括中信信托、外贸信托、中航信托在内的多家机构与私募基金展开合作落地TOF项目。其中,中信信托发行了具有主动管理特征,并自主销售的TOF型指数增强策略产品,挂钩中证500指数。

在业务转型创新的压力下,构建大数据信息系统、健全企业内控体系、完善风险管理团队建设、与同业开展密切的联系、提高主动管理能力,正成为信托公司产品创新的重要发力点。

三、对信托业风险管控提出新要求

严监管和同业竞争推动信托公司通过产品创新转型发展,但随着经济下行压力的出现,信托业发展的风险因素日益增加。2019年,信托行业风险项目个数与规模均呈上升趋势,信托业爆雷事件不断出现,多家信托公司出现产品延期兑付或违约风波。

与此同时,监管部门在顶层设计上也对行业防风险提出监管要求。2019年4月,银保监会发布《商业银行金融资产风险分类暂行办法(征求意见稿)》,要求商业银行应对承担信用风险的金融资产(包括但不限于贷款、债券和其他投资、同业资产、应收款项等)进行风险分类,具体分为:正常类、关注类、次级类、可疑类、损失类,后三类为不良资产。同时,对非正常类金融资产的认定条件进行界定,并主张商业银行对投资的资产管理产品或资产证券化产品进行风险分类时,应穿透至底层资产,按照底层资产风险状况进行风险分类。若出现资产重组,重组后的资产风险分类要适当下调,多次重组的资产应至少归为可疑类。

9月,银保监会发布《中国银保监会现场检查办法(试行)(征求意见稿)》,其中指出现场检查的目的之一就是落实银行业和保险业机构风险防控的主体责任。从方式来看,现场检查中的常规检查范围也涵盖了风险管理及内控有效性等综合性检查。从检查结果来看,发现的情况和问题要反馈在被查机构的监管评级和风险评估中,甚至调整被查机构的监管评级和风险评估。

仅过一个月,银保监会再次发布《中国银保监会行政处罚办法(征求意见稿)》,指出银保监会及其派出机构发现当事人涉嫌违反法律、行政法规和银行保险监管规定,依法应当给予行政处罚且有管辖权的,应当予以立案。其中,违法行为造成的风险应体现在调查报告中。

在经济发展下行压力增加和监管政策逐步落地的背景下,信托公司纷纷在管理制度、业务结构、运营规范、合规意识等方面完善风险管理体系。其中,中铁信托全面推行项目的标准化、模板化、信息化和规范化,建立早期风险识别处置机制,建立全过程有效管控体系;四川信托则在2019年10月组织开展了法律法规、监管规范、公司制度的专题培训,强化员工的合规意识。此外,基于风险防控的需要,信托赔偿准备金余额进一步充足,以及健全法务部门组织结构也成为信托业风险管控的重要举措。

第四节　2019年中国信托业现状与特征分析

一、信托资产规模降中趋稳，固有资产增幅收窄

（一）信托资产规模回落趋稳

截至2019年第三季度，信托资产规模合计219959.60亿元，较上年末大幅减少7053.03亿元，环比下降2.39%，虽然2019年信托资产规模持续下滑，但幅度与上年相比明显收窄，前两季度信托资产规模环比下降甚至并未超过1%，信托资产增速下滑渐趋平稳；另外，2019年前三季度信托资产规模同比分别下降12.00%、7.15%、4.94%，自2018年第三季度首次出现信托资产规模变动拐点以来，下降程度逐步减弱。如图1-8所示。

从中长期来看，自2016年以来，信托资产规模持续上升，于2017年底到达峰值后缓慢回落，2019年第三季度信托资产规模与2017年第一季度基本持平；环比增速作为同比增速的先行指标于2018年第三季度起底回升，同比增速回落趋势也在2019年第一季度得以改善。

随着监管政策的逐步落实，信托资产粗放式的增长模式被打破，信托公司在展业过程中更加关注主动管理能力和风险防控，业务趋于精细化、集约化，有助

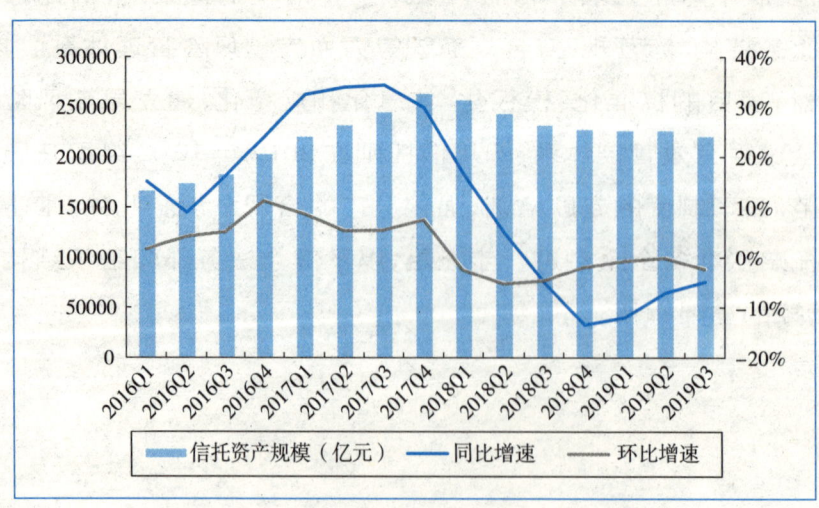

图1-8　信托资产规模（2016Q1—2019Q3）

于信托业重塑转型的方向。

在资产来源结构方面,截至 2019 年第三季度,单一资金信托余额为 86880.29 亿元,较上年末减少 11486.07 亿元;单一资金信托占比 39.50%,较第二季度下降 1.47 个百分点,单一资金信托占比在 2019 年呈现持续下降趋势。2019 年第三季度集合资金信托余额为 98402.44 亿元,较上年末增加 7322.11 亿元;集合资金信托占比 44.74%,与第二季度相比上升 1.17 个百分点,集合资金信托占比在 2019 年呈现持续上升趋势。2019 年第三季度管理财产信托余额为 34676.87 亿元,较上年末减少 2889.08 亿元;管理财产信托占比 15.77%,较第二季度增加 0.31 个百分点,全年呈现先降后增的 U 型趋势。如图 1-9 所示。

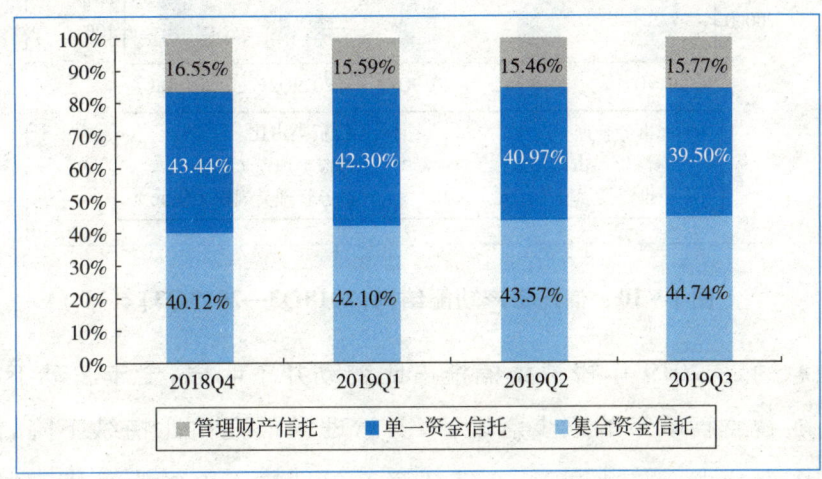

图 1-9 信托资产来源结构(2018Q4—2019Q3)

2019 年,信托业在监管法规的引导下继续大幅缩减银信通道业务,因此单一资金信托占比在近两年持续下降符合预期;与其相对应,集合资金信托的特点是资金运用和投资方向主要由信托公司主导,而集合资金信托占比稳定上升,表明信托公司在开展信托业务时的主动管理能力持续增强。另外,管理财产信托受政策影响较大,被动管理产品大幅缩减;2019 年下半年,随着信托公司服务类产品的创新与管理方式的拓展,管理财产信托业务占比在盘整中适度回调。

在资产功能结构方面,2019 年第三季度事务管理类信托余额为 116027.31 亿元(占比 52.75%),规模和占比分别较前一季度降低了 8177.78 亿元和 2.37 个百分点,事务管理类信托占比在 2019 年呈现逐步加快的下降趋势;投资类信托余额为 51201.13 亿元(占比 23.28%),规模较前一季度降低了 748.91 亿元,占比略增 0.23 个百分点,投资类信托占比在 2019 年呈现缓慢上升的趋势;融资类信托余额为 52731.16 亿元（占比 23.97%），规模较前一季度大幅增加 3549.80 亿元，占比则相应提高 2.14 个百分点，融资类信托占比在 2019 年呈现逐步加快的上升趋势。如图 1-10 所示。

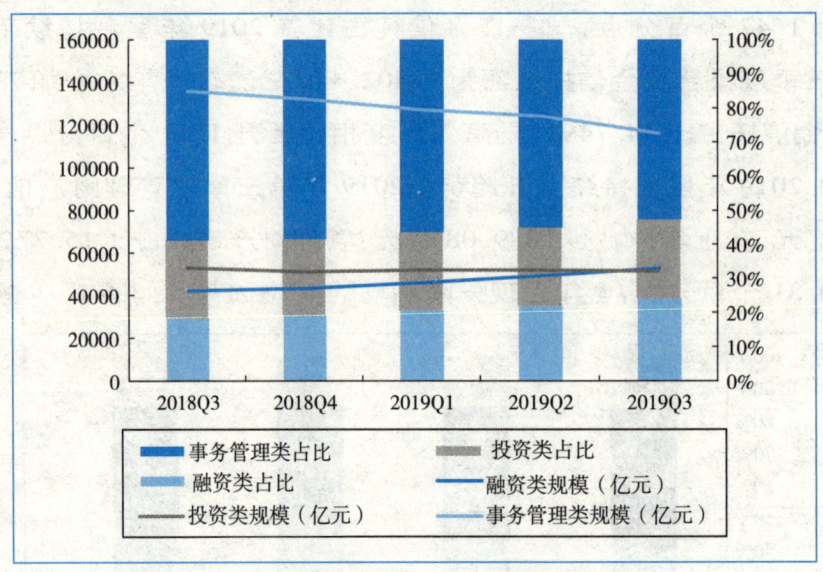

图 1-10　信托资产功能结构（2018Q3—2019Q3）

值得注意的是，2019 年投资类信托占比变动并不明显，全年波动不超过 1 个百分点。而随着监管政策的逐步落地，事务管理类信托占比持续下降，前三季度下滑将近 6 个百分点。与此同时，在信托资产总规模下降的大环境下，融资类信托业务规模逆势上升，填补了事务管理类信托业务持续收缩的空间，信托业务的结构在近两年出现了较大调整。

（二）信托公司固有资产增速趋稳

中国信托业协会最新数据显示，2019 年第三季度信托公司总固有资产从第一季度的 7269.81 亿元增长到 7402.85 亿元，同比增长 7.23%，较上一季度提高 0.72 个百分点。此外，2019 年前三季度固有资产环比增速分别为 1.07%、1.00% 和 0.83%，环比增速持续下降。

具体而言，占固有资产最大比重的投资类资产在第三季度末达到 5897.46 亿元，同比增加 7.44%，较年初有所收窄，其在资产总额中占比较上一季度下滑 0.4 个百分点，降至 79.66%；贷款类资产在第三季度末达到 396.97 亿元，同比增加 18.29%，较前两季度明显放缓，占比为 5.36%，自年初以来持续降低；货币类资产规模在第三季度末达到 400.07 亿元，同比减少 2.97%，较上半年有所收窄，同时占比也并未延续上一季度的增长势头，而是降至5.40%，与第一季度基本持平。如图1-11所示。

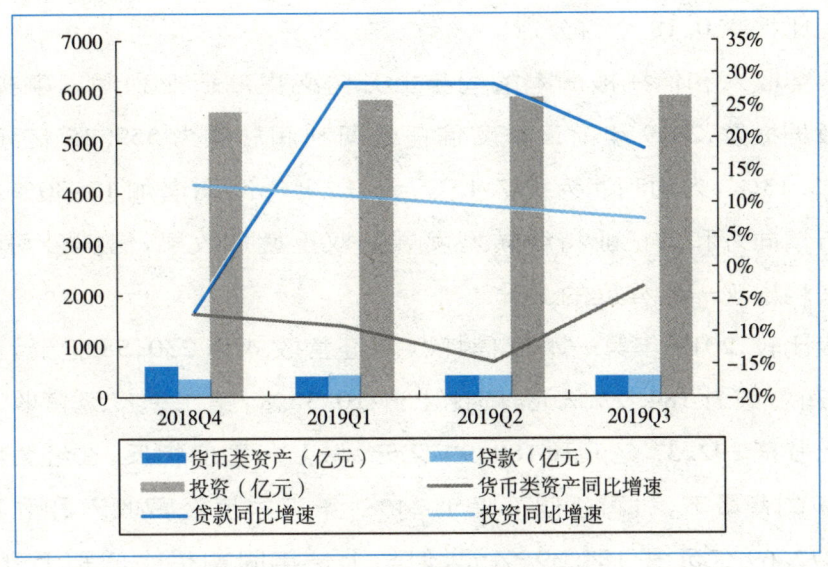

图1-11 信托公司固有资产（2018Q4—2019Q3）

2019年信托公司在战略转型的过程中更加侧重产品的创新性和细分领域的深耕细作，单纯增加注册资本不再是行业的主流导向，增资需求自2017年以来持续降低。统计数据显示，2017年有18家信托公司增加注册资本，2018年也有不少于10家信托公司完成增资。而据不完全统计，2019年仅有4家公司披露增加注册资本。其中，东莞信托注册资本由12亿元增至14.5亿元；华宝信托注册资本由37.44亿元增至47.44亿元；外贸信托注册资本由27.41亿元增至80亿元；建信信托注册资本由15.27亿元增至24.67亿元。

二、信托公司主业收入稳中有增，产品收益缓步提高

（一）信托公司的收入与利润

2019年前三季度信托公司经营收入795.64亿元，较上年同期增加6.42%。其中，信托公司投资收益为186.23亿元，较上年同期增加31.12亿元，增长势头最为显著；信托业务收入为551.35亿元，较上年同期增加20.44亿元；利息收入为41.68亿元，较上年同期下降3.45亿元。投资收益和信托业务收入成为拉动2019年经营收入大幅上升的主要原因。

此外，从信托报酬率角度来看，2019年第三季度平均年化综合信托报酬率为

0.49%,较上一季度下降 0.05 个百分点,但较第一季度提高 0.06 个百分点。全年虽然存在波动,但与上年同期相比明显提高,2019 年第三季度平均年化综合信托报酬率同比提高 0.18 个百分点。

信托业务收入和信托报酬率的同步上升势必提高行业利润。事实上,据信托业协会数据披露,2019 年前三季度信托公司利润总额为 559.35 亿元,较上年同期增长 13.13%;人均利润为 197.15 万元,较上年同期增加 13.30%。受益于资本市场行情向好和信托业持续转型发展的双重叠加效果,信托公司利润总额和人均利润均出现一定程度的上升。

分季度比较,2019 年第一季度信托公司经营收入为 230.58 亿元,同比下降 5.25%,利润总额为 184.97 亿元,同比上升 10.32%;第二季度经营收入和利润总额分别上升至 292.37 亿元和 189.99 亿元,与上一季度相反,在经营收入同比增加 8.30% 的背景下,利润总额下降 1.24%;第三季度经营收入和利润总额分别回落至 272.69 亿元和 184.39 亿元,但与上一年同期相比分别上升 16.37% 和 37.22%。

值得关注的是,2019 年第三季度信托公司经营收入总规模与第一季度相比大幅增加 42.11 亿元,但利润总额反而略有下降,表明信托公司可能在 2019 年第三季度新增了大幅费用支出。如图 1-12 所示。

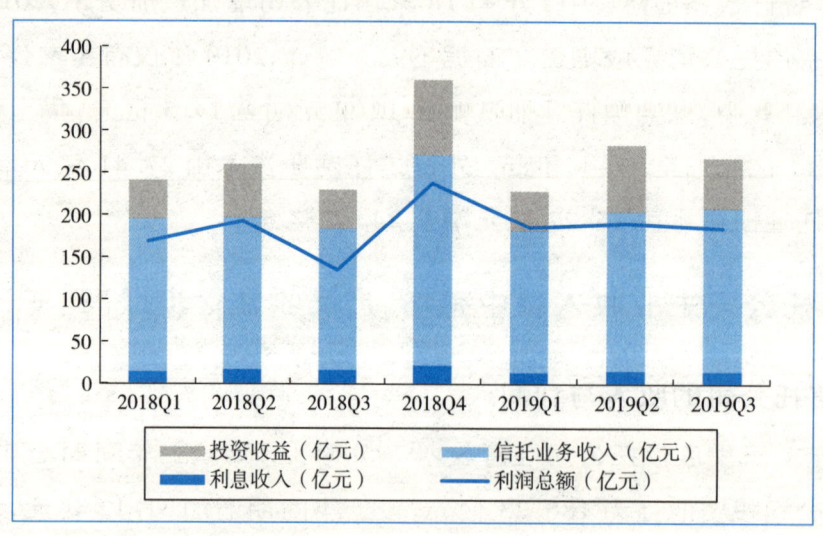

图 1-12 信托公司收入与利润(2018Q1—2019Q3)

(二)信托产品的收益

1. 清算产品收益情况

2019年第三季度清算信托项目1703个,较第二季度增加373个,全年呈现上升趋势;清算涉及实收信托金额7148.43亿元,较第二季度增加476.99亿元;向投资者支付收益889.07亿元,较第二季度增加307.17亿元;年化综合实际收益率5.58%,较第二季度上升1.09个百分点。2019年前三季度,无论从清算涉及实收信托金额方面还是从支付收益方面来看,均展现稳定上升趋势;而信托项目平均年化综合实际收益率则展现出较大的波动性,第一季度为4.95%,第二季度降至4.49%,第三季度又迅速回弹至5.58%,表明信托公司2019年到期清算项目类型展现明显的季节性特征。如图1-13所示。

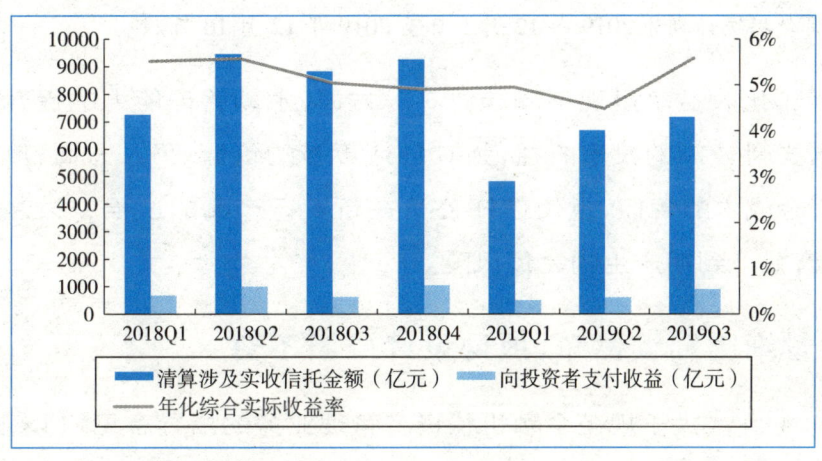

图1-13 信托产品收益(2018Q1—2019Q3)

2. 新成立产品收益情况

用益信托网产品信息数据披露,截至2019年12月16日,信托公司发行信托产品23085个,规模总计24438.51亿元,平均期限1.86年,平均年收益率8.06%。与2018年全年相比,发行产品数量增加7259个,总规模增加2325.82亿元,平均期限持平,平均年收益率略提高0.12个百分点。

分月来看,2019年12月1日至16日,新发行产品规模869.95亿元,产品平均年收益率为7.82%,较11月下降9个基点,较年初下降42个基点。全年仅有3月、7月、11月所发行的信托产品平均年收益率出现环比上升,整体则展现波动下行趋势。如图1-14所示。

总的来看,2019年到期清算的信托产品年化收益率呈现上升趋势,但是新发

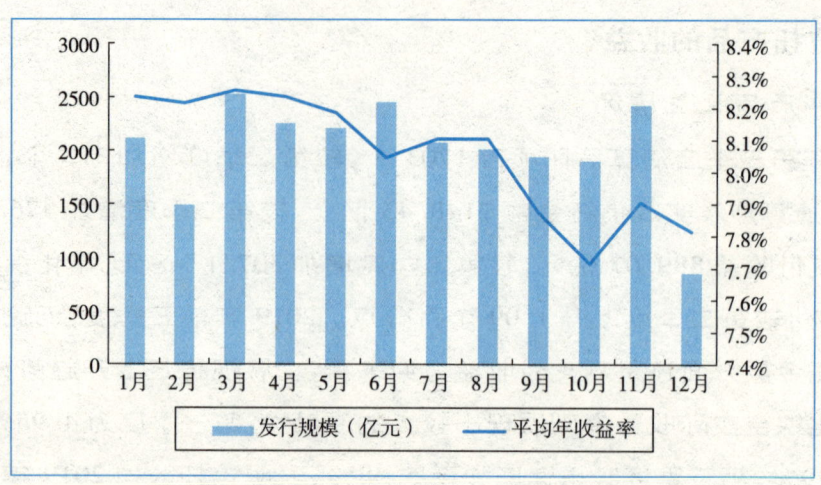

图 1-14　2019 年新发行信托产品平均年收益率

注：12 月数据统计期为 2019 年 12 月 1 日至 2019 年 12 月 16 日。

行产品预期年化收益率呈现下降趋势。一方面，主动管理能力的提升使信托公司向投资者支付较高的投资收益，为其创造更多的价值；另一方面，风险防控的需求和对资金成本的管控，也使信托公司在新发行产品的过程中关注收益率的多样化配置，减小到期产生的兑付风险。

三、资管细则陆续发布，顶层设计层出不穷

2018 年 4 月，《关于规范金融机构资产管理业务的指导意见》（以下简称《资管新规》）正式发布，非标转标、穿透式监管等行业热词备受关注，信托业在 2019 年也酝酿出台一系列的配套文件。

首先，《资管新规》在发行渠道和方式上给予了信托产品更宽泛的边界，既可以采用公开发行的方式也可以采用面向特定对象的私募发行方式，并且《资管新规》对产品发行期限的约束主要体现为不得进行期限错配，对于期限长短并无明确限制。因此，2019 年《资金信托管理办法》呼之欲出，以替代 2007 年开始实施的《信托公司集合资金信托计划管理办法》，统一监管标准。"公募信托"的概念被首次提出，信托公司在产品的设计、运营方面将与银行、券商、基金、期货、保险公司等资管机构在同一监管标准下展开竞争。

其次，《资管新规》对投资非标资产有更为严格的要求，指出金融机构发行资产管理产品投资于非标准化债权类资产的，应当遵守金融监督管理部门制定的有关限额管理、流动性管理等监管标准；此外，在信息披露、风险承担和非标准化

债权类资产的终止日等多方面存在监管要求。2019年10月,《标准化债权类资产认定规则(征求意见稿)》发布,对《资管新规》中的非标准化和标准化资产范畴进行明确界定,非标转标成为信托公司业务转型的发力点。

最后,《资管新规》指出要实行穿透式监管,对于多层嵌套资产管理产品,向上识别产品的最终投资者,向下识别产品的底层资产(公募证券投资基金除外)。2019年11月,《信托公司股权管理暂行办法(征求意见稿)》发布,其中第二十三条指出"投资人应当使用来源合法的自有资金入股信托公司",监管部门可以"按照穿透原则对自有资金来源进行向上追溯认定"。信托公司施行股权穿透式管理,刚性对接《资管新规》的要求。

与此同时,随着2019年行业监管趋严,信托公司在业务合规性方面收到多张罚单。据银保监会处罚公示信息披露,仅12月就有4家信托公司公示受罚:12月10日,华鑫信托因未向上穿透审查信托产品资金来源的合规性,违规接受保险资金投资事务管理类及实质为单一资金信托的信托产品,公示受罚50万元(京银保监罚决字〔2019〕53号);12月17日,长安信托因瞒报案件信息,公示受罚20万元(陕银保监银罚决字〔2019〕59号);12月19日,中信信托因接受银行个人理财资金投资劣后受益权、违规为地方政府提供融资、自然人投资者数量违反监管规定严重违反审慎经营规则,公示受罚90万元(京银保监罚决字〔2019〕54号);同日,建信信托因信政业务开展不合规、关联交易未逐笔进行事前报告、未严格按照规定进行信息披露严重违反审慎经营规则,公示受罚90万元(京银保监罚决字〔2019〕55号)。

2019年以来,信托公司共收到监管部门39张罚单,罚没总额超过2200万元,较2018年激增超过40%。无论是罚单数量还是处罚金额,2019年信托处罚均创新高。5月,银保监会发布《关于开展"巩固治乱象成果,促进合规建设"工作的通知》,确定了信托监管的主旋律。信托公司违规开展房地产业务成为2019年严监管的重点领域,粤财信托、北方信托、中融信托、五矿信托等多家信托公司因违规开展房地产信托业务、变相投资房地产领域被银保监会处罚。

从公司层面来看,2019年,被行政处罚金额超过100万元的信托公司包括:建信信托、中信信托、中融信托、华宝信托、粤财信托、华信信托、北方信托,不乏行业头部公司。其中,建信信托和中信信托全年均收到3张罚单,分别为9月2张,12月1张;而中融信托则在5月集中收到5张罚单。

综合来看,2019年信托公司在业务转型领域持续发力,同时监管部门在信托业务资产端、信托业务资金端、信托公司运营、监管制度等方面持续颁布了一系列法规和制度。具体如表1-6所示。

表1-6 2019年与信托业发展相关的法规和制度

时间	发布机构	政策、文件名称	主要内容
3月	银保监会	《关于进一步加强金融服务民营企业有关工作的通知》	支持银行保险机构通过资本市场补充资本,提高服务实体经济能力。同时,要加强内外部数据的积累、集成和对接,搭建大数据综合信息平台,精准分析民营企业生产经营和信用状况。此外,支持资管产品、保险资金依法合规通过监管部门认可的私募股权基金等机构,参与化解处置民营上市公司股票质押风险
5月	银保监会	《关于开展"巩固治乱象成果,促进合规建设"工作的通知》	继续对重点领域重点风险开展深入整治,严查政策执行,严查风险隐患,严查违法违规行为。明确提出禁止为不合规房地产项目或地方政府融资。此外,在公司治理、资产质量、非标资金池业务、同业业务、经营管理等方面提出具体要求
6月	发改委、人民银行、银保监会、证监会、财政部等十三个部门	《加快完善市场主体退出制度改革方案》	完善金融机构资产、负债、业务的退出转移制度。依托存款保险制度和保险保障基金、证券投资者保障基金、信托业保障基金等相关行业保障基金,进一步完善金融机构强制退出时的储蓄存款合同、保险合同、证券业务合同、资产管理业务合同、信托财产和信托事务等各类合同和业务的转移接续。推动银行、证券、保险、信托等领域的金融债权人组建相对统一的金融债权人委员会,并参与破产程序。支持金融债权人加强对企业等市场主体债务风险的监测,推动金融债权人积极化解市场主体债务风险,促进市场主体及时出清
6月	银保监会	《关于保险资金投资集合资金信托有关事项的通知》	保险资金不得投资单一资金信托,不得投资结构化集合资金信托的劣后级受益权。同时,确定了保险机构投资集合资金信托应当明确信托公司选择标准,完善持续评价机制。此外,明确保险资金投资的集合资金信托对应基础资产的范围,即非标准化债权资产、非上市权益类资产以及银保监会认可的其他资产
	证券投资基金业协会	《证券期货经营机构私募资产管理计划备案管理办法(试行)》	对各金融机构及其子公司的私募资管业务进行规定,其中加强了对"类资金池产品"、多层嵌套产品的限制。明确了对于无正当事由将资管产品或其收受益权作为底层资产的资产支持证券,或者以资产支持证券形式规避监管要求的情形,应当视为一层嵌套;对于政府出资产业投资基金,存在向社会募集资金的,应当视为一层嵌套

续表

时间	发布机构	政策、文件名称	主要内容
7月	中信登	《信托受益权账户管理细则》	明确信托登记公司对信托受益权账户实施集中管理。本细则规定的信托受益权账户开立、使用、变更和注销等业务，受益人可以直接申请办理，也可以委托代理开户机构代为办理。细则的颁布使信托受益权账户的管理有了明确的规范依据，信托受益权流转所需登记平台进一步完善
	银保监会	《关于进一步做好下半年信托监管工作的通知》	强调防范化解信托业风险任务的重要性和紧迫性，坚决遏制信托规模无序扩张、严厉打击信托市场违法违规行为及有力有效处置信托机构风险等等。监管导向明确信托公司要继续坚持去通道目标不变，力度不减；要加强房地产信托合规管理和风险控制；推动优化信托机构业务结构
9月	财政部	《金融企业财务规则（征求意见稿）》	针对当前金融企业存在的虚假注资、违规代持、资本金抽逃等违法违规行为，《征求意见稿》强调了坚持依法合规、坚持防控风险、坚持穿透管理、坚持财务可持续四项原则，新增了资本金管理的内容。对出资来源、出资形式、股权质押、特殊投资者、员工持股计划、管理层杠杆收购进行了规范
	银保监会	《商业银行理财子公司净资本管理办法（试行）（征求意见稿）》	明确了净资本监管标准，理财子公司净资本管理应当符合两方面标准：①净资本不得低于5亿元人民币，且不得低于净资产的40%；②净资本不得低于风险资本，确保理财子公司保持足够的净资本水平。此外，银行业监督管理机构可以根据银行理财子公司的治理结构、风险控制和合规管理等情况，对不同银行理财子公司的净资本监管要求进行调整，进行分类监管，但不得低于最低监管标准

续表

时间	发布机构	政策、文件名称	主要内容
10月	人民银行	《标准化债权类资产认定规则（征求意见稿）》	明确了标准化债权的类别与范畴，以及标准化债权的认定条件，即等分化，可交易；信息披露充分；集中登记，独立托管；公允定价，流动性机制完善；在银行间市场、证券交易所市场等国务院同意设立的交易市场交易。此外，消除"非非标"中间地带，并明确非标准化债权类资产投资在过渡期结束后，不再豁免期限匹配、限额管理、集中度管理、信息披露等监管要求
10月	发改委、人民银行、财政部、银保监会、证监会、外管局六部委	《关于进一步明确规范金融机构资产管理产品投资创业投资基金和政府出资产业投资基金有关事项的通知》	明确创业投资基金和政府出资产业投资基金的投资领域和成立的条件。创业投资基金是指向处于创建或重建过程中的未上市成长性创业企业进行股权投资，以期所投资创业企业发育成熟或相对成熟后，主要通过股权转让获取资本增值收益的股权投资基金。政府出资产业投资基金是指包含政府出资，主要投资于非公开交易企业股权的股权投资基金和创业投资基金。同时，符合本通知规定要求的两类基金接受资产管理产品及其他私募投资基金投资时，该两类基金不视为一层资产管理产品
11月	最高人民法院	《全国法院民商事审判工作会议纪要》	明确提出适当性义务是指卖方机构在向金融消费者提供包括推介、销售信托理财产品在内的金融服务，必须履行的了解客户、了解产品、将适当的产品（或者服务）销售（或者提供）给适合的金融消费者等义务。同时，提出营业信托纠纷的认定标准。在资产或者资产收益权转让及回购、劣后级受益人的责任承担、增信文件的性质、保底或者刚兑条款无效、通道业务的效力、受托人的举证责任、信托财产的诉讼保全、信托公司固有财产的诉讼保全等方面做出了明确说明
11月	银保监会	《信托公司股权管理暂行办法（征求意见稿）》	明确对信托公司的股权实施穿透式监管。信托公司股东应当核心主业突出，具有良好的社会声誉、公司治理机制、诚信记录、纳税记录、财务状况和清晰透明的股权结构，符合法律法规规定和监管要求。取消了境外金融机构入股信托公司应具备的"总资产不少于10亿美元"的数量限制门槛要求

资料来源：根据银保监会、证监会、信托业协会等机构披露资料整理得到。

（一）信托业务资产端

2019年3月，银保监会发布《关于进一步加强金融服务民营企业有关工作的通知》(以下简称《通知》),明确表示民营企业是金融机构资金支持的重点领域。在原则上,《通知》第十五条指出对暂时遇到困难的民营企业,银行保险机构要按照市场化、法治化原则,区别对待、"一企一策"。在方式上,《通知》第十四条指出支持资管产品、保险资金依法合规通过监管部门认可的私募股权基金等机构,参与化解处置民营上市公司股票质押风险;第十五条指出综合运用增资扩股、财务重组、兼并重组或市场化债转股等方式,帮助企业优化负债结构。在防控风险上,《通知》第二十条指出银行业金融机构要继续深化联合授信试点工作,与民营企业构建中长期银企关系,遏制多头融资、过度融资,有效防控信用风险。因此,大数据平台建设成为防控风险的重要载体,金融机构要加强内外部数据的积累、集成和对接,精准分析民营企业生产经营和信用状况。

6月,证券投资基金业协会发布《证券期货经营机构私募资产管理计划备案管理办法(试行)》(以下简称《办法》),从同业视角对各金融机构及其子公司的私募资管业务进行规定,其中《办法》第二十五条明确规定对于无正当事由将资管产品或其收受益权作为底层资产的资产支持证券,或者以资产支持证券形式规避监管要求的情形,应当视为一层嵌套;对于政府出资产业投资基金,存在向社会募集资金的,应当视为一层嵌套。《办法》加强了对多层嵌套产品的限制,信托公司在开展此类业务的时候也将受到约束。

10月,人民银行发布《标准化债权类资产认定规则(征求意见稿)》(以下简称《认定规则》),明确了标准化债权的类别与范畴,引导了信托公司非标转标的展业方向。《认定规则》第二条规定了第一条明确罗列的产品之外的其他债权类资产被认定为标准化债权类资产的条件,具体包括:等分化,可交易;信息披露充分;集中登记,独立托管;公允定价,流动性机制完善;在银行间市场、证券交易所市场等国务院同意设立的交易市场交易。此外,消除"非非标"中间地带,并明确非标准化债权类资产投资在过渡期结束后,不再豁免期限匹配、限额管理、集中度管理、信息披露等监管要求。

同期,发改委、人民银行、财政部、银保监会、证监会、外管局六部委于10月19日联合印发《关于进一步明确规范金融机构资产管理产品投资创业投资基金和政府出资产业投资基金有关事项的通知》,明确创业投资基金和政府出资产业投资基金的投资领域和成立的条件,为信托公司开展此类业务提供指引。其中,创业投资基金是指向处于创建或重建过程中的未上市成长性创业企业进行股权投资,以期所投资创业企业发育成熟或相对成熟后,主要通过股权转让获取资本增值收益的股权投资基金;而政府出资产业投资基金是指包含政府出资,主要投资于非公开交易企业股权的股权投资基金和创业投资基金。同时,符合本通知规定要求的两类基金接受资产管理产品及其他私募投资基金投资时,该两类基金不视为一层资产管理产品。

(二)信托业务资金端

2019年6月,银保监会发布《关于保险资金投资集合资金信托有关事项的通知》,明确规定保险资金不得投资单一资金信托,不得投资结构化集合资金信托的劣后级受益权。同时,确定了保险机构投资集合资金信托应当明确信托公司选择标准,完善持续评价机制。其中,担任受托人的信托公司应当具备以下条件:①具有完善的公司治理、良好的市场信誉和稳定的投资业绩,上年末经审计的净资产不低于30亿元人民币;②近一年公司及高级管理人员未发生重大刑事案件,未受监管机构重大行政处罚。此外,《关于保险资金投资集合资金信托有关事项的通知》除了对信托业务资金来源进行约束外,还明确了保险资金投资的集合资金信托对应基础资产的范围,即非标准化债权资产、非上市权益类资产以及银保监会认可的其他资产。

9月,银保监会发布《商业银行理财子公司净资本管理办法(试行)(征求意见稿)》,明确了理财子公司净资本监管标准,理财子公司净资本管理应当符合两方面标准:①净资本不得低于5亿元人民币,且不得低于净资产的40%;②净资本不得低于风险资本,确保理财子公司保持足够的净资本水平。此外,银行业监督管理机构可以根据银行理财子公司的治理结构、风险控制和合规管理等情况,对不同银行理财子公司的净资本监管要求进行调整,进行分类监管,但不得低于最低监管标准。由于银行理财子公司设立的最低注册资本金为10亿元,低于信托公司的设立标准,因此理财子公司在净资本管理方面较信托公司存在更低的展业门槛条件,在资金端将和信托公司展开激烈的竞争。

(三)信托公司运营

2019年6月,发改委、人民银行、银保监会、证监会、财政部等十三个部门联合印发《加快完善市场主体退出制度改革方案》(以下简称《改革方案》),在公司运营方面对包含信托公司在内的金融机构进入或退出细分市场提出制度安排。《改革方案》的制定旨在完善金融机构资产、负债、业务的概括转移制度。其中,明确指出依托存款保险制度和保险保障基金、证券投资者保障基金、信托业保障基金等相关行业保障基金,进一步完善金融机构强制退出时的储蓄存款合同、保险合同、证券业务合同、资产管理业务合同、信托财产和信托事务等各类合同和业务的转移接续。《改革方案》强调了市场化运营的重要性,推动银行、证券、保险、信托等领域的金融债权人组建相对统一的金融债权人委员会,并参与破产程序。支持金融债权人加强对企业等市场主体债务风险的监测,推动金融债权人积极化解市场主体债务风险,促进市场主体及时出清。

9月,财政部下发《金融企业财务规则(征求意见稿)》(以下简称《财务规则》),针对当前金融企业存在的虚假注资、违规代持、资本金抽逃等违法违规行为,提出监管措施。《财务规则》强调了坚持依法合规、坚持防控风险、坚持穿透管理、坚持财务可持续四项原则。同时,《财务规则》新增了资本金管理的内容,从出资要求、出资形式、出资作价、外币出资、出资管理、股权质押、特殊投资者、资本公积、监管要求等方面颁布细则,进行规范。

11月,银保监会重磅推出《信托公司股权管理暂行办法(征求意见稿)》(以下简称《暂行办法》),明确了境内非金融机构、境内金融机构、境外金融机构均可作为信托公司的股东,并且对信托公司股权实施穿透监管。《暂行办法》进一步确定了信托公司主要股东的范畴,指持有或控制信托公司百分之五以上股份或表决权,或持有资本总额或股份总额不足百分之五但对信托公司经营管理有重大影响的股东。《暂行办法》还对不同类型股东(境内非金融机构、境内金融机构、境外金融机构)所具备的条件,以及股权的取得、持有、退出出台细则。此外,《暂行办法》取消了境外金融机构入股信托公司应具备的"总资产不少于10亿美元"的数量型限制门槛要求,为引入境外投资者创造便利,信托行业对外资的吸引力正在增强。在监管鼓励引导下,信托公司股权对外资开放将迎来黄金时期。

(四)监管制度

在业务监管方面,2019年5月,银保监会发布《关于开展"巩固治乱象成果,促进合规建设"工作的通知》,指出将继续对重点领域重点风险开展深入整治,严查政策执行,严查风险隐患,严查违法违规行为。值得关注的是,监管文件明确提出禁止为不合规房地产项目或地方政府融资。此外,《关于开展"巩固治乱象成果,促进合规建设"工作的通知》对信托公司在开展业务的过程中存在的不合规现象进行列举,主要包括:对宏观政策执行不力;公司治理不透明;资产质量分类不准确;新增非标资金池业务,或存在期限错配;未遵循穿透原则,违规开展同业业务;在经营管理中违背"双录"要求,违规由第三方非金融机构推介信托产品。

7月,银保监会下发《关于进一步做好下半年信托监管工作的通知》,强调防范化解信托业风险任务的重要性和紧迫性,坚决遏制信托规模无序扩张、严厉打击信托市场违法违规行为及有力有效处置信托机构风险等。《关于进一步做好下半年信托监管工作的通知》的监管导向明确:一方面,信托公司要继续坚持去通道目标不变,力度不减;另一方面,信托公司要加强房地产信托合规管理和风险控制。此外,信托公司要大力发展具有直接融资特点的资金信托,服从国家宏观调控要求,为实体经济提供针对性强、附加值高的金融服务,推动优化信托机构业务结构。

11月,最高人民法院发布《全国法院民商事审判工作会议纪要》(以下简称《会议纪要》),从司法实践角度明确了"卖者尽责、买者自负"的监管导向。《会议纪要》明确提出适当性义务是指卖方机构在向金融消费者提供包括推介、销售信托理财产品在内的金融服务,必须履行的了解客户、了解产品、将适当的产品(或者服务)销售(或者提供)给适合的金融消费者等义务。同时,《会议纪要》提出营业信托纠纷的认定标准,即特指信托公司在开展营业信托的过程中,信托当事人之间的纠纷。此外,《会议纪要》在资产或者资产收益权转让及回购、劣后级受益人的责任承担、增信文件的性质、保底或者刚兑条款无效、通道业务的效力、受托人的举证责任、信托财产的诉讼保全、信托公司固有财产的诉讼保全等方面做出了明确说明。《会议纪要》的发布,将引导信托公司精细化自身的法务管理,全面深入地管控法律风险。

在制度建设方面,2019年7月,中国信托登记有限责任公司发布《信托受益权账户管理细则》(以下简称《管理细则》),明确信托登记公司对信托受益权账户实施集中管理。《管理细则》规定受益人可以直接申请办理信托受益权账户开立、使用、变更和注销等业务,也可以委托代理开户机构代为办理。《管理细则》的颁布使信托受益权账户的管理有了明确的规范依据,信托受益权流转所需登记平台进一步完善。

四、服务(类)信托受到高度关注

2018年信托业年会上,中国银保监会副主席黄洪强调"信托业务要坚持发展具有直接融资特点的资金信托,发展以受托管理为特点的服务信托,发展体现社会责任的公益(慈善)信托",即服务信托成为支撑新时代信托业务转型的三驾马车之一。

依照信托业协会对服务信托最新的定义,服务信托是以信托财产独立性为前提,以资产账户和权益账户为载体,以信托财产安全持有为基础,为客户提供开户/建账/会计、财产保管/登记、交易、执行监督、结算/清算、估值、权益登记/分配、信息披露、业绩归因、合同保管等托管运营类金融服务的信托业务。

在信托关系中,服务信托的受托人根据其受托人职责提供运营、保管等非资金配置的受托服务。服务类信托虽然属于事务管理类信托业务范畴,但与该大类中银信通道业务不同,信托公司在开展服务类信托业务的过程中承担主动管理的职责,而非被动的作为通道。

服务信托之所以成为人们关注的热点,原因在于:其一,2018年4月《关于规范金融机构资产管理业务的指导意见》(以下简称《资管新规》)正式发布之后,信托与银行、保险、证券等金融同业的监管标准统一,信托公司的竞争不再局限于信托业内,而是面临来自整个资管行业的竞争。信托公司在资金信托领域取得明显优势并非易事,但服务信托业务边界宽泛,较资金信托更能体现信托制度的灵活性。其二,服务信托在资产隔离和破产保护方面大有可为,委托人或受托人因为出现破产原因而依法被宣告破产后,信托财产并不被划入破产财产范围而进行分配。信托财产的独立性使信托账户的资金不被冻结、查封,保证了资金的安全,免受恶意诉讼的侵害,保护了信托受益人、委托人利益。

在信托实务上,随着《资管新规》的落地实施,被动管理特征的银信通道信托业务急剧缩减,信托公司纷纷结合自身的比较优势进行业务转型。2019年10月,粤财信托与深圳中顺易金融服务有限公司共同推出了"普惠供应链1号服务信托项目",开启了信托行业在供应链生态圈开展服务信托业务的尝试。"普惠供应链1号服务信托项目"以深圳某电子通讯企业(简称"通讯企业")与其上游供应商之间的贸易为背景,粤财信托将供应商持有的对通讯企业的应收账款设置为信托财产,发起设立单一系列财产权信托。粤财信托通过特有的账户系统、供应链管理系统,提供信托财产的登记、保管和信托利益分配服务,提升中小微企业应收账款管理效率。2019年11月,国通信托首单服务信托产品——国通信托·服务信托系列单一事务管理信托正式落地。该项目基于中顺易旗下消费商城设立,委托人(消费者)将购买商品或享有权益的预付款委托给国通信托设立单一服务信托,由国通信托依据指令或合同对信托财产进行管理、运用和处分,确保预付款不被商城非法挪用。

近年来，服务信托内容不断丰富和发展，一方面，通过证券投资运营服务信托、资产证券化信托、清算服务信托等为金融活动提供服务；另一方面，通过家族信托、消费信托、土地流转信托、股权信托、公益信托等为非金融活动提供服务。如表1-7所示。

表1-7 不同类型服务信托提供的服务

	服务信托业务类型	共性服务	交易	监督	价值评估	信息披露	业绩归因
金融活动	证券投资运营服务信托	√	√	√	√	√	√
	资产证券化信托	√				√	
	清算服务信托	√					
非金融服务	家族信托	√			√		
	消费信托	√		√			
	土地流转信托	√					
	股权信托	√					
	公益信托	√		√		√	

资料来源：依据信托业协会服务信托发展报告整理得到，其中共性服务包括：开户、建账、会计、财产及合同保管、清算与结算、权益登记与分配。

2019年信托公司在服务信托领域展业重点及特色业务主要体现在证券投资运营服务信托、资产证券化信托和家族信托三方面。

（一）证券投资运营服务信托

"财产隔离""受托服务"是信托公司为资产管理业务提供一系列"强托管"服务的天然法律优势，另外信托公司在证券投资资产管理业务中积累的丰富受托经验，已经发挥出了"强托管"的作用。

通过长期嵌入于资产管理业务之中，部分信托公司不断积累客户和数据资源，在以证券投资为代表的资产管理业务中拓展信托服务边界，提供包括架构设计、投研支持、运营服务和风险管理在内的一站式综合服务，将银行、券商、基金等金融机构引入平台，在平台服务的基础上搭建基金评价体系，形成定制化资产配置能力。一方面，这些信托公司为中国的私募基金行业开辟了一条合规经营的发展之路；另一方面，帮助有潜力的私募管理人增信，对接银行理财等机构资金，加快优秀投资管理人的发展速度。

以华润信托的托管服务业务模式为例,资金方通过信托产品灵活投向多种标的,并享受华润信托提供的服务,包括产品设计、运营服务、交易服务、合规风控、投资管理等产品运营服务。其他参与主体为:托管银行作为独立第三方机构对资金进行保管、监控、负责信托资金保管、划拨划扣、会计核算、估值、信息披露等;投资顾问提供投资顾问服务,包括出具投资建函、研究分析报告等;证券经纪商负责交易执行、资金保管、交易数据报送。如图1-15所示。

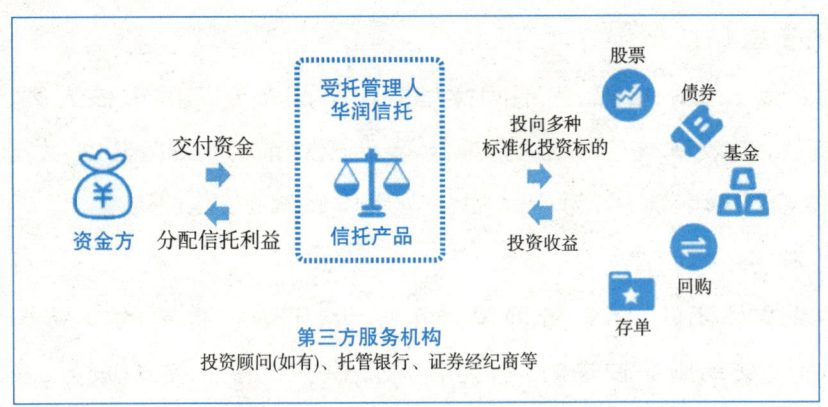

图1-15 华润信托证券投资运营服务业务模式

具体来说,信托公司开展证券投资运营服务主要包含以下九方面:

1. 财产隔离

以信托法律关系为基础,实现客户资金的所有权、管理权和受益权的有效分离,解决了一般金融账户不能解决的委托代理关系。基金托管与外包服务信托以信托法为法理基础,以委托人—受托人—受益人三者实现所有权、管理权和受益权三权分立的信托关系为其法律逻辑,以信托的破产隔离机制为其法律保障。

2. 账户管理

为客户提供的开户服务、账户保管服务、资产登记服务,不是以信托财产价值的增减为依据,而且以符合委托人意图,实现信托财产安全和便利为标准。信托公司还建立起科学完善的信息管理系统和管理能力,积累了丰富的金融科技服务能力。

3. 产品设计

承担起产品设计的职能,包括产品的募集安排、申赎安排、投资安排、费用安排、业绩报酬、收益分配及其他增值服务,逐步培养丰富的产品设计经验、实时跟紧政策变化、快速响应产品个性化需求,覆盖股票、债券等大部分投资标的,以深入了解各种基金产品结构的设计及风控要求,可以根据基金风险收益的需要来定制相应产品,提供服务支持。

4. 产品估值

在未来净值化产品的投资运作中,估值将是重要的组成部分,关系到产品平稳、安全的运作。信托公司重视估值专业人才培养和估值系统的持续投入建设,能够覆盖市场上所有的投资标的及各种产品类型,同时支持多种估值方法。

5. 合规管理

重视对合规人员的培养,为不同类型的产品配备专门的审核人员,熟悉把握合同条款细节,高效审核产品合同,熟悉产品成立前、产品运营时以及产品终止后的报备、信息披露等流程,为产品的合规运作保驾护航。

6. 交易服务

建立独立交易团队,熟悉各种投资策略,除了进行标准的交易指令执行以外,还可以强化交易服务快速响应,为客户提供交易规则咨询服务、及时提示交易信息,为客户提供程序化交易策略,并可根据客户的个性化需求定制程序化交易策略,以保障基金资产安全独立地运作。

7. 多维度风险控制

未来净值化产品将成为市场主流,打破刚性兑付将成为必然的选择。但在这其中,要尽可能地保证投资人的合法权益,信托公司充分发挥独立第三方的作用,在事前注重风控需求的沟通、风控条款经验输出及拟定、制定风控方案、配置风控参数并形成流程化的成熟风险管控方案,事中方面在资金划拨、交易执行、估值核算和账户管理等方面进行全流程风险管控,事后方面及时进行舆情监控、净值监控、风控校验核查等,从事前、事中、事后多维度进行全流程管控及风险控制。

8. 投资管理服务

基金的投资管理服务需要建立在对投资标的全面分析的基础上,信托公司对基金产品的数据进行多维度的分析,包括但不限于持仓分析、流动性分析、绩效评价等,并可以根据客户的需求定制运营报表以及监管报送报表。

9. 信息披露

办理与基金托管业务活动有关的信息披露事项,具体涉及基金资产保管、代理清算交割、会计核算、净值复核、投资运作监督等环节。信托公司建立健全各项信息披露管理制度,指定专人负责管理信息披露事务,严格按照法律法规的要求进行信息披露。

(二) 资产证券化信托

资产证券化信托是服务信托的重要组成部分,信托公司参与资产证券化业务主要包括三种方式:即担任受托人和发行载体管理机构;将信托受益权设计为资产证券化产品的底层资产;获取承销业务资格,担任资产支持票据的承销机构。

具体来说,信托资产证券化业务可分为三类。

其一,信托与企业资产证券化。企业资产证券化是目前发行量最大、种类最多的资产证券化品种。信托在企业资产证券化中的应用基础是以信托受益权为基础资产的企业资产证券化。

其二,信托与信贷资产证券化。该类业务又分为典型的信贷资产证券化和私募资产证券化。根据《信贷资产证券化试点管理办法》,目前我国银行间市场的信贷资产证券化均以信托受益权份额的形式发行,虽然信托在整个交易中必不可少,但是大都仅承担"通道"角色。而银行信贷资产私募资产证券化可以分成两种,一种是以银行已投的存量非标资产为基础资产,设立财产权信托并分层评级后发行信托受益权份额,另一种则是通过信贷资产私募资产证券化,综合运用了资金信托、财产信托、信托受益权转让等,投入新增非标资产。

其三,信托与资产支持票据。信托型资产支持票据具有较多优势:通过引入信托作为发行载体,标的资产通过交付给信托计划而实现破产隔离;实现公募发行,信息充分披露;发行的逻辑可以拓展到资产信用,助力中小企业低成本融资;使资产出表成为可能。

根据 Wind 数据统计,截至 2019 年 10 月 14 日,共有 33 家公司参与资产支持票据(ABN)的发行,产品累计发行 160 只,发行总额 1915.78 亿元;此外,共有 20 家信托公司发行银行贷款证券化(CLO)产品,累计发行 119 只,总规模为 6378.67 亿元。上述证券化产品规模合计 8294.45 亿元,同比增长 32%。

从增量视角来看,中国信托登记有限责任公司产品成立公示数据披露,2019年 1—11 月,新登记资产证券化信托产品 320 个。其中,银行贷款证券化(CLO)和企业资产支持证券(ABS)信托产品 168 个,占比 52.5%;交易商协会资产支持票据(ABN)信托产品 152 个,占比 47.5%,较 2018 年同期大幅提高 16.1 个百分点。2019 年前 11 个月,资产证券化信托产品月均新发行 29.1 个,是 2018 年月均水平的 2.64 倍,信托公司通过参与资产证券化市场来进行业务转型的现象非常显著。

具体而言,2019年资产证券化信托产品的发行数量呈现较强的波动性,总体呈现上半年上升下半年下降的倒U型趋势。2019年1月发行资产证券化信托产品38个,仅次于7月位居前11个月月度发行量第2位。2019年8月,资产证券化信托产品的发行数量环比下降33.3%,10月产品发行数量达到2019年前11个月的最低水平。2019年前11个月资产证券化信托产品发行数量的波动主要归因于银行贷款证券化(CLO)和企业资产支持证券(ABS)信托产品发行数量的波动。如图1-16所示。

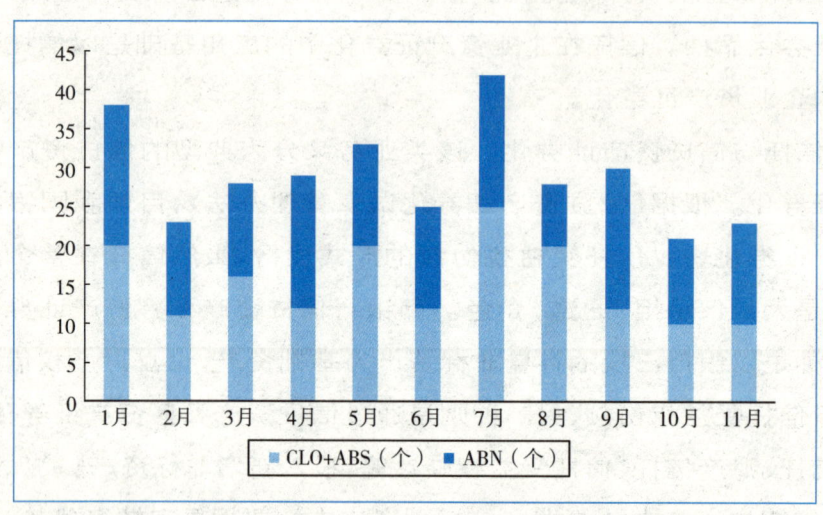

图1-16　2019年1—11月资产证券化信托产品月度数量变化

(三)家族信托

2019年10月21日,瑞士信贷研究院(Credit Suisse Research Institute)发布《2019年全球财富报告》,披露近一年全球新增百万(美元)富翁110万名,其中中国新增15.8万人。截至2019年年中,中国百万(美元)富翁人数为440万,财富超过5000万美元的超高净值人数为18132人,仅次于美国,位于全球第二。此外,2019年中国有1亿人属于全球最富裕的10%人口,首次超过美国的9900万人。从增长前景来看,瑞信亚太区首席投资官伍泽恩(John Woods)表示,预计到2024年,中国的百万(美元)富翁人数将增加55%,达690万人,在超高净值人士方面,亚太区将新增21300名超高净值人士,总数接近66000人,其中42%来自中国。我国富裕人口和家庭资产呈现飞跃式发展,这给国内信托机构发展家族信托业务带来了新的机遇。

同时,结合建信信托和胡润研究院发布的《2019年中国家族财富可持续发展报告》,中国内地超高净值家庭主要分布于北京、广东、上海、浙江。随着国内居民财富的不断增资,超高净值人群数量迅速扩大,家族信托在财富传承、家族事务管理和税收筹划等方面优势越来越获得高净值人群认可。

据中国信托登记有限责任公司研究数据披露,在提升主动管理能力和压缩通道业务的双重背景作用下,2019年家族信托凭借灵活的制度安排优势成为信托公司加速转型的方向之一,2019年第三季度家族信托业务规模环比提升50.99%,占信托业务总规模比重较第二季度提高0.25个百分点,家族信托业务处于高速发展阶段。

2019年1—11月,中国信托业协会在行业新闻板块提及"家族信托"和"家族财富"关键词20次,信托业对家族信托的关注度远远超出对其他信托业务的关注度。截至2019年第三季度,建信信托家族信托客户突破1400户,家族信托实收规模超400亿元,业务规模及客户数量继续保持行业前端。2019年8月,建信信托通过将存量股票资产产权信托化,完成了国内首例上市公司控股股东将股票(股权)置入家族信托,并由受托机构提供长期专业化管理与长期多元化配置的业务。在增量方面,截至2019年6月,山东国信管理的家族信托已签订合同金额突破93.79亿元,实际交付的信托资产规模约81.76亿元,同比大幅增长74.2%。

此外,相对于传统家族信托较高的进入门槛,也有信托公司试水投资门槛较低(一般为100万元至500万元)的财富信托和家庭信托,以满足中产阶级的财富管理需求,并对现有超高净值家族财富管理市场进行有益的补充。2019年仅第一季度,业内首家提供该服务的中航信托就开立超300单财富信托。财富信托通过账户体系实现信托产品的配置,强调资产配置;而家庭信托采用标准化分配模式,强调对于不同年龄的受益人进行里程碑式的分配,实现和谐传承。

五、非标转标蕴含转型先机

2018年4月,中国人民银行、中国银行保险监督管理委员会、中国证券监督管理委员会和国家外汇管理局联合正式发布《关于规范金融机构资产管理业务的指导意见》。通道、非标债权等以往主流信托业务因不符合监管和政策导向,正逐步被符合监管导向的信托创新业务所替代。风险可控的监管要求使信托公司必须破除信托产品的刚性兑付,而破除刚性兑付实现合规经营的具有较强可操作性的模式就是净值化管理。因此,符合净值化管理特征的标准化资产成为信托公司转型的重要展业领域之一。

2019年10月,中国人民银行发布《标准化债权类资产认定规则(征求意见稿）》（以下简称《认定规则》），将标准化债权类资产定义为依法发行的债券、资产支持证券等固定收益证券，对《关于规范金融机构资产管理业务的指导意见》中关于标准化债权类资产的相关认定条件的要求进行细化。其一，在合格投资者数量、最小交易单位和标准化文本等方面将等分化、可交易条件进一步细化；其二，在信息披露的方式、内容、频率和效果等方面对信息披露充分条件进一步细化；其三，在债券市场登记托管机构方面对集中登记、独立托管条件进一步细化；其四，在交易方式、交易服务、交易价格、质量控制等方面对公允定价、流动性机制完善条件进一步细化；其五，在服务机构的监管体系、原则等方面对交易市场的选择应为国务院同意设立的市场（包括银行间市场、证券交易所市场等）这一条件进一步细化。

基于上述条件，一方面，《认定规则》明确列举了标准化债权类资产，主要包括：国债、中央银行票据、地方政府债券、政府支持机构债券、金融债券、非金融企业债务融资工具、公司债券、企业债券、国际机构债券、同业存单、信贷资产支持证券、资产支持票据、证券交易所挂牌交易的资产支持证券，以及固定收益类公开募集证券投资基金等。另一方面，《认定规则》也明确列举了非标准化债权类资产，主要包括：银行业理财登记托管中心有限公司的理财直接融资工具、银行业信贷资产登记流转中心有限公司的信贷资产流转和收益权转让相关产品、北京金融资产交易所有限公司的债权融资计划、中证机构间报价系统股份有限公司的收益凭证、上海保险交易所股份有限公司的债权投资计划和资产支持计划、其他未同时符合《认定规则》第二条所列条件的为单一企业提供债权融资的各类金融产品。

当然，资管行业投资于非标产品也并非被完全禁止，《关于规范金融机构资产管理业务的指导意见》中涉及对非标监管的措施主要体现为限额管理、流动性管理、信息披露管理、期限错配风险管理，符合监管要求的非标产品依然存在市场空间。

结合《认定规则》的出台和2018年9月银保监会发布的《商业银行理财业务监督管理办法》，银行理财业首当其冲地受到监管政策较大的影响。银行理财产品投资非标准化债权类资产的余额不得超过理财产品净资产的35%或本行总资产的4%，投资单一债务人及其关联企业的非标准化债权类资产余额不得超过本行资本净额的10%。

在私募产品领域深耕细作多年的信托公司看似并未受到较大影响，但《认定规则》的出台也与信托业务转型存在紧密联系。在非标资产中，信托产品扮演着重要角色。一方面,这是由信托传统业务模式和定位所决定的。另一方面,在非标转标过程中,信托再次采取了徘徊、观望的态度。这与其自身的业务结构、产品结构有关,更与信托公司的经营理念、创新意识、转型魄力以及战略目标有关。大多数信托公司并没有与时俱进,没有按照监管导向超前进行转型和创新,仍旧在传统业务模式的惯性下,延续以非标为主的产品结构。《认定规则》一旦落实,参照同业标准,大概率出现的信托非标业务限额管理将使转型步伐慢的信托公司面临更大的展业压力。

事实上,在标准化债权类资产认定的过程中,无论是采取"白名单"方式,还是"五要素"标准,都与信托产品的转型方向高度吻合。其一,《信托公司集合资金信托计划管理办法》中就有基金化、标准化的要素,也有信托受益权划分为等额份额的信托单位等表述;其二,中国信托登记有限责任公司成立后,信托产品就有了集中登记的平台。因此,对信托公司来说,非标转标是具备有利因素和先发优势的。

2019年,在非标转标这一大趋势下,信托公司加大对资产证券化产品的关注度。如前文所述,无论是服务信托持续深化发展的推动还是非标转标的需要,无论从存量视角还是增量视角测算,未来资产证券化信托产品发行数量和规模均将同比大幅增加。

六、信托科技赋能

在信托业务回归本源服务实体经济的大背景下,具有普惠特征的信托产品成为信托公司业务转型的关注点。信托业务服务群体的边界不断扩大,普惠主体的差异化特征也给信托业带来了前所未有的风险,使传统的展业手段难以应对。2019年,信托业务的创新离不开金融科技的应用,以大数据、云计算、人工智能和区块链为代表的金融科技手段,在信息采集、投资决策、风险管控等方面助力信托公司业务模式创新。

2019年8月,中国人民银行印发《金融科技(FinTech)发展规划(2019—2021年)》,指出金融科技是技术驱动的金融创新,旨在运用现代科技成果改造或创新金融产品、经营模式、业务流程等,推动金融发展提质增效。金融科技将成为推动金融转型升级的新引擎,成为金融服务实体经济的新途径,成为促进普惠金融发展的新机遇,成为防范化解金融风险的新利器。

金融科技也并不是漫无边际的对新技术盲目地引用。《金融科技(FinTech)

发展规划（2019—2021年）》提出了强化金融科技合理应用的重点领域，包括大数据、云计算、人工智能、区块链和光学字符识别（OCR）等五方面。具体而言：其一，科学规划运用大数据，打通金融业数据融合应用通道，破除不同金融业态的数据壁垒，发挥金融大数据的集聚和增值作用；其二，合理布局云计算，探索利用分布式计算、分布式存储等技术实现根据业务需求自动配置资源、快速部署应用，更好地适应互联网渠道交易瞬时高并发、多频次、大流量的新型金融业务特征，提升金融服务质量；其三，稳步应用人工智能，探索相对成熟的人工智能技术在资产管理、授信融资、客户服务、精准营销、身份识别、风险防控等领域的应用路径和方法；其四，加强分布式数据库研发应用，妥善解决分布式数据库产品在数据一致性、实际场景验证、迁移保障规范、新型运维体系等方面的问题；其五，健全网络身份认证体系，充分利用可信计算、安全多方计算、密码算法、生物识别等信息技术，建立健全兼顾安全与便捷的多元化身份认证体系，保障移动互联环境下金融交易安全。

2019年，金融科技与信托业务的融合创新主要体现在数字化应用、人工智能、区块链、OCR技术等方面。

（一）数字化应用

以大数据和云计算结合为典型特征的数字化应用使信托业务和金融科技融合在一起。首先，在投资策略的选择方面，基于大数据进行信息搜集、筛选、汇总，识别资产配置的影响因素，并通过云计算迅速生成投资策略，能够迅速抓取市场中的投资机会，提高交易效率。

其次，在智能投顾方面，通过大数据平台迅速了解所属客户的历史及现状，包括基本信息、投资历程、盈亏波动、特点及爱好、风险偏好等特征，因人而异提出有针对性的投资项目，提供差异化投资服务。同时，在客户交易过程中，根据市场行情变化主动提供客户需要的信息和建议。

再次，在风险管理方面，伴随金融业务的创新发展，大数据和云计算在金融风险敞口的多样化、风险计量的复杂化、风险数据的多维化背景下，综合运用交易行为、合同、市场行情、产品等信息，实现精细化风险识别和管控。此外，金融科技对项目立项、项目运营和项目清算全过程实时监控，及时发现风险因素并预警，有效提升信托公司在项目运作全过程中对包含市场风险在内的多风险因素进行识别并规避的能力。

最后，在运营效率方面，大数据结合云计算能够将运营模式拆分细化，提升数据质量,优化投资管理、清算、风险管控等环节的运营流程。此外,经营管理过程中产生的数据也能够通过智能化数据分析,对经营管理效率进行反馈和评价,使信托公司管理部门及时且有针对性地调整运营管理措施。

(二)人工智能

人工智能技术的引入能有效解决金融机构内部工作量大、工作效率较低的困境。2019年1月,云南信托自主研发的"账务自动化处理机器人"正式上岗,它所关注的重点是一些具有规律与重复性的办公流程,通过自动化模拟人在不同的系统(包括浏览器)之间的操作行为取代人力,提升工作效率。

云南信托利用RPA(Robotic Process Automation)替代人工操作,将多项财务作业串联起来,实现自动化操作,再通过方便的账务查询服务,大量减少了财务的工作量。具体而言,它具有如下功能:

其一,实现自动化模拟登陆、查询不同界面的财务数据(余额、流水),进行数据抓取、保存等相关作业,全天候不间断自动校验项目流水是否保存,避免人工操作的失误,确保财务数据的精准;

其二,快速检索任意项目的账户余额和流水数据,解决了较多存续项目所导致的对账工作重复烦琐问题,缩减了人工工作量,有效提升财务人员的工作效率;

其三,实现了相关业务数据与清算、估值系统的深度对接。

(三)区块链

2019年10月,中共中央政治局就区块链技术发展现状和趋势进行第十八次集体学习,习近平总书记主持学习并强调,区块链技术的集成应用在新的技术革新和产业变革中起着重要作用。

首先,从区块链的概念来看,区块链是指通过分布式和去信任的方式集体维护一个可靠数据库的技术方案。区块链是分布式数据存储、点对点传输、共识机制、加密算法等多种计算机技术的集成创新。它的技术本质是分布式结构的数据存储、传输和证明的方法,用数据区块取代了目前互联网对中心服务器的依赖,使所有数据信息都被记录在一个分布式系统之上。

其次,从区块链的特征来看,区块链技术具有分布式、去信任化、透明、集体维护、不可篡改、可追踪、加密安全性、开源、隐私保护等特征。基础特征体现为去中心化,即使用分布式核算和存储,信息不存储在中心化的硬件或管理机构,任意节点的权利和义务都是均等的,系统中的数据块由整个系统中具有维护功能的节点来共同维护。区块链实现了交易和区块两种记录,交易是存储在区块链上的实际数据,而区块则记录确认某些交易时间和节点顺序。因此,区块链技术具有信息存储不可篡改的先天优势。

2019年,区块链技术的陡然升温,金融科技与信托融合的方式进一步丰富。2月,云南信托与招商银行在区块链ABS系统方面开展实质性合作,升级资产证券化业务。云南信托将底层消费金融资产上传至该区块链系统,提升了底层资产的透明度,提高了投资者在投资全流程的体验。与此同时,资产证券化的各参与方通过区块链将信息共享,记录在区块中,通过加密算法保证数据隐私安全和不可篡改。在区块链的结构设置下,投资人可以随时了解资产证券化底层资产及现金流水信息。云南信托参与的区块链系统有效解决了各家机构信息不对称的问题,降低产品发行成本,提升资产证券化服务质量。10月,中融信托也参与到了区块链项目中,与怡亚通(主营供应链管理服务)、蚂蚁金服发行国内首单快消品行业动产融资区块链项目。中融信托依托物联网技术对动产进行实时监控,为金融机构的动产融资业务塑造更安全环境,然后利用区块链永久追溯、不可篡改等特性建设基于物联网物权锚定的区块链数字仓单,将传统的实物审计融资变为更高效和安全的链上数字化融资,从而降低融资成本。

区块链技术与信托的结合可应用于广泛的领域,包括供应链溯源、区块链股权登记和交易平台、资产托管和资金清算等多方面,随着区块链技术的逐步落地普及,信托与之融合的广度和深度势必进一步提升。

(四)OCR技术

OCR技术全称是光学字符识别(Optical Character Recognition),是通过图像处理和模式识别技术对光学的字符进行自动识别。早期的OCR技术应用于编写扫描仪配套的主要软件,将文字自动识别录入电脑中;当前的OCR技术应用范围扩展为各种图像文字影像识别过程。

通过软件开发工具包(SDK)编写的OCR软件主要由四部分构成,即图像处理模块、版面划分模块、文字识别模块和文字编辑模块。其一,图像处理模块主要具有文稿扫描、图像缩放、图像旋转、去除噪点等功能,以提高文字或图像的识别率;其二,版面划分模块目的是将同一版面的文章、表格等分开,以便于分别处理,并按照既定的顺序进行识别;其三,文字识别模块通过逐行切割,对不同样本汉字的特征进行提取,完成识别;其四,文字编辑模块主要对识别后的文字进行修改、编辑。

OCR技术与信托业务的结合目前主要体现在个人身份信息的扫描,避免客户重复录入信息的烦琐与可能出现的纰漏。2019年初,国通信托APP正式上线,可在线办理实名认证、双录、电子签约,其中通过OCR技术扫描客户的身份证件信息,省略了以往客户在提交身份证件扫描件后还要重复填写身份信息的烦琐流程,提升了签约效率,改善了客户体验。

虽然目前信托公司对OCR技术应用的广度和深度不高,但OCR技术除了具有身份证件信息自动录入功能之外,在人脸识别、合同比对等方面存在着极大的业务便利性。一方面,人脸识别能够避免身份信息的冒领冒用,广泛运用于金融、保险、商务等多领域的实名认证,自然包括信托合同的签署、客户识别等方面;另一方面,信托行业对合同审核是防范法律风险的必要程序,而合同条款非常详细,为了防止合同被另一方恶意修改,制式合同的出具方需要对合同的全部文字条款做确认,文本审核的工作量非常大,OCR技术的应用在提高合同审核效率的同时,能极大减少比对出错率,降低企业风险,避免重大损失。

七、房地产信托业务规模大幅缩减,消费金融业务异军突起

2019年,随着监管政策的密集落地,信托业务的支持领域也出现了较大调整。宏观层面,经济增长更加依赖内生动力;行业层面,回归实体、地产降温确定了2019年信托业务转型的主基调。多重因素同期叠加,信托业展现出房地产业务、金融机构业务下降,基础产业和消费金融业务成为支持重点。

(一)房地产信托业务大幅收缩

根据中国信托业协会数据披露,截至2019年第三季度,投向房地产的资金信托规模为27811.88亿元,虽然较2018年第三季度同比上升6.31%,但相对第二季度环比下降5.08%,房地产信托业务规模首次出现环比下调现象。从业务规模占资金信托比重来看,2019年第三季度房地产信托规模占比为15.01%,环比下降0.37个百分点,房地产政策调控效果逐步展现。

从房地产信托业务全年变动趋势来看,2019年上半年房地产信托业务规模依然呈现持续上升趋势。但是8月以来,中央及地方多次明确针对房地产金融领域展开调控,严查资金违规投向房地产领域,监管力度均持续升级,2019年第三季度房地产信托业务首次迎来拐点,存量规模较上一季度大幅缩减1487亿元,规模占比双双下降。如图1-17所示。

进一步,用益信托数据披露,2019年10月,新成立房地产信托计划294个,规模合计329.30亿元,较9月大幅缩减54.96%;11月,新成立房地产信托计划255个,业

务规模持续缩减为 213.83 亿元,月度数据也展现数量和规模的双降趋势。虽然第四季度业务数据尚未披露,但大概率延续第三季度的收缩趋势几成定局。

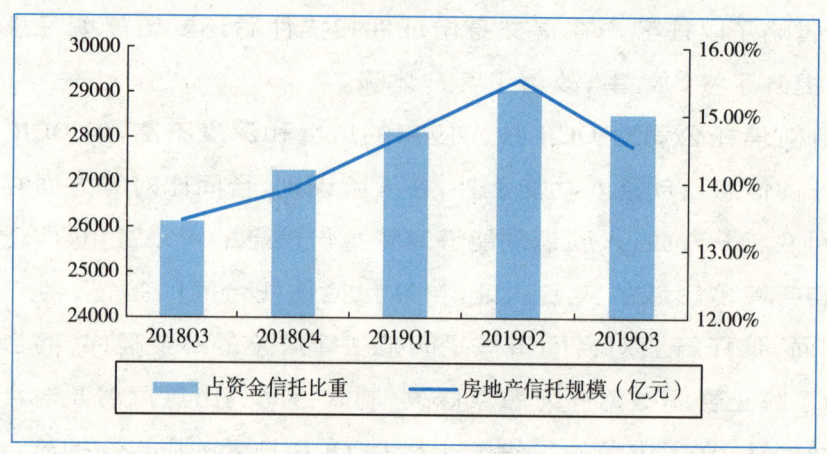

图 1-17　房地产信托规模及占比(2018Q3—2019Q3)

此外,截至 2019 年第三季度,特色信托业务中的基金化房地产信托余额为 20.74 亿元,较 2018 年第三季度同比下降 59.66%;较上一季度环比下降 43.17%,全年呈现持续下降趋势,并且下降速度逐步增加,总规模较 2018 年末减少 29.98 亿元。从占信托总资产比重角度来看,2019 年第三季度基金化房地产信托业务占比为 0.0094%,较上年同期(占比为 0.0222%)和上一季度(占比为 0.0162%)下降明显。2019 年基金化房地产信托业务的规模和占比缩减程度远远高于传统房地产信托业务。具体如图 1-18 所示。

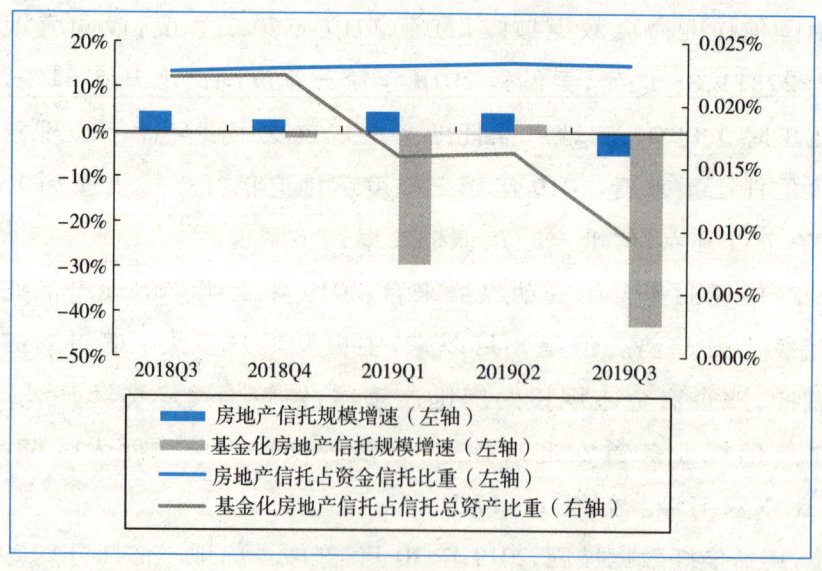

图 1-18　房地产信托业务规模增速及占比(2018Q3—2019Q3)

(二)金融机构业务占比持续下降

根据中国信托业协会数据披露,截至 2019 年第三季度,投向金融机构的资金信托规模为 26764.86 亿元,相对第二季度环比下降 6.05%,较 2018 年第三季度同比下降 14.91%。从业务规模占资金信托比重来看,2019 年第三季度投向金融机构信托业务规模占比为 14.45%,环比下降 0.51 个百分点,较 2018 年同比下降 1.69 个百分点。

从投向金融机构信托业务全年变动趋势来看,2019 年前三季度投向金融机构信托业务规模呈现持续下降趋势,并且业务规模下降速度逐步加快。信托公司逐步将资金投向从金融同业向实体经济倾斜。如图 1-19 所示。

进一步,用益信托数据披露,2019 年 10 月新成立资金投向金融机构的信托计划 502 个,规模合计 382.11 亿元,较 9 月大幅缩减 22.47%;11 月,新成立资金投向金融机构的信托计划 543 个,业务规模为 381.94 亿元,产品数量上升,但业务规模基本持平略有下降。月度数据展现业务规模降幅趋稳特征。

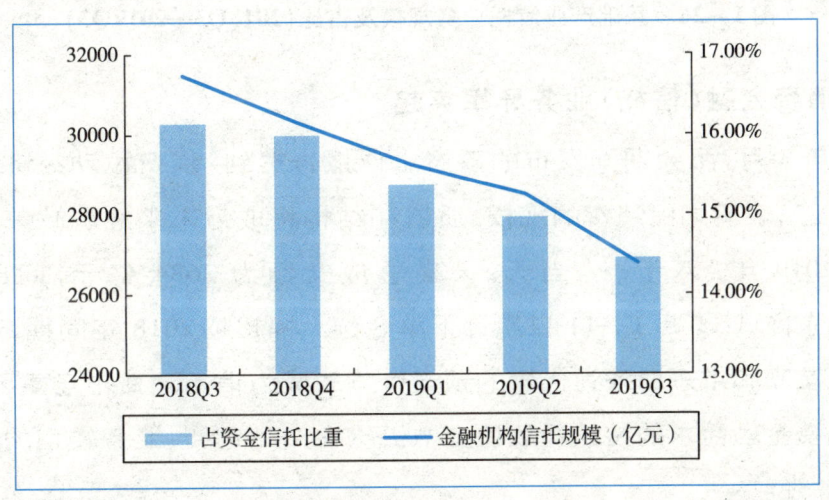

图 1-19 金融机构信托业务规模及占比(2018Q3—2019Q3)

(三)基础产业信托缓慢升温

根据中国信托业协会数据披露,截至 2019 年第三季度,投向基础产业的资金信托规模为 28631.56 亿元,虽然相对第二季度环比下降 1.07%,但较 2018 年第三季度同比上升 0.31%。综合考虑资金信托整体规模缩减趋势,2019 年第三季度基础产业信托业务规模占比为 15.45%,环比增加 0.26 个百分点,同比增加 0.81 个百分点。

从基础产业信托业务全年变动趋势来看,2019 年上半年基础产业信托业务规模呈现持续上升趋势,第三季度存量业务规模小幅缩减309亿元,这是由于同期资金信托业务规模整体缩减超过5200亿元造成的。从业务占比视角来看,2019年前三季度,随着信托助力实体经济发展成为业务转型的新常态,基础产业信托业务规模占资金信托比重持续上升。如图1-20所示。

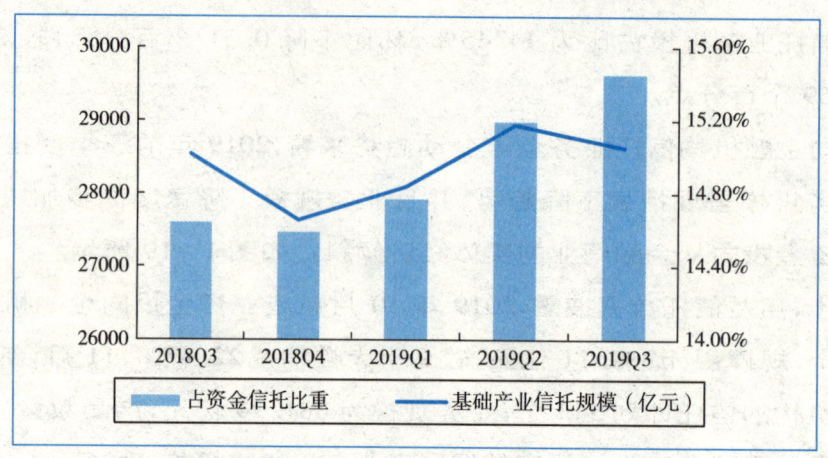

图1-20　基础产业信托业务规模及占比(2018Q3—2019Q3)

(四)消费金融(信托)业务异军突起

2019年3月,两会期间发布的政府工作报告提到"消费拉动经济增长作用进一步增强",表明国民消费的规模、质量和结构将成为未来经济政策的重点关注领域。2019年"双十一"当天,天猫总成交额为2684亿元,同比增长约25.7%,京东商城11月1—11日累计下单金额大幅超越2018年同期,达到2044亿元,而以花呗和京东白条为代表的预支付方式成为信用消费市场重要的载体。近年来,消费金融需求的持续释放使金融机构在产品创新、业务转型的过程对该领域重点关注。

据信托业协会数据披露,截至2017年底,仅有18家信托公司开展了消费金融信托业务,而2018年一年就有38家信托公司实际开展了消费金融信托业务。截至2018年底,信托公司开展消费金融信托业务累计规模已突破8000亿元,以外贸信托、中航信托、云南信托、华能信托、渤海信托、五矿信托和天津信托为细分行业头部公司。

2019年,信托公司更是纷纷发力消费金融市场,与商业银行、持牌消费金融公司、互联网消费金融、线下小贷一同争抢市场份额。6月,西藏信托上线两期集合资金信托计划,资金用于向符合放款标准的借款人发放消费贷款,合计募集资金超过 1.2 亿元,自 2018 年底以来西藏信托发行消费金融信托产品累计募集资金超过 7 亿元,消费金融信托已成为其业务转型的重点领域。7 月 26 日,国内第 24 家消费金融公司、首家信托系消费金融公司——中信消费金融有限公司正式开业,中信集团、中信信托、金蝶软件三家股东分别持股 35.1%、34.9%、30%,营业范围包括但不限于发放个人消费贷款、与消费金融相关的咨询和代理业务、代理销售与消费贷款相关的保险产品等与消费金融联系密切的业务。

此外,用益信托数据披露,2019 年上半年,投向消费金融领域的金融类信托规模实现了跨越式的飞速增长。其中,2 月消费金融信托业务规模约为 30 亿元;而 8 月消费金融类信托产品募集规模达到 98.26 亿元,环比增加 39.69%,占金融类集合产品的成立规模的 22.73%,较 6 月首次突破 15% 后再一次达到历史新高。

基于中国信托登记有限责任公司产品成立公示数据,搜索与"消费"相关的信托产品(以下简称"消费信托"),2019 年 1—11 月,68 家信托公司共新增完成初始登记消费信托产品 36 个,月均登记产品数量为 3.27。其中,华能信托、华润信托、粤财信托登记产品数量位居 68 家信托公司前三名,在中国信托登记有限公司公示消费信托产品数量分别为 7 个、6 个和 6 个。

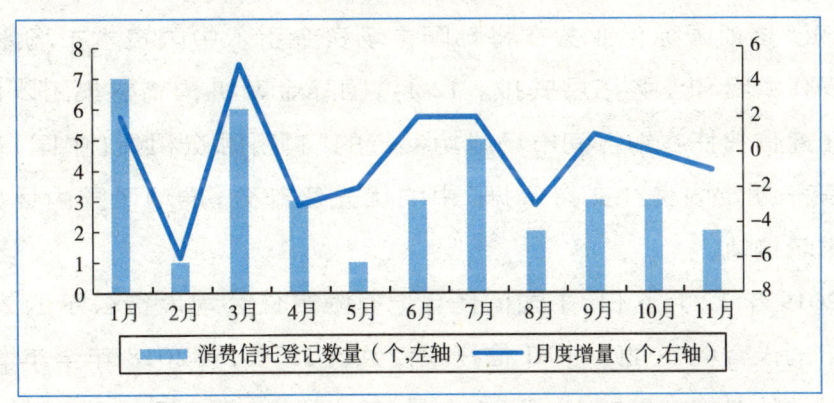

图 1-21　2019 年 1—11 月消费信托初始登记数量

2019 年消费信托产品的初始登记数量呈现年初高位运行、前三季度大幅波动、年末趋稳回调的趋势。受季节性因素影响,2019 年 1 月消费信托登记数量维持较高水平,随后在 2 月快速降至低位并在 3 月剧烈反弹至全年次高水平;4—8 月消费信托产品登记数量继续呈现较强的波动特征,信托公司在消费信托领域并未展现稳步发行及可持续性发行的特征;第四季度以来,消费信托产品的发行数量逐步趋稳,10 月消费信托产品备案公示数量环比持平,而 11 月消费信托产品公示备案数量较上月略有下降,年末消费信托公示备案数量稳步收窄。如图1-21所示。

八、信托国际化步伐放缓

2019年,我国金融业对外开放按下快进键。6月,中国银行保险监督管理委员会主席郭树清在第十一届陆家嘴论坛上表示"热烈欢迎境外金融机构参与进来"以及"我们将进一步扩大银行、保险、证券、信托的开放"。7月,国务院推出11条金融业进一步对外开放的政策措施,对外开放举措进一步细化,扩大外资经营范围、放宽准入门槛等。

在这一大背景下,2019年信托公司也进行了业务国际化的尝试。2月11日,中国银保监会青海监管局核准了五矿信托《关于申请受托境外理财业务资格的请示》,要求其在开展受托境外理财业务时,加强风险监测和风险管理,并按有关规定进行信息披露。五矿信托成为2019年首家获得受托境外理财业务(QDII)资格的信托公司,截至2019年10月31日,68家信托公司中已有25家成功获得QDII资格。6月,中国民生信托有限公司与韩国KTB投资集团在韩国首尔签署合作备忘录,将共同设立种子基金投资中国A股市场,并将该产品陆续推向韩国市场。该项国际化业务在将韩国市场资金引入中国资本市场方面,形成了具体的操作方案和业务拓展安排。12月,国际金融机构高盛集团以自有资金全额认购了建信信托在银行间市场成功发行的"狮桥融资租赁(中国)有限公司2019年度第一期定向资产支持票据"中的优先级部分,推动了国内优质资产与国际资本市场接轨。

截至2019年12月6日,中国信托登记有限责任公司发行公示的2019年完成初始登记的代客境外理财QDII信托项目共计13项,较2018年全年增加5项。产品存续时间从以往常见的18至24个月,扩大至18至240个月[例如:上海信托美月盈系列大中华债券投资(开放式)集合资金信托计划存续期为240个月,中国民生信托·至信560号全球优选中概债券投资集合资金信托计划、建信信托—凤鸣海外1号混合类集合资金信托计划、上海信托全球跨资产配置指数挂钩票据投资集合资金信托计划、兴业信托·兴复全球宏观配置1号集合资金信托计划的存续期为120个月],新增较多长期项目。2019年新增QDII信托项目的信托功能均为投资类,在信托主要投向行业方面,除平安信托鹏威6号集合资金信托计划投资于房地产业之外,其余信托计划均投资于金融业。

在新增产品发布时间分布方面,2019年上半年,仅新增3个QDII信托项目,其中2月新增1项,3月新增2项;2019年下半年,有10个QDII信托项目完成初次登记备案,其中10月新增4项,为全年单月新增数量之首。在新增产品管理机构分布方面,上海信托新增QDII项目7项,稳居行业头部,建信信托和兴业信托则以新增2项业务位居次席。如表1-8所示。

表1-8 2019年1—11月新增QDII信托业务登记情况

	产品名称	产品编码	发行机构	首次申请登记日期	存续期限——月
1	兴业信托·海外精选鸿兴五期集合资金信托计划	ZXD36X201810010016829	兴业国际信托有限公司	2019-02-11	60
2	建信信托—跨境收益增强1号集合资金信托计划	ZXD32J201806010085908	建信信托有限责任公司	2019-03-01	25
3	中国民生信托·至信560号全球优选中概债券投资集合资金信托计划	ZXD35Z20190301000858X	中国民生信托有限公司	2019-03-25	120
4	平安信托鹏威6号集合资金信托计划	ZXD31P201906010003838	平安信托有限责任公司	2019-07-11	18
5	上海信托浦信双盈系列(灵动版)境内外联动全球资产配置集合资金信托计划(GJ-32-19009)	ZXD35S201907010033775	上海国际信托有限公司	2019-09-09	24
6	建信信托—凤鸣海外1号混合类集合资金信托计划	ZXD32J201908010018205	建信信托有限责任公司	2019-09-18	120
7	上海信托浦信双盈系列(灵动版)境内外联动全球资产配置集合资金信托计划(GJ-32-19010)	ZXD35S201908010027004	上海国际信托有限公司	2019-09-29	24

续表

	产品名称	产品编码	发行机构	首次申请登记日期	存续期限——月
8	上海信托美月盈系列大中华债券投资（开放式）集合资金信托计划（GJ-32-18033）	ZXD35S20190901002029X	上海国际信托有限公司	2019-10-10	240
9	上海信托全球跨资产配置指数挂钩票据投资集合资金信托计划（GJ-32-19002）	ZXD35S201908010007773	上海国际信托有限公司	2019-10-10	120
10	兴业信托·兴复全球宏观配置1号集合资金信托计划	ZXD36X201905010029867	兴业国际信托有限公司	2019-10-12	120
11	上海信托浦信双盈系列（灵动版）第3期境内外联动全球资产配置集合资金信托计划（GJ-32-19011）	ZXD35S201909010028978	上海国际信托有限公司	2019-10-31	24
12	上海信托浦信双盈系列（灵动版）第4期境内外联动全球资产配置集合资金信托计划（GJ-32-19012）	ZXD35S201910010013032	上海国际信托有限公司	2019-11-21	24
13	上海信托浦信双盈系列（灵动版）第5期境内外联动全球资产配置集合资金信托计划（GJ-32-19013）	ZXD35S201910010013088	上海国际信托有限公司	2019-11-22	24

资料来源：经中国信托登记有限责任公司发行公示数据整理得到。

根据中国信托业协会数据披露，截至2019年第三季度，QDII信托业务规模为465.08亿元，较第二季度环比增加35.87亿元，为近三年该类业务的单季度最大增幅，较2018年第三季度同比大幅上升12.12%。基于此，2019年第三季度QDII信托业务规模占信托总资产比重也自2017年第二季度之后首次重回0.2%之上。从全年视角来看，2019年前三季度，QDII信托业务规模小幅稳定上升,第三季度增速略快于第二季度。如图1-22所示。

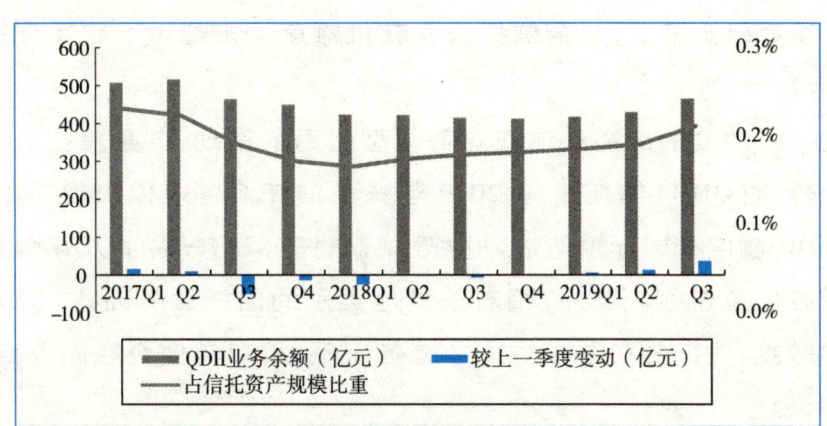

图1-22 QDII信托业务余额及占比变动情况(2017Q1—2019Q3)

虽然从数据上看,2019年前三季度,信托公司QDII信托业务规模有所上升,但与金融行业整体发展趋势相比依然略显滞后。自2017年以来,QDII信托业务规模占信托总资产比重呈现先快速下降后缓慢上升的非对称U型趋势,信托公司近两年受托境外理财信托业务的发展步伐趋缓。

事实上,自2019年初五矿信托获批受托境外理财业务(QDII)资格之后,截至2019年11月底,尚未有其他公司获批QDII展业资格。此外,虽然68家信托公司中已有25家获得QDII业务资格,但是根据《信托公司受托境外理财业务管理暂行办法》规定,信托公司从事QDII业务还需获得QDII投资额度,五矿信托、云南信托、爱建信托、英大信托、华能信托、安信信托和中粮信托七家信托公司处于获批QDII业务资格,但尚无投资额度的尴尬境地。

在QDII批复额度方面,截至2019年11月,外汇管理局累计批准QDII投资额度1039.83亿美元,其中,银行类机构累计拥有148.40亿美元QDII额度,证券类机构累计拥有468.80亿美元QDII额度,保险类机构合计拥有QDII额度339.53亿美元。而获得业务批复并取得业务额度的18家信托公司,获取的总批复额度仅有83.1亿美元。2018年4—5月,国家外汇管理局向信托公司新增额度合计5.6亿美元,其中,中海信托新增2亿美元,长安信托获批1.8亿美元,国投泰康信托新增0.7亿美元,中国民生信托新增0.6亿美元,重庆信托新增0.5亿美元。2019年4月,外汇管理局再次新增QDII业务额度7.5亿美元,但悉数被基金公司瓜分。截至2019年11月,年度内信托公司再未获批新增QDII额度,已获批QDII额度较高的信托公司主要是华宝信托和中诚信托,获批额度分别为19亿美元和16亿美元,位居行业前两名。上海信托、中信信托以获批额度9.5亿美元并列行业第三,其余信托公司获批额度均未超过5亿美元。具体如表1-9所示。

随着金融开放度的提高和信托业务转型压力的推动,各家信托公司愈发关注受托境外理财(QDII)信托业务,2019年该类信托业务规模出现了小幅复苏。但受制于QDII额度和国际形势波动的限制,信托公司开展的QDII信托业务规模依旧持续在低位徘徊。此外,相对于其他类别的信托业务而言,QDII业务的专业性要求较高,信托公司专业性人才储备不足,相对其他金融同业而言,QDII业务进展缓慢。

表1-9 信托公司QDII业务获批额度分布

信托公司	获批日期	额度(亿美元)
平安信托	2011-09-30	1.0
华信信托	2011-12-20	1.0
对外经贸信托	2014-09-22	5.0
中诚信托	2014-11-27	16.0
建信信托	2014-11-27	4.0
中融信托	2014-11-27	3.0
上海信托	2014-12-28	9.5
华宝信托	2014-12-28	19.0
中信信托	2014-12-28	9.5
新华信托	2015-01-30	1.5
兴业信托	2015-02-13	2.0
北京信托	2015-02-13	3.0
交银信托	2015-03-26	2.0
中海信托	2018-04-24	3.0
长安信托	2018-04-24	1.8
重庆信托	2018-05-30	0.5
国投泰康信托	2018-05-30	0.7
民生信托	2018-05-30	0.6

资料来源:根据外汇管理局官网披露的《合格境内机构投资者(QDII)投资额度审批情况表》整理得到。

九、信托受益权账户上线标志行业基础设施进一步完善

为促进信托业持续健康发展,实现信托受益权的集中规范管理,在打破"刚性兑付"后加强对信托当事人合法权益的保护,2019年7月9日中国银保监会批准施行中国信托登记有限责任公司制订的《中国信托登记有限责任公司信托受益权账户管理细则》。

信托受益权账户是指由信托登记公司为受益人开立的记载其信托受益权及其变动情况的簿记账户,信托受益权账户由信托登记公司集中管理。信托受益权账户根据受益人类型可以分为自然人账户、金融机构账户、其他机构账户和金融产品账户。其一,自然人账户是指自然人在信托登记公司开立的信托受益权账户;其二,金融机构账户是指经金融监督管理部门批准可以投资于信托产品的金融机构在信托登记公司以其独立民事主体名义开立的信托受益权账户;其三,其他机构账户是指除金融机构法人外的其他法人和非法人组织在信托登记公司开立的信托受益权账户;其四,金融产品账户是指以信托产品或者其他承担特定目的载体功能的金融产品为账户主体开立的独立信托受益权账户。

信托受益权账户开立、使用、变更和注销等业务可由受益人直接申请办理,也可以委托代理开户机构代为办理。金融机构在取得信托登记公司代理开户资格后方可办理上述指定业务,金融机构申请代理开户机构资格应当具备下列条件:其一,持有银行业监督管理机构颁发的金融许可证,或者银行业监督管理机构及信托登记公司认可的其他经营金融业务许可证;其二,具备开展业务所需的人员、场所、业务设施等条件;其三,具备完备的内部控制和风险管理体系;其四,具备开展业务所必要的信息系统以及具备保障业务持续运营的技术与措施;其五,信托登记公司要求的其他条件。

受益人在开立受益权账户时,应当确保相关申请文件的真实性、准确性、完整性。自然人账户应当由本人申请开立(无民事行为能力人及限制民事行为能力人可以由监护人代为办理);金融机构账户应当由金融机构法人或者由经金融机构法人授权的分支机构申请开立;其他机构账户应当由该机构法人或符合信托合同约定的主体申请开立;金融产品账户应当由产品管理人申请开立,相应的金融产品应该履行完成备案或登记手续。

信托受益权账户用于记载受益人基本信息、账户功能权限信息,以及信托受益权持有及变动情况等信息。在定期检查的过程中,不合格账户、不规范账户将

被信托登记公司单独管理、限制使用。其中，不合格账户主要包括：违规以他人名义开立的信托受益权账户、利用虚假或者无效身份证明文件开立的信托受益权账户、账户关键信息不全或不准确的信托受益权账户、代理开户关系不规范情形下开立的信托受益权账户、信托登记公司规定的其他情形；不规范账户主要包括：账户关键信息未及时更新的信托受益权账户、受益人身份变更等情形导致关键信息不再符合信托登记公司开户条件的信托受益权账户、信托登记公司规定的其他情形。

受益人在信托受益权份额为零和不存在未了结事项的前提下，申请注销信托受益权账户。此外，当自然人死亡、法人和非法人组织丧失主体资格、金融产品未按计划成立或终止时，受益人或其合法继承人应当申请注销信托受益权账户，否则信托登记公司有权注销相关信托受益权账户。

2019年9月10日，全国集中管理的信托受益权账户系统正式在中国信托登记有限责任公司上线并对外提供账户业务办理服务。10月22日，中国信托登记有限责任公司通过官方网站发布了《关于信托受益权账户代理开户机构名单的公告（第一期）》，首期公告名单包括33家已具备对外开展信托受益权账户业务条件的代理开户机构，具体包括：百瑞信托、北方信托、渤海信托、长安信托、重庆信托、大业信托、粤财信托、国民信托、国投泰康信托、华澳信托、华宝信托、华润深国投信托、华信信托、建信信托、昆仑信托、平安信托、山东信托、上海信托、四川信托、万向信托、五矿信托、西部信托、西藏信托、兴业信托、中诚信托、金谷信托、中航信托、中建投信托、中融信托、中泰信托、中铁信托、中信信托、中原信托。12月4日，再次发布了《关于信托受益权账户代理开户机构名单的公告（第二期）》，再次新增18家代理开户机构，具体包括：安信信托、北京信托、长城新盛信托、东莞信托、光大信托、国通信托、华宸信托、华能信托、华鑫信托、交银信托、陆家嘴信托、天津信托、厦门信托、云南信托、对外经贸信托、民生信托、中海信托、紫金信托。至此，全国68家信托公司中已有51家具备对外开展信托受益权账户代理开户业务条件。

信托受益权账户的正式上线将从四个方面直接利好于行业长期发展。

首先，信托受益权账户的上线将极大提高信托受益权的标准化发展速度，增强信托产品的流动性，信托受益权的集中规范管理也将为以后信托产品的流通转让提供交易平台。

其次，通过实现信托受益权实时查询功能，信托业所提供的更加便捷的服务也将促进人们对于信托产品的认知,提高信托产品对投资者的感召力,增强行业竞争力。

再次,信托受益权账户的上线有助于信托行业转型发展、回归本源。流转平台的深层次建设将使信托公司成为信托产品转让流通的中介桥梁,对标证券交易市场的证券公司,深耕行业发展的细分领域。基于收益权账户,信托公司可提供包括财产和权益的保管、登记、监督、估值、流转交易等多项服务,拓展本源业务的边界。

最后,信托受益权账户的上线有利于进一步完善行业信息披露制度,加快风险因素的识别效率,保护投资者的合法权益。与此同时,也有助于信托公司积极落实监管责任,有效破除"刚性兑付",释放发展潜力。

十、信托公司加速布局财富管理中心

2019年12月6日,中国证券登记结算有限责任公司在《特殊机构及产品证券账户业务指南》中针对商业银行理财子公司的相关内容进行修订。其中提出"商业银行发行的已在'全国银行业理财信息登记系统'登记的理财产品,应由资产托管人申请开立证券账户",即银行理财子公司自此既可开立证券自营账户,又可开立相关理财产品证券账户。

结合此前银保监会发布的《商业银行理财子公司管理办法》,《特殊机构及产品证券账户业务指南》明确将银行理财子公司列为特殊市场参与主体之一。在银行理财子公司不断涌现并开展业务之后,公募基金受到其正面最直接的冲击,而信托公司也面临逐步上升的同业竞争压力。

当前,信托公司设立财富管理中心是必要的。信托公司以产品创设为核心,以往的资金来源主要集中于机构资金,在《资管新规》逐步落实过程中通道业务大量缩减,建立财富管理团队形成较为稳定的机构资金渠道或者代销渠道具有一定必要性,具有较强直销能力的信托公司甚至可以兼顾成为行业资管产品代销中心,拓展理财服务的职能。

信托公司财富管理可以为客户提供有针对性的、全面的金融服务。一方面,可以为高净值客户提供资产配置和产品投资方面的准标准化金融服务;另一方面,可以为超高净值客户在养老、财富传承、教育等方面提供定制化的财富管理综合性金融服务。

事实上,2019年信托公司继续加快布局财富管理建设,建立自己的财富管理团队培养财富管理人才。据信托业协会新闻中心披露,在近年来多家信托公司打造财富端口、设立财富中心的背景下,2019年春节刚过,就有多家信托公司更新了春季招聘岗位,财富岗位持续占据核心位置,岗位结构体现既包括部门总经理也包括初级理财师的多层级特征。各信托公司通过人才培养与储备,提升财富管理团队的直销能力,提升产品与服务的质量。据不完全统计,自2019年以来,民生信托、国通信托、华鑫信托、国投泰康信托、华澳信托、安信信托、五矿信托、大业信托、陕国投信托等公司都在招兵买马,扩容财富中心。

此外,2019年信托公司继续完善财富中心的建设。3月,中国外贸信托在青岛举办"新形势下的社会财富之路——金融好社会焕活新动能:开启2019财富管理新机遇"论坛,青岛财富中心成为中国外贸信托继北京、太原、深圳、成都、上海、重庆和西安财富中心之后设立的第八家财富中心,而青岛财富中心的设立也标志着中国外贸信托"五行财富"财富管理品牌正式落地。5月,兴业信托首次在成都按照专业化标准建设的财富中心正式开业,而此前兴业信托已陆续在上海、北京、深圳、福州设立了财富中心,通过提供全方位的财富管理服务,帮助客户积累、创造和传承财富价值。8月,安信信托郑州财富管理中心正式设立,位于郑东新区的财富管理团队将为河南全省的高净值人群提供信托财富管理服务。10月,中信信托广州财富中心将办公地址迁至广州周大福金融中心,进一步加大对粤港澳大湾区的深挖与拓展。11月,长安信托在厦门举办长安财富厦门中心开业典礼,立足为区域经济发展提供专业化的金融服务,帮助广大投资人实现财富保值增值。

从信托公司财富中心的区域分布来看,财富中心设置偏向于东部地区,较为集中在京津冀、长三角和珠三角地区。基于中国城市新分级名单,北京、上海、广州、深圳四个一线城市依旧是信托公司财富中心设立的热点区域;在新一线城市中,除了传统热点城市杭州之外,成都、重庆、西安、青岛、长沙、南京、苏州、宁波、大连、厦门等逐渐成为新热点区域;信托公司对珠海、福州、济南、郑州等二线城市的关注也在加强,陆续布局财富管理中心。

十一、风险项目规模急剧攀升,风控手段亟待跟进

(一)信托风险项目个数与资金规模

在"去杠杆、强监管"的调控政策下,银行表外资金加速回表,流动性阶段性趋紧使实体企业面临较大的还款压力。与此同时,为使业务规模快速扩张,部分信托公司早期开展了较多融资成本较高的信托业务。2019年,风险集中释放,多

家信托公司出现了部分项目违约或延期兑付现象。其中,1月,ST新光和康得新先后发布了部分债务逾期的公告,牵涉中信信托、光大信托、华润信托;7月,大连友谊和精功集团发布部分债务逾期的公告,牵涉华信信托、中粮信托;9月,五矿信托踩雷"16正源03"私募债,未如期收到"16正源03"的本息;11月,国元信托多项信托计划公告延期兑付。

受信托公司频频踩雷的影响,据信托业协会数据披露,2019年第三季度信托风险项目1305个,较第二季度大幅增加205个,风险项目资金规模为4611.36亿元,较第二季度增长33.7%。其中,集合资金信托风险项目资金规模为2689.42亿元,较第二季度增长27.8%;单一资金信托风险项目资金规模为1907.03亿元,较第二季度增长42.47%;财产管理权信托风险项目资金规模为14.91亿元,较第二季度显著下降51.43%。因此,无论从项目个数方面还是资金规模方面观测,2019年信托公司业务风险呈明显放大趋势。

与2018年进行对比分析,2019年第三季度信托风险项目个数较上年同期大幅增加473个,增速超过50%;而风险项目资金规模较上年同期增长了113.5%,超过2018年同期的2倍。其中,集合资金信托风险项目资金规模与上年同期相比增长93.9%;单一资金信托风险项目资金规模与上年同期相比增长160.2%;财产管理权信托风险项目资金规模与上年同期相比下降62.6%。2019年,伴随集合资金信托风险项目增速持续高位徘徊,单一资金信托风险项目同步急剧增加。虽然财产管理权信托风险项目持续回落,但集合资金信托和单一资金信托凭借较大规模权重,共同拉动了风险项目资金规模的快速增加。如图1-23所示。

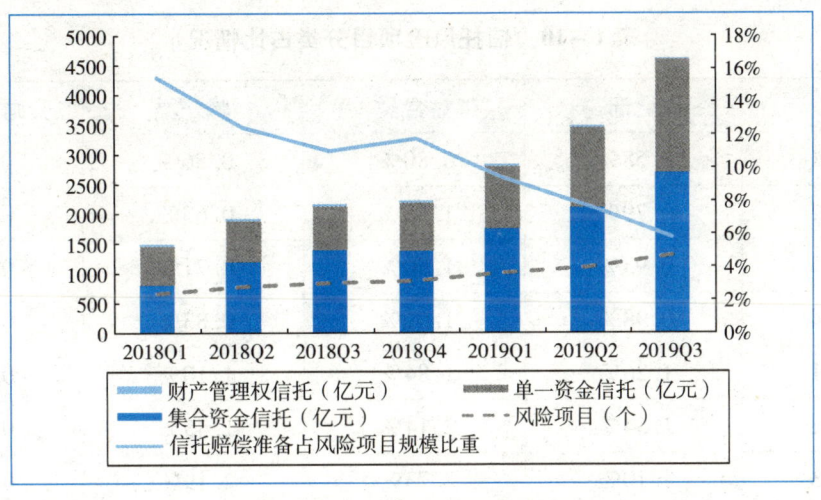

图1-23　信托风险项目个数与资金规模(2018Q1—2019Q3)

另外,信托公司信托赔偿准备在2019年第三季度增至266.26亿元,较2018年同期提高11.98%,但与信托风险项目资金规模相比增速依然较慢,导致信托赔偿准备占信托风险项目资金规模比重在2019年第三季度降至5.77%,仅为上年同期的一半。该比重在2019年持续降低的原因主要有两点:一方面,客观上,信托风险项目集中爆发,导致风险项目资金规模快速大幅提高;另一方面,信托公司盈利能力并未明显提高,从净利润中提取的信托赔偿准备积累速度较慢。总的来看,信托公司赔偿准备金缺口有所增加。

(二)信托风险项目分类占比情况

2019年第三季度信托风险项目资金规模与信托资产规模比例(以下简称"风险资金规模占比")为2.10%,同比增长1.16个百分点,环比增长0.55个百分点。其中,集合类产品风险资金规模占比为2.73%,同比增长1.23个百分点,环比增长0.59个百分点;单一类产品风险资金规模占比为2.19%,同比增长1.48个百分点,环比增长0.75个百分点;财产权类产品风险资金规模占比为0.04%,同比下降0.07个百分点,环比下降0.05个百分点。

2019年第三季度,集合类和单一类信托产品风险资金规模占比实现同比、环比双增,而财产权类信托产品则呈现完全相反的趋势。比较不同类信托产品风险资金规模占比的季度数据,自2018年第一季度以来,集合类信托产品风险资金规模占比以稳定速率持续上升,单一类信托产品风险资金规模占比增速逐渐加快,而财产权类信托产品风险资金规模占比变动趋势自2019年初以来逐步下降。如表1-10所示。

表1-10 信托风险项目分类占比情况

	全部	集合类	单一类	财产权类
2018Q1	0.58%	0.80%	0.56%	0.11%
2018Q2	0.79%	1.25%	0.63%	0.09%
2018Q3	0.93%	1.50%	0.71%	0.11%
2018Q4	0.98%	1.51%	0.83%	0.10%
2019Q1	1.26%	1.84%	1.10%	0.10%
2019Q2	1.54%	2.14%	1.45%	0.09%
2019Q3	2.10%	2.73%	2.19%	0.04%

资料来源:中国信托业协会网站,经整理得到。

总体上,单一类信托产品风险项目资金规模占比自 2018 年以来出现大幅上升,虽然信托公司在新的监管框架下逐步收缩银信通道业务,单一类信托产品规模占比缓慢下降,但单一类业务风险项目的集中爆发似乎依然使信托公司在 2019 年风险控制领域感到措手不及。

(三)未来产品到期情况

2019 年 11 月 26 日,中国信托业协会发布《2019 年 3 季度末信托公司主要业务数据》,其中披露了 2020 年 1—9 月即将到期信托项目个数及规模。由于 2020 年信托项目集中于每季度末到期清算,项目个数和规模展现明显的季节性翘尾特征。如表 1-11 所示。

表 1-11 2020 年 1—9 月到期信托项目个数及规模

	个数(个)	全部(亿元)	集合类(亿元)	单一类(亿元)	财产权类(亿元)
2020 年 1 月	1081	3753	1548	1809	396
2020 年 2 月	859	2982	1607	1031	344
2020 年 3 月	1336	5506	2444	2550	512
2020 年 4 月	1117	3705	1964	1359	382
2020 年 5 月	1051	3569	1902	1193	474
2020 年 6 月	1404	5524	2458	2509	557
2020 年 7 月	1162	3770	1980	1438	352
2020 年 8 月	1039	4154	2459	1323	372
2020 年 9 月	1317	4782	2623	1693	466
1—9 月合计	10366	37745	18985	14905	3855

资料来源:中国信托业协会网站。

2020 年前 9 个月到期项目数合计 10366 个,预计较 2019 年同期增加 4.42%,到期项目规模合计 37745 亿元,预计较 2019 年同期下降 5.55%。其中,风险资金规模占比较高的集合类到期信托产品资金规模为 18985 亿元,同比上升 3.43%;风险资金规模占比增速较快的单一类到期信托产品资金规模为 14905 亿元,同比下降 8.33%;安全级别较高的财产权类到期信托产品资金规模为 3855 亿元,同比下降 27.94%。

十二、2020年信托业发展趋势展望

(一)风险管理体系逐步完善

随着经济下行压力的显现,2019年信托公司频频踩雷,部分项目出现了违约或延期兑付现象。与此同时,2019年前三季度信托风险项目个数同比增加超过50%,而风险项目资金规模较上年同期增加1倍,信托业正面临着前所未有的行业风险。据银保监会处罚公示信息披露,2019年信托公司共收到监管部门至少39张罚单,罚没总额超过2200万元,罚单数量以及处罚金额屡创新高。

2020年货币政策可预期的适度宽松有助于缓解行业风险的进一步积累,但信托产品收益率下降作为货币政策的副产物,将使信托业面临更加激烈的来自金融同业的竞争。基于此,预计2020年信托公司将加大风险防控体系的建设和完善力度,以此保障业务合规转型路径的稳健,赢得差异化竞争的先机。

具体而言,在充实净资本方面,《信托公司净资本管理办法》要求净资本应不低于2亿元,且不低于风险资本的100%,净资本不得低于净资产的40%。虽然当前信托公司净资本/净资产比例大都超过50%门槛,但随着行业风险的增加,通过增资扩股的方式充实净资产将大概率成为部分净资本/净资产比例偏低的信托公司在2020年的风险管理措施之一。

在信托赔偿准备金方面,虽然2019年信托赔偿准备金规模同比大幅提高,但与信托风险项目资金规模相比增速依然较慢,信托赔偿准备占信托风险项目资金规模比重在2019年折半。预计2020年,随着信托公司净资本的扩充,信托赔偿准备金将进一步充实。

在金融科技引入方面,以云计算、大数据、人工智能为代表的金融科技使信托公司能够基于大量样本数据,快速有效地进行风险识别、测算和管理。在项目投资之前,通过大数据平台建立的智能化风控体系能够有效识别贷款人信息的真实性,并实时监测融资方的履约意愿和现金流风险。预计2020年,金融科技将极大助力信托公司完善风险管理体系。

在组织机构建设方面,预计2020年,信托公司将进一步加快风险管理部门的人才引进和人员培训,逐步完善公司风险内控机制。此外,随着信托项目风险激增,信托公司牵涉诉讼案件数量也呈上升趋势,法务部门的建设也有可能成为2020年信托公司完善风险管理体系规避法律风险的重要举措。

在展业方面,打破刚性兑付、净值化管理已经成为信托公司未来业务发展的

趋势。净值化产品可以客观反映资本市场的风险,同时缓解了信托公司在资金端的兑付压力。预计2020年,信托公司将关注拓展此类业务领域,转移市场风险的直接冲击。

（二）业务结构持续优化

严监管依然将成为2020年信托业发展的主旋律,信托公司也必将通过产品创新持续推进业务转型,而提高主动管理能力和专业化管理能力是信托公司未来发展的必经之路。一方面,通过非标转标、净值化管理探索资管类信托产品的转型发展,对标证券投资基金、股权投资基金,丰富产品线;另一方面,在传统非标领域,继续依托业务范围广泛的牌照优势,作为联通资本市场和实体经济的桥梁,通过投贷联动、股票质押、定增等业务,深耕精品投行领域。此外,信托公司还可以利用服务信托的灵活性,进一步拓展信托业务服务领域,该领域也将成为信托公司与金融同业展开差异化竞争的新兴领域。

目前,监管部门正在酝酿出台《信托公司资本管理办法》,其中将信托业务分成三类,即资金信托、服务信托和慈善公益信托。资金信托与商业银行的贷款业务有同质性的竞争,预计未来几年资金信托业务将逐步受到约束,而服务信托将成为风口。基于此,信托业务中通道业务、房地产业务、政府平台项目逐步收缩,家族信托、慈善信托快速崛起的格局变动基本确定。

具体而言,在慈善信托领域,2019年慈善信托项目的备案较前两年明显提速。信托公司与慈善机构在扶贫济困、医疗保障、科教文卫等诸多领域密切合作,并开展业务创新。但目前,备案的慈善信托普遍规模较小、投资收益不足、期限较短,在救助广泛性和可持续性上存在进一步完善的空间。预计2020年,以不动本慈善信托、收益权慈善信托为代表的具有财产来源可持续特征的慈善信托将成为深耕细分业务领域早期的发展方向。

在家族信托领域,较强的定制性和服务的广泛性是家族信托产品的典型特征,具有较强主动管理能力并能够提供包括投资、法律、税务、财务等方面服务的信托公司将在未来业务细分领域展露先发优势。据《2019高端财富白皮书》披露,高净值人群未来关注点多集中于子女培养、家族传承、个性化需求等方面,因此家族信托的目的也将与客户需求保持一致。与此同时,预计2020年家族信托将大力引入金融科技,与大数据平台结合开启智能化道路,在提升客户体验的同时,保障客户信息或意愿的隐私安全;此外,预计信托公司将进一步强化服务信托的职能,避免采用单一的资金形式开展此类业务。

在消费信托领域，2019年部分信托公司一哄而上开展消费信托业务。部分金融科技平台缺乏相应的放贷资质，衍生了一系列风险。部分信托公司不断寻求扩张业务边界，开展直接面向个人的消费现金贷款业务。随着信托公司与个人借贷之间司法诉讼和消费金融技术服务商（即金融科技平台）违规行为的曝光，消费信托业务的风险逐渐显现。2019年10月，北京银保监局印发《关于规范银行与金融科技公司合作类业务及互联网保险业务的通知》，标志着部分地区信托助贷监管已经开始收紧，信托公司仅作资金通道的模式难以为继。在严监管背景下，消费信托业务势必逐步规范，预计2020年消费信托业务规模将会有所下降。

（三）监管制度细则逐步落实

2018年4月，《关于规范金融机构资产管理业务的指导意见》正式发布，非标转标、穿透式监管等行业热词备受关注，信托业在2019年也酝酿出台了包含《信托公司股权管理暂行办法（征求意见稿）》《信托受益权账户管理细则》在内的一系列配套文件，对2020年信托业的发展将产生重大影响。

首先，《信托公司股权管理暂行办法（征求意见稿）》将在四个方面利好信托业的发展：其一，公司治理结构进一步完善，提升了公司的社会形象；其二，规范股东资质，明晰实际控制人；其三，调控关联交易，确保委托人利益最大化；其四，扩大对外开放，加快信托公司国际化步伐。预计2020年，信托公司将在股权监管的顶层设计、精细管理的监管制度安排、与股东的协同作用、股权管理的能力建设、中外合资专业信托子公司、关联方信息获取机制等方面加大布局完善力度，保障监管细则的落地实施。

其次，《信托受益权账户管理细则》的实施创新了信托产品的交易机制，提高了信托产品的流动性。信托公司不仅可作为受益权账户的代理机构为客户提供代理开户服务，也能作为信托受益权做市商进行撮合交易。目前，信托产品登记平台虽初具雏形，但在产品质押与回购细则的制定上尚待明确跟进。预计2020年，信托登记平台将进一步嵌入登记托管机制，并完善信托受益权的发行、交易、融资等多方面的管理制度和细则。信托产品交易市场将逐步从一级市场占主导的模式向兼顾二级市场的模式转变。

（四）信托公司分化趋于稳定

2019年，部分传统信托业务（通道业务、房地产业务、政府平台业务等）因不符合当前的经济发展需要和监管导向而急剧收缩，信托资产规模持续下滑。在这一背景下，不同信托公司所面临的境遇大不相同，注重提升主动管理能力和业务转型创新的信托公司并未受到较大冲击。据2019年相关数据披露，信托行业的资产集中度和收入集中度趋于稳定，40%左右的信托资产集中于前10家信托公司，60%左右的信托业务收入集中于前20家信托公司，行业集中度较高，信托公司分化趋于稳定。

信托报酬率能够反馈信托公司业务质量，体现主动管理能力。以该指标为基准可将信托公司分为两类，即信托业务质量较高和信托业务质量较低。业务质量较高的代表性公司为重庆信托、东莞信托、杭工商信托、五矿信托、中航信托、民生信托等。在此基础上，又可按照资产规模进行二级分类。预计2020年，信托公司将进一步明确分化为四个类型：即第一类信托公司在业务扩张过程中维持较高的展业质量；第二类信托公司注重精细化发展之路，并未盲目扩张业务规模，而是专注于提高业务质量；第三类信托公司基于自身的资源禀赋优势，在严监管框架下依然具有较高的业务规模增速，但信托业务的附加值较低；第四类信托公司转型速度较慢产品创新乏力，信托业务规模和信托报酬率持续低位徘徊，行业竞争力较弱，在业务转型中艰难地抉择。

随着信托公司分化的逐步明朗，发展滞后的机构在业务开展、人才引进、同业合作领域的追赶空间正被逐步压缩，后发赶超的可能性大大降低。2020年，后部的信托公司必须结合自身的比较优势，创新发展模式，探寻差异化的发展道路，实现细分领域的快速发展。

（五）信托文化影响深远

2019年信托业年会于12月25—26日在广东召开，"弘扬信托文化、强化合规建设"的年会主题体现了弘扬信托文化在信托业转型发展过程中的必要性，为信托公司合规转型发展提供了新的思路与要求。年会明确提出"自2020年开始，信托业要用5年的时间，开展信托文化教育年、信托文化普及年、信托文化确立年、信托文化深化年、信托文化提升年的主题活动"。

忠诚守信、持续稳定、财产独立、灵活创新的信托文化是信托业服务实体经济、履行社会责任，坚持职业操守、依法合规经营的重要保障。对信托公司来说，信托文化建设有利于发挥信托的制度优势，促进信托公司加速回归本源定位并促进信托公司业务结构升级，提质增效，更好地彰显中国特色信托业的使命与宗旨。对于信托委托人来说，信托文化建设则有利于树立受托人卖者尽责的责任意识，督促受托人依法合规经营，确保委托人利益最大化；同时还有利于加强和完善投资者教育，树立正确的投资和风险意识，使得合格投资者实至名归。

  目前，平安信托倡导的"守正出新，行稳致远"、中航信托倡导的"共同信约"、中铁信托倡导的"允执其中，守信如铁"、华润信托倡导的"诚信文化"、新华信托倡导的"以信为本，以善为先"等信托文化已融入各自企业的展业过程，信托文化的建设为信托业的长远发展注入了新的动力。预计2020年，信托业将更加注重培育信托文化与信托业务合规转型发展的内在联系，在信托文化与监管政策的协同作用下，信托公司将在规范发展的前提下积极谋转型。

中国信托业发展报告
(2020)

第二章

信托机构

第一节　2019 年部分信托公司经营指标概览

2019 年，宏观经济下行压力加大，监管环境日益严格。面对复杂严峻的外部形势，信托公司 2019 年的经营业绩如何？能否为未来发展积蓄动能，成为整个行业关注的话题？截至 2020 年 1 月 16 日，61 家信托公司在中国货币网披露了 2019 年未经审计的业绩快报。如表 2－1 所示。

表 2－1　2019 年 61 家信托公司营业收入、净利润数据

序号	名称	营业收入排名（万元）	序号	名称	净利润排名（万元）
1	中信信托	717705.07	1	中信信托	359313.60
2	中融信托	535183.96	2	华能信托	317524.50
3	华能信托	506940.96	3	华润信托	287613.03
4	平安信托	467860.02	4	平安信托	265154.56
5	兴业信托	443269.42	5	重庆信托	264165.38
6	五矿信托	415567.33	6	江苏信托	244028.92
7	光大信托	413111.81	7	光大信托	211900.92
8	中航信托	357158.17	8	五矿信托	210386.56
9	江苏信托	323262.12	9	中航信托	193934.12
10	重庆信托	321499.13	10	建信信托	189785.85
11	建信信托	319605.89	11	外贸信托	178955.81
12	华润信托	299932.04	12	中融信托	174757.97
13	长安信托	292850.46	13	兴业信托	164635.90
14	渤海信托	292411.33	14	上海信托	150601.47

续表

序号	名称	营业收入排名(万元)	序号	名称	净利润排名(万元)
15	外贸信托	277922.25	15	爱建信托	126592.56
16	上海信托	267114.54	16	交银信托	113793.89
17	中诚信托	264366.80	17	中铁信托	112507.64
18	爱建信托	258221.25	18	渤海信托	111586.88
19	中建投信托	239548.14	19	百瑞信托	109545.27
20	四川信托	232316.08	20	中诚信托	101310.97
21	民生信托	232123.23	21	昆仑信托	99135.74
22	昆仑信托	193887.33	22	英大信托	98829.61
23	交银信托	186293.24	23	中建投信托	91860.14
24	中铁信托	182109.67	24	国投泰康信托	91054.44
25	北京信托	171946.70	25	民生信托	90489.06
26	百瑞信托	161548.83	26	国联信托	90342.63
27	国投泰康信托	155399.22	27	北京信托	87378.86
28	英大信托	152493.63	28	粤财信托	80026.66
29	华宝信托	147671.06	29	华宝信托	77059.57
30	陆家嘴信托	144144.50	30	中海信托	73352.26
31	万向信托	142912.78	31	万向信托	69985.97
32	华鑫信托	128197.28	32	华鑫信托	65426.02
33	国通信托	116102.33	33	陆家嘴信托	64378.09
34	粤财信托	115784.89	34	杭工商信托	63827.12
35	杭工商信托	113324.32	35	天津信托	61709.28
36	中海信托	112209.87	36	厦门信托	54251.30
37	紫金信托	110324.71	37	紫金信托	53214.83
38	国联信托	107526.46	38	四川信托	53117.56
39	华澳信托	99362.94	39	长安信托	50760.11
40	厦门信托	98140.36	40	国通信托	50032.23
41	中原信托	96219.63	41	西藏信托	46584.06
42	云南信托	88412.05	42	苏州信托	46567.58

续表

序号	名称	营业收入排名（万元）	序号	名称	净利润排名（万元）
43	湖南信托	87048.58	43	国元信托	44375.61
44	天津信托	84557.66	44	华澳信托	41353.18
45	苏州信托	79531.22	45	中原信托	40533.47
46	西部信托	78051.63	46	云南信托	40325.01
47	北方信托	77532.97	47	西部信托	34224.15
48	西藏信托	77203.42	48	湖南信托	25929.76
49	国民信托	70371.88	49	北方信托	24545.80
50	安徽信托	69351.31	50	长城新盛信托	22147.93
51	华融信托	60120.06	51	新时代信托	20777.81
52	吉林信托	58550.05	52	吉林信托	18787.02
53	华信信托	57289.68	53	国民信托	18432.69
54	中粮信托	51779.59	54	中泰信托	16502.20
55	金谷信托	50526.55	55	金谷信托	12226.45
56	新时代信托	42011.29	56	中粮信托	11621.20
57	长城新盛信托	39019.40	57	华信信托	5450.30
58	中泰信托	30203.68	58	山西信托	1784.63
59	山西信托	24600.94	59	新华信托	1706.52
60	新华信托	3663.33	60	华宸信托	-6032.40
61	华宸信托	439.60	61	华融信托	-8209.57

通过梳理这61家信托公司的业绩快报数据，并与2018年数据进行对比，可以对2019年信托公司发展的基本情况有一个初步的判断。

一、营业收入增长分化

2019年，61家信托公司共实现营业收入1134.38亿元，较2018年增长15.75%。尽管61家信托公司的营业收入整体增长，但不同公司的营业收入增速呈现分化的局面。2019年，20家信托公司的营业收入为负增长，其中有8家信托公司的营业收入下降超过20%。在41家营业收入正增长的信托公司中，有28家营业收入的增速超过了20%。

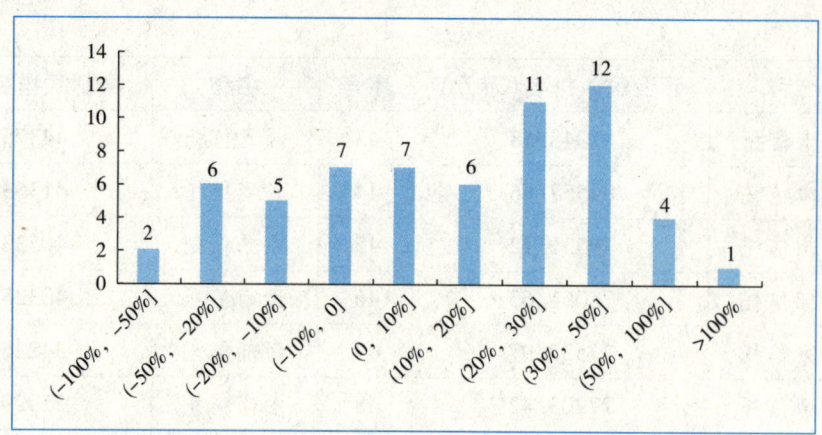

图 2-1　信托公司 2019 年营业收入增速情况

进一步考察信托公司 2019 年的营业收入规模与增速的对应关系。可以将 61 家信托公司大致分为 4 组。第一组的营业收入规模在 50 亿元以上，共 3 家，均为行业龙头公司，这组公司在 2019 年都保持了一定的增速，充分体现了"强者恒强"。第二组的营业收入在 30 亿元至 50 亿元的范围内，这组公司是最有可能向行业前三发起冲击的，但 2019 年在这组公司内部也出现了分化，部分公司实现了高速增长，但也有部分公司收入增长缓慢甚至负增长。第三组的营业收入在 10 亿元至 30 亿元的范围内，处于行业中游，这组公司的增速差异相对较小。第四组的营业收入在 10 亿元以下，处于行业中下游，2019 年同样出现了分化，部分公司收入下滑明显，但也有部分公司实现了 50% 以上的增速。详见图 2-1、图 2-2。

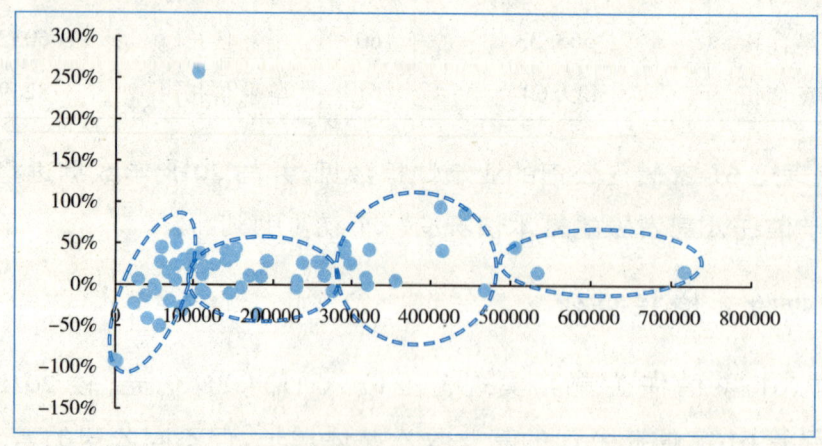

图 2-2　信托公司 2019 年营业收入与增速的散点图

信托公司的营业收入主要由手续费及佣金净收入、投资收益两部分构成。作为信托公司最重要的收入来源，2019 年信托公司手续费及佣金净收入在营业收入中的占比为69.70%。受益于2019年资本市场的回暖,以及会计准则调整带来的影响,信托公司的投资收益在2019年实现了约28.94%的高速增长,投资收益在营业收入中的占比也有所提升,达到了27.63%。见表2-2。

表2-2 信托公司的整体收入结构

	2019年增速	2019年占比	2018年占比
手续费及佣金净收入	11.09%	69.70%	72.63%
投资收益	28.94%	27.63%	24.80%

二、营业支出刚性增长

2019年,61家信托公司的营业支出合计为381.73亿元,较2018年增长了34.93%。营业支出的增速远高于营业收入的增速。其中,45家信托公司的营业支出均为上升,只有16家信托公司的营业支出下降。与营业收入的增长相比,营业支出的增长更具刚性。信托公司营业支出主要包括业务及管理费用、资产减值损失和税费。在信托项目风险暴露增加的情况下,2019年有43家信托公司计提了正的资产减值损失,相较2018年的39家有所上升,61家信托公司计提的资产减值损失整体也有所上升,合计达到了58.49亿元。

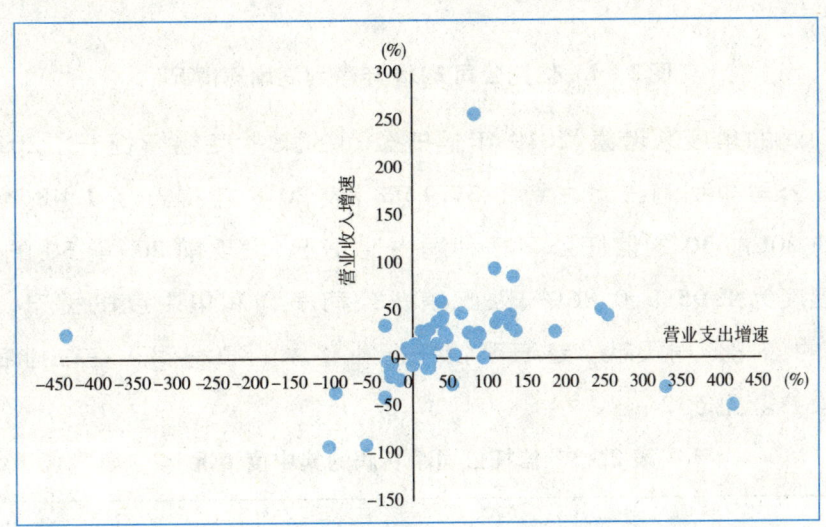

图2-3 信托公司2019年营业支出与收入增速的散点图

以信托公司2019年营业支出的增速为横轴,营业收入的增速为纵轴,画出各家信托公司支出与收入增速的散点图(见图2-3)。只有21家信托公司营业收入的增速超过了营业支出的增速。剩下约2/3的信托公司收入的增速无法赶上支出的增速,甚至有几家信托公司营业支出大幅度增长,但营业收入却在下降。

三、净利润向头部公司集中

尽管2019年信托公司整体营业收入增长了15.75%,但由于营业支出增长速度更快,导致2019年信托公司净利润整体仅微增5.70%。除了1家信托公司2018年、2019年连续两年净利润为负,其他60家信托公司的净利润增速也呈现分化的局面。有21家信托公司2019年的净利润同比负增长,39家净利润正增长的信托公司中,净利润增速在20%以内的信托公司最多,为20家,但也有2家信托公司2019年的净利润实现了超过100%的增速。见图2-4。

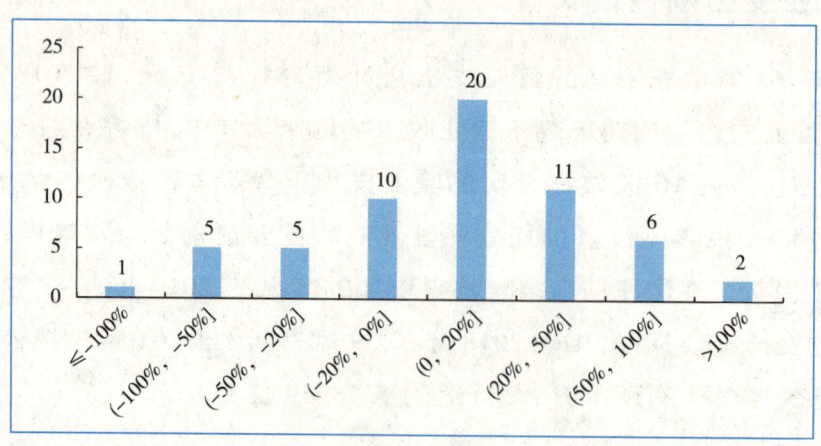

图2-4 信托公司2019年净利润增速情况

从净利润的角度来考察,2019年信托公司的集中度继续提升。2019年排名前8的信托公司净利润占比达到了37.15%,较2018年提升了1.48%。进一步考察排名前20、前30的信托公司净利润占比情况,发现前20、前30的信托公司占比提升幅度为1.95%、0.86%,因此信托公司净利润集中度的提升,主要是由排名前20的信托公司贡献。这表明信托行业整体的净利润正在往排名前20的信托公司集中。见表2-3。

表2-3 信托公司净利润的集中度情况

	前8	前20	前30
2018年	35.67%	64.93%	81.14%
2019年	37.15%	66.88%	82.00%
提升幅度	1.48%	1.95%	0.86%

四、整体资本实力提升

2019年,信托公司的经营情况整体较好,营业收入和净利润整体都为正增长,信托公司的资本实力也获得了提升。2019年61家信托公司的净资产、总资产分别达到了5889.29亿元、7624.51亿元,较2018年分别增长了9.33%、8.20%。绝大多数信托公司的净资产均为正增长,仅有3家为负增长。目前,绝大部分信托公司的资产负债率均处于较低的水平,54家信托公司的资产负债率均在30%以下。在经济下行和行业转型时期,信托公司资本实力的提升,将为防范化解行业风险和探索业务创新转型提供坚实的保障。见图2-5。

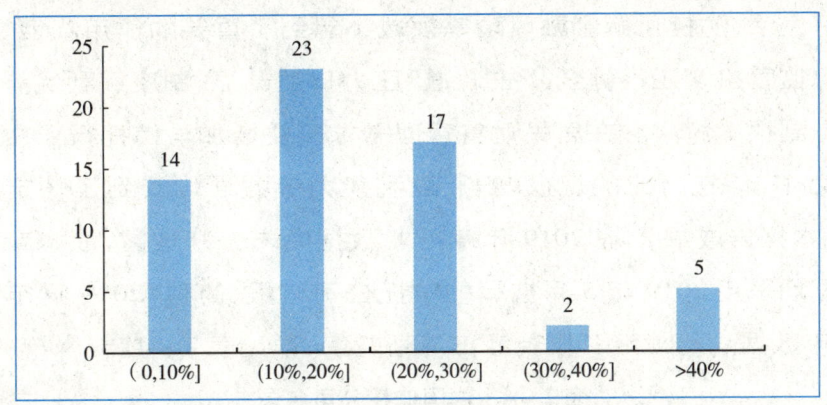

图2-5 信托公司资产负债率的分布情况

五、结语

2019年,信托公司的发展可谓有喜有忧。喜的是信托公司整体经营业绩表现良好,营业收入和净利润均为正增长,且信托公司整体的资本实力有所提升。忧的是信托公司之间分化显著,行业利润向头部公司集中,部分信托公司支出的增长与营收的增长不相匹配。

展望2020年,宏观经济下行压力仍然较大,信托行业面临的监管环境或将更加严格。行业头部的公司在业务资源、风险项目化解等方面均具有一定的优势,将继续为信托行业的发展提供强大动能。处于行业中下游的公司将更具紧迫感,应在风险可控的前提下,积极开拓新项目,全力提升盈利能力,避免掉队。

第二节 信托机构概况

截至 2019 年 5 月，有 68 家信托公司对 2018 年经营业绩进行了披露。从已经披露的 68 家信托公司年报中不难看出，整个信托行业正处于发展转型的重要时期。经过十余年的发展历程，信托行业对于中国经济增长产生了巨大的推动作用，其在支持实体经济的发展、深化国家绿色发展理念、推动慈善事业发展、助力居民美好生活、防控化解金融风险等领域都起到了重要的作用。但是同时，信托行业本身监管机制还不健全、"去通道"压力日益凸显、制度红利优势削弱等问题还没有得到根本解决。在居民财富管理需求日益增加与信托行业转型尚未完成的矛盾之下，信托行业的规模增长、盈利能力等方面均受到了一定的不利影响。（鉴于本报告成书之际，2019 年度行业数据尚未公开披露，故本章自此处之后主体数据均采用 2019 年 5 月披露的信托公司年报，简称"2019 财年"，以别于 2019 年当年数据），行业经营概貌露出清晰轮廓，详见表 2-4。

表 2-4 中国信托公司名录

序号	公司名称	序号	公司名称
1	平安信托有限责任公司	35	天津信托有限责任公司
2	华润深国投信托有限公司	36	四川信托有限公司
3	中诚信托有限责任公司	37	中泰信托有限责任公司
4	中信信托有限责任公司	38	中原信托有限公司
5	重庆国际信托股份有限公司	39	长安国际信托股份有限公司
6	上海国际信托有限公司	40	厦门国际信托有限公司
7	江苏省国际信托有限责任公司	41	山西信托有限公司
8	建信信托有限责任公司	42	五矿国际信托有限公司
9	昆仑信托有限责任公司	43	西部信托有限公司
10	中海信托股份有限责任公司	44	中国金谷国际信托有限公司
11	中国对外经济贸易信托有限公司	45	华宸信托有限责任公司
12	中融国际信托有限公司	46	中粮信托有限责任公司

续表

序号	公司名称	序号	公司名称
13	华宝信托有限责任公司	47	华鑫国际信托有限公司
14	华信信托股份有限公司	48	湖南省信托有限责任公司
15	安徽国元信托有限责任公司	49	光大兴陇信托有限责任公司
16	兴业国际信托有限公司	50	陕西省国际信托股份有限公司
17	华能贵诚信托有限公司	51	苏州信托有限公司
18	北京国际信托有限公司	52	云南国际信托有限公司
19	山东省国际信托股份有限公司	53	国民信托有限公司
20	中铁信托有限责任公司	54	东莞信托有限公司
21	吉林省信托有限责任公司	55	新时代信托股份有限公司
22	中江国际信托股份有限公司	56	杭州工商信托股份有限公司
23	华融国际信托有限责任公司	57	安信信托投资股份有限公司
24	英大国际信托有限责任公司	58	国通信托有限责任公司
25	中建投信托有限责任公司	59	华澳国际信托有限公司
26	渤海国际信托股份有限公司	60	上海爱建信托有限责任公司
27	广东粤财信托有限公司	61	紫金信托有限责任公司
28	交银国际信托有限公司	62	浙商金汇信托股份有限公司
29	百瑞信托有限责任公司	63	大业信托有限责任公司
30	新华信托股份有限公司	64	西藏信托有限公司
31	国联信托股份有限公司	65	长城新盛信托有限责任公司
32	国投泰康信托有限公司	66	陆家嘴国际信托有限公司
33	北方国际信托股份有限公司	67	万向信托有限公司
34	中航信托股份有限公司	68	中国民生信托有限公司

第三节 信托公司经营分析

在过去的十年内,信托业从中国金融改革进程中金融行业边缘革命发起人的角色迅速成长为今天的主流金融业态。各项指标表明:我国信托业发展势头始终与宏观经济运行有着紧密关系，信托业不失时机地抓住宏观经济运行的积极变化，不断开拓业务空间，行业资产规模保持增长态势，跨入"20万亿时代"。利润总额实现两位数增长，信托公司的业务拓展能力以及与业务协同发展能力不断增强，信托业的资金实力处于提升时期，为今后信托业务转型夯实了坚实的基础。

一、主要财务指标分析

（一）资本利润率

从年报披露状况来看，2019财年有66家信托公司对资本利润率这一指标进行了披露。与上一年相比，安信信托和陕西国信继续未披露这一指标，与2018财年64家信托公司披露相比，增加了五矿信托和中江国信两家。

资本利润率的主要统计数据如表2-5所示。作为反映信托公司盈利能力的重要指标，全行业平均资本利润率由2018财年的13.48%下降至2019财年的10.36%，比2018财年大幅下降3.12个百分点，平均资本利润率已经连续五年持续下滑。资本利润率的下降，主要是由于信托公司注册资本的增加，使得资本增长幅度远大于净利润增长幅度。从行业整体来看，在这66家公司中，共有37家的资本利润率在10%以上，占比56.06%，比2018财年的50家减少13家。其中，超过20%的信托公司有3家，占比4.55%，比2018财年减少5家。

从资本利润率排名来看，长城新盛2019财年资本利润率同比微跌0.04个百分点，达到30.92%，仍然延续了2018财年的发展态势，连续两年稳坐年度资本利润率最高的信托公司宝座。在2018财年排名第二的万向信托2019财年资本利润率同比大幅下降6.44个百分点，以18.82%的资本利润率排在行业第四名。中海信托2019财年资本利润率同比大幅上升11.81个百分点，以28.92%的高资本收益率位列行业第二名。

纵观信托行业整体情况，2019财年各公司资本利润率标准差为6.31%，相比2018财年各公司资本利润率离散程度有所上升，该指标在连续四年趋于均衡后又开始走向离散，具体数据见表2-5。

表 2-5　信托公司资本利润率统计分析

项目	2015 财年	2016 财年	2017 财年	2018 财年	2019 财年
平均值	18.24%	15.86%	14.34%	13.48%	10.36%
平均值增长	-1.95%	-2.38%	-1.52%	-0.86%	-3.12%
公司数目	64	66	65	64	66
最大值	50.21%	28.21%	28.70%	30.96%	30.92%
最小值	3.14%	0.57%	0.80%	0.80%	-11.03%
标准差	8.91%	6.10%	6.01%	5.54%	6.31%
变异系数	0.48	0.38	0.42	0.41	0.61

2019 财年,资本利润率表现比较优异的信托公司前五名为:长城新盛(30.92%)、中海信托(28.92%)、爱建信托(20.30%)、万向信托(18.82%)以及外贸信托(18.07%)。而 2018 财年资本利润率表现比较优异的信托公司前五名为:长城新盛(30.96%)、万向信托(25.26%)、大业信托(24.57%)、湖南信托(23.56%)以及西藏信托(22.71%)。与 2018 财年相比,前五名公司的组成有较大的变化。从行业整体来看,资本利润率水平也出现了一定的下滑趋势。与此同时,2013 财年资本利润率在 15%~30%的公司为 34 家,2014 财年达到了 42 家,2015 财年则为 34 家,2016 财年达到 37 家,2017 财年为 28 家,2018 财年为 24 家,2019 财年为 11 家。由此可见,自 2017 财年起,在信托行业整体资本利润率不断下滑的同时,行业中的中坚阵营的数量也出现了持续下降。

从资本利润率增幅来看,2019 财年,资本利润率增幅前五名的公司为中海信托(11.81%)、爱建信托(6.70%)、四川信托(6.12%)、光大兴陇(5.00%)和中信信托(4.04%)。(注:信托公司名后数字为 2019 财年资本利润率增加量)

信托公司资本利润率是净利润与平均资本的比率,因此公司净利润与注册资本规模的变化均会对资本利润率产生影响。信托公司通过增资或者股权资产出售等方式获取大规模资金后,通过有效的资产管理,可以使得业绩得到大幅提升。根据披露报告来看,2019 财年,长城新盛的净资产从 6.70 亿元大幅增加至 9.15 亿元,净利润增幅为 36.42%,使其继续保持资本利润率行业第一的地位。中海信托的净资产由 47.46 亿元增加至 62.76 亿元,净利润大幅增长 102.72%,使其资本利润率表现优异。

(二)信托报酬率

信托报酬是受托人通过管理和运作信托财产而获取的报酬。按照《信托投资公司信息披露管理暂行办法》,信托业务报酬率的计算是以信托业务收入除以实收信托平均余额,这一指标所反映的是信托公司在信托业务中所获得的报酬。实际运作中,信托公司在对信托资产的管理中主动管理能力强、作用发挥得大,取得的报酬一般就会较高;反之,如果信托公司在信托业务中并没有进行主动管理、所起到的作用小,信托报酬率就会偏低。

从信托报酬率来看,2019年3季度的平均年化综合信托报酬率为0.49%,较第2季度环比下降8.31%。平均年化综合实际收益率为5.58%,同比增长10.42%,环比增长24.27%,说明信托公司在提升自身盈利水平的同时,为信托投资者创造和实现了更多价值。

从2019财年的年报披露情况来看,有53家信托公司公布了信托报酬率,比2018财年增加了吉林信托。2019财年,信托行业平均信托报酬率为0.52,比2018财年下降了0.10个百分点。详见图2-6。

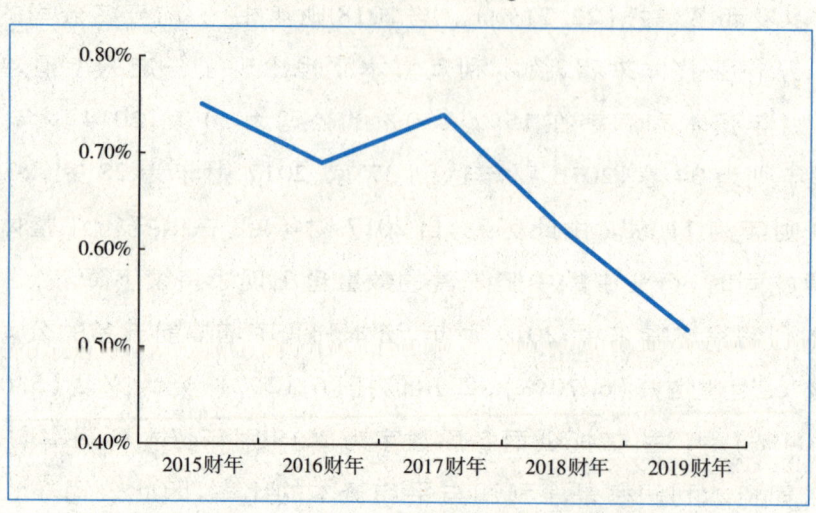

图2-6 2015—2019财年信托公司信托报酬率趋势

由图2-6可以看出,信托行业的平均报酬率自2014财年开始进入下行通道,2017财年该指标虽有小幅反弹,但2018财年又呈现明显下降趋势,2019财年延续了2018财年的下降态势。

在统计的53家信托公司中,26家公司报酬率指标下降,23家上升。随着资管行业竞争加剧,信托公司传统业务的盈利空间逐步收窄。值得注意的是,在信托报酬率指标排名靠前的15家公司中,有6家上年报酬率指标逆市上升,占比

40%。在53家纳入统计的信托公司中,主动管理能力较强的信托公司竞争力进一步增强。

在披露2019财年信托报酬率指标的53家信托公司中,下滑比例最大的是东莞信托,其2019财年信托报酬率同比下降了1.30个百分点,但其信托报酬率仍高居全行业第1;其次是安信信托,同比下降了1.27个百分点。中小信托公司清算项目数量较少,单一项目报酬率对公司整体报酬率指标的影响较大,因此中小信托公司报酬率指标波动比大型公司会更加明显。有研究人员表示,主动管理资产占比较高的信托公司受经营环境影响相对较小,预计行业两极分化的趋势会加大。

从信托报酬率分布的离散程度来看,2019财年信托报酬率分布的标准差为0.45%,比2018财年的0.63%有所下降。2019财年,全行业信托报酬率的差距在连续4年持续扩大后首次出现趋同化的迹象。在样本公司中,大部分公司(45家)的信托报酬率水平低于1%。其中,有37家公司(占披露公司数量的69.8%)的信托报酬率低于0.5%。可以发现,信托报酬率低于0.5%的公司数量远高于2018财年数量,具体数据见表2-6。

表2-6 信托公司信托报酬率的统计分析

项目	2015财年	2016财年	2017财年	2018财年	2019财年
平均值	0.76%	0.69%	0.75%	0.62%	0.52%
平均值增长幅度	-0.12%	-0.06%	0.05%	-0.13%	-0.10%
公司数目	52	54	53	51	53
最大值	2.66%	2.85%	3.16%	3.63%	2.33%
最小值	0.14%	0.19%	0.14%	0.10%	0.10%
标准差	0.49%	0.53%	0.60%	0.63%	0.45%
变异系数	0.64	0.77	0.80	1.02	0.86

从信托报酬率排名来看,2019财年,信托报酬率表现比较优异的信托公司前五名为:东莞信托(2.33%)、工商信托(1.71%)、长城新盛(1.66%)、华信信托(1.52%)和民生信托(1.09%)。

东莞信托在2016财年信托报酬率实现1%的大幅增长之后,在2017财年、2018财年和2019财年分别以3.16%、3.63%和2.33%的信托报酬率连续三年稳居行业首位。工商信托的信托报酬率曾在2014—2016财年连续三年在行业中保持第一,2017 财年、2018 财年和 2019 财年分别以 2.38%、2.73% 和 1.71% 的信托报酬率位居第二位。

2019 财年,银行系的建信信托的信托报酬率仍位于行业倒数第一。信托制度的灵活性可以为商业银行的表外业务需求提供通道,这是商业银行控股信托公司的主要原因。也正因此,银行系信托公司低费率的通道类业务占比会相对较高,但是整体盈利能力并不突出。

(三)人均净利润

2019 年 3 季度,信托行业人均利润为 197.15 万元,较第 2 季度增加 59.95 亿元,较 2018 年 3 季度同比增长 13.30%。

从 2019 财年的年报披露情况来看,有 65 家信托公司公布了人均净利润,与 2018 财年相比,增加了山东国信。2019 财年,信托行业平均人均净利润为 323.13 万元,比 2018 财年下降了 46.07 万元。自 2017 财年平均人均净利润指标出现下降,至 2019 财年已经连续三年维持下降态势。

从人均净利润的统计分析来看,与 2017 财年情况相同的是,人均净利润超过 1000 万元的为重庆国信与江苏国信,这两家信托公司的人均净利润分别达到了 1711.21 万元和 1280.97 万元。其他公司人均净利润均没有超过 1000 万元。表 2-7 显示了 2015—2019 财年人均净利润相关的主要统计指标。

表 2-7 信托公司人均净利润的统计分析

项目	2015 财年	2016 财年	2017 财年	2018 财年	2019 财年
平均值(万元)	396.97	427.14	390.47	369.20	323.13
平均值增长幅度(万元)	6.77	30.17	-36.67	-21.27	-46.07
平均值增长率	1.72%	7.60%	-8.59%	-5.45%	-12.48%
公司数目	63	65	64	64	65
最大值(万元)	2615	3357.92	2519.74	2295.53	1711.21
最小值(万元)	16	6.44	22.17	36.14	-149.05
标准差(万元)	382.5	464.71	365.68	325.61	287.61
变异系数	0.95	1.09	0.94	0.88	0.89

从人均净利润排名来看,2019 财年,人均净利润表现比较优异的信托公司前五名为:重庆国信(1711.21 万元)、江苏国信(1280.97 万元)、中海信托(830.25 万元)、华能贵诚(699.94 万元)和中航信托(604.38 万元)。可以发现,2015 财

年有 50 家信托公司的人均净利润达到了 150 万元以上，2016 财年实现 150 万元以上的公司达到了 54 家，2018 财年与 2017 财年持平，都保持在 53 家，2019 财年则下降为 49 家。

相关数据如表 2-8、表 2-9 所示。

表 2-8 资本利润率序列

序号	公司简称	2019 财年	2018 财年	2017 财年
1	长城新盛	30.92%	30.96%	24.93%
2	中海信托	28.92%	17.11%	23.98%
3	爱建信托	20.30%	20.32%	15.28%
4	万向信托	18.82%	25.26%	28.70%
5	外贸信托	18.07%	19.48%	14.52%
6	华能贵诚	17.62%	17.90%	21.32%
7	中航信托	17.16%	20.29%	22.62%
8	中铁信托	16.11%	20.48%	24.87%
9	光大兴陇	15.96%	10.96%	8.05%
10	中信信托	15.69%	11.65%	15.99%
11	建信信托	15.18%	15.86%	14.79%
12	工商信托	14.57%	16.89%	17.01%
13	五矿信托	14.49%	未披露	未披露
14	平安信托	14.23%	16.83%	16.77%
15	湖南信托	13.90%	23.56%	18.18%
16	百瑞信托	13.66%	15.81%	16.01%
17	中建投信托	13.05%	16.14%	15.83%
18	重庆国信	12.93%	17.13%	21.33%
19	江苏国信	12.74%	15.22%	14.26%
20	华宝信托	12.65%	13.35%	16.00%
21	方正东亚	12.47%	12.27%	14.95%
22	西藏信托	12.26%	22.71%	23.21%
23	天津信托	12.05%	12.43%	10.59%
24	紫金信托	12.01%	12.21%	17.02%

续表

序号	公司简称	2019 财年	2018 财年	2017 财年
25	云南国信	11.97%	11.24%	10.36%
26	国投泰康	11.81%	13.95%	13.96%
27	中融信托	11.48%	18.29%	21.08%
28	粤财信托	11.43%	18.74%	18.78%
29	华澳信托	11.34%	10.83%	6.00%
30	华润信托	11.22%	12.95%	10.17%
31	东莞信托	11.04%	10.11%	10.84%
32	华鑫信托	10.83%	14.40%	12.33%
33	民生信托	10.46%	17.56%	13.08%
34	上海国信	10.32%	13.60%	19.50%
35	四川信托	10.27%	14.27%	23.75%
36	吉林信托	10.10%	15.84%	7.66%
37	交银国信	10.02%	11.44%	12.57%
38	陆家嘴信托	9.92%	12.34%	13.29%
39	厦门国信	9.90%	15.95%	16.79%
40	北方国信	9.71%	10.22%	10.49%
41	北京国信	9.64%	12.61%	13.50%
42	山东国信	9.30%	13.40%	14.40%
43	苏州信托	8.95%	11.71%	14.00%
44	渤海信托	8.62%	13.60%	11.95%
45	大业信托	8.58%	24.57%	21.47%
46	英大信托	8.15%	10.43%	11.99%
47	浙商金汇	7.75%	11.19%	7.79%
48	昆仑信托	7.69%	9.38%	13.50%
49	兴业信托	6.91%	10.44%	9.49%
50	华信信托	6.83%	8.28%	16.19%
51	中诚信托	6.78%	8.07%	7.60%
52	西部信托	6.43%	5.45%	9.26%

续表

序号	公司简称	2019 财年	2018 财年	2017 财年
53	国元信托	5.65%	7.69%	9.90%
54	长安国信	5.32%	15.61%	19.08%
55	中原信托	5.02%	9.91%	15.57%
56	国民信托	4.76%	4.73%	8.78%
57	新时代	4.51%	7.16%	8.17%
58	金谷信托	4.38%	7.59%	4.67%
59	国联信托	4.16%	5.43%	6.60%
60	中泰信托	3.36%	5.84%	7.49%
61	中粮信托	1.08%	11.66%	9.88%
62	新华信托	0.98%	1.85%	0.80%
63	中江国信	0.96%	未披露	28.11%
64	华融国信	0.57%	10.94%	15.60%
65	山西信托	0.57%	4.15%	6.30%
66	华宸信托	-11.03%	4.25%	2.88%
67	安信信托	未披露	未披露	未披露
68	陕西国信	未披露	未披露	未披露

表 2-9 信托报酬率序列

序号	公司简称	2019 财年	2018 财年	2017 财年
1	东莞信托	2.33%	3.63%	3.16%
2	工商信托	1.71%	2.73%	2.38%
3	长城新盛	1.66%	1.43%	2.01%
4	华信信托	1.52%	1.27%	1.45%
5	民生信托	1.09%	0.43%	0.91%
6	华宸信托	1.08%	0.81%	1.83%
7	重庆国信	1.03%	1.20%	1.24%
8	百瑞信托	1.01%	0.79%	0.99%
9	国联信托	0.73%	0.53%	0.58%
10	安信信托	0.65%	1.92%	1.55%

续表

序号	公司简称	2019 财年	2018 财年	2017 财年
11	爱建信托	0.61%	0.84%	1.12%
12	中航信托	0.59%	0.59%	0.73%
13	苏州信托	0.55%	0.90%	0.86%
14	陆家嘴信托	0.55%	0.73%	0.99%
15	中江国信	0.52%	0.64%	0.61%
16	外贸信托	0.51%	0.28%	0.33%
17	中泰信托	0.49%	0.65%	0.51%
18	中铁信托	0.49%	0.53%	0.77%
19	大业信托	0.49%	0.51%	0.52%
20	五矿信托	0.48%	0.42%	0.53%
21	光大兴陇	0.47%	0.27%	0.23%
22	紫金信托	0.47%	0.85%	1.15%
23	浙商金汇	0.46%	0.36%	0.83%
24	平安信托	0.45%	0.50%	0.95%
25	华澳信托	0.44%	0.23%	0.79%
26	中原信托	0.42%	0.70%	0.92%
27	方正东亚	0.40%	0.35%	0.46%
28	渤海信托	0.35%	0.48%	0.33%
29	长安国信	0.34%	0.40%	0.59%
30	英大信托	0.34%	0.32%	0.52%
31	山西信托	0.33%	1.17%	0.91%
32	国投泰康	0.32%	0.25%	0.23%
33	新华信托	0.31%	0.43%	0.47%
34	厦门国信	0.30%	0.26%	0.46%
35	江苏国信	0.29%	0.13%	0.23%
36	北京国信	0.28%	0.41%	未披露
37	昆仑信托	0.27%	0.40%	0.84%
38	金谷信托	0.26%	0.47%	0.28%

续表

序号	公司简称	2019 财年	2018 财年	2017 财年
39	兴业信托	0.26%	0.18%	0.17%
40	天津信托	0.25%	0.41%	0.44%
41	陕西国信	0.25%	0.28%	0.29%
42	华鑫信托	0.25%	0.23%	0.24%
43	上海国信	0.24%	0.28%	0.47%
44	吉林信托	0.24%	未披露	未披露
45	云南国信	0.22%	0.21%	0.23%
46	国民信托	0.21%	0.47%	0.52%
47	西部信托	0.20%	0.22%	0.26%
48	北方国信	0.18%	0.16%	0.23%
49	交银国信	0.17%	0.22%	0.29%
50	国元信托	0.17%	0.19%	0.35%
51	新时代	0.13%	0.32%	0.23%
52	西藏信托	0.13%	0.13%	0.14%
53	建信信托	0.10%	0.10%	0.15%
54	湖南信托	未披露	未披露	1.39%
55	山东国信	未披露	未披露	0.39%
56	中诚信托	未披露	未披露	未披露
57	中海信托	未披露	未披露	未披露
58	中融信托	未披露	未披露	未披露
59	中信信托	未披露	未披露	未披露
60	华融国信	未披露	未披露	未披露
61	粤财信托	未披露	未披露	未披露
62	华宝信托	未披露	未披露	未披露
63	华润信托	未披露	未披露	未披露
64	中建投信托	未披露	未披露	未披露
65	华能贵诚	未披露	未披露	未披露
66	四川信托	未披露	未披露	未披露

续表

序号	公司简称	2019 财年	2018 财年	2017 财年
67	中粮信托	未披露	未披露	未披露
68	万向信托	未披露	未披露	未披露

二、信托资产规模分析

（一）信托资产规模的整体分析

根据中国信托业协会公布的最新数据，截至 2019 年 3 季度末，信托资金规模合计为 18.53 万亿元，其中，集合资金信托规模为 9.84 万亿元，占比 44.74%，环比上升 1.17%；单一资金信托规模为 8.69 万亿元，环比下降 5.89%，占比 39.50%。集合资金信托占比稳步增长，超过单一资金信托占比。管理财产信托规模为 3.47 万亿元，与上季度规模基本持平，占比 15.77%。信托公司主动管理业务增长明显，传统银信合作通道业务持续式微，行业深化转型效果逐步显现。

截至 2019 年 3 季度末，新增信托项目累计 15254 个，同比增加 26.74%；规模为 4.68 万亿元，同比降低 1.93%。新增信托项目个数的提高与规模的下降相比，一定程度上说明了信托业在稳步降规模的同时不断探索结构优化。从新增信托资产的来源结果看，3 季度末集合资金信托新增规模为 2.15 万亿元，同比上升 37.56%，占比为 45.91%；单一信托新增规模为 1.17 万亿元，同比下降 28.12%，占比 24.93%；财产信托新增规模为 1.36 万亿元，同比下降 14.01%，占比 29.16%。

2019 财年，信托行业平均信托资产规模为 33414889 万元，比 2018 财年下降了 5233969 万元，下降幅度为 10.89%。自 2014 财年以来，信托公司的信托资产规模每年都有大幅度的提升，除了 2016 财年外，平均每年提升 20% 以上。而 2019 财年该指标首次出现了下降，表明在宏观经济增速放缓以及金融监管不断加强的环境之下，信托行业的发展面临着比较严峻的挑战。

在 2019 财年，有 52 家公司缩减了信托资产规模，为该指标近年来的最大值。从公司层面来看，中信信托仍然维持在单个公司年度信托资产规模排名的第一位，但其数值却由 2018 财年的 19867 亿元下降至 2019 财年的 16522 亿元，经历了 2018 财年的最高值之后，中信信托也开始适当收缩了资产规模。从信托资产规模分布的平均程度来看,2019 财年信托资产规模分布的标准差(2983 亿元)与 2018 财年(3508 亿元)相比有了一定程度的下降。与此同时,变异系数也连续四年进入下降通道,由 2018 财年的 0.91 下降至 2019 财年的 0.89,这说明 2019 财年信托资产规模在不同信托公司之间的差异度在逐步缩小。

从中观层面上看,信托行业的信托资产规模均值在 2019 财年出现了 10.89% 的下降;与此同时该指标的标准差和变异系数也同比出现了一定幅度的降低。从微观层面上看,行业内信托资产规模的最大值与最小值相比于上一年度均有所减少。这些数据表明,2019 财年信托资产规模均值的下行并不是由于个别公司战略调整的影响,而是整个行业都在进行信托资产的调整与收缩。如何应对系统性风险对于信托行业的冲击将是未来一段时间亟待解决的重要问题。具体数据如表 2-10 所示。

表 2-10 信托公司信托资产规模的统计分析

项目	2015 财年	2016 财年	2017 财年	2018 财年	2019 财年
平均值(万元)	20717837	24050170	29758782	38648885	33414889
平均值增长幅度(万元)	4671814	3332333	5708612	8890103	-5233995
平均值增长率	29.12%	16.08%	23.74%	29.87%	-10.89%
公司数目	67	68	68	68	68
最大值(万元)	90207416	109683950	142488879	198672976	165219704
最小值(万元)	695795	980256	971111	396584	219914
标准差(万元)	18357256	23583490	28279946	35079305	29825848
变异系数	0.89	0.98	0.95	0.91	0.89

(二)信托资产规模的公司分析

从信托资产规模排名来看,2019 财年,信托资产规模最大的信托公司前 5 名为:中信信托(165219704 万元)、建信信托(140393892 万元)、华润信托(95491945 万元)、交银国信(87052154 万元)和上海国信(76868477 万元)。整体而言,2019 财年的信托资产规模排名与 2018 财年相比变化不大。其中交银国信由 2018 财年的第 5 名上升至 2019 财年的第 4 名,上海国信由 2018 财年的第 7 名上升至 2019 财年的第 5 名,华能贵诚则由 2018 财年的第 4 名下降至 2019 财年的第 7 名。值得注意的是,虽然中信信托、建信信托、华润信托以及交银国信的信托资产规模排名相对稳定,但并不能说明这些信托公司没有对其信托资产进行调整,其信托资产规模相比于2018财年均出现了一定程度的下降。其中,华润信托信托资产规模下降了39201995万元,下降幅度最大。中信信托下降了33453272万元,交银国信与建信信托也分别下降了9510801万元和573105万元。

同时,可以发现,2019财年信托资产规模达到1000亿元以上的公司达到59家,比2018财年的58家又增加1家。另外,信托资产规模达到500亿元以上的公司,2015财年达到了创纪录的60家,2016财年则小幅下降至58家,2017财年增加至59家,2018财年又增加至63家,2019财年增加至64家。

从信托资产增长幅度来看,2019财年,信托资产增长幅度前5名分别为光大兴陇(+10217036万元)、五矿信托(+8192759万元)、西部信托(+7239694万元)、湖南信托(+4175543万元)以及英大信托(+4175543万元)。与2018财年相比,信托资产增长前5名的变化较大。其中,中信信托、华润信托、渤海信托、华能贵诚以及国民信托分别由2018财年的前5位下降至2019财年的第67位、第68位、第59位、第66位以及第60位。这5家信托公司在经历了2018财年信托资产的大幅增长之后,在2019财年增幅较慢。而光大兴陇、五矿信托、西部信托、湖南信托以及英大信托则分别由2018财年的第12位、第20位、第18位、第49位、第35位上升至2019财年的前5位。2018财年排名中游的公司在2019财年大幅增加信托资产规模也是导致2019财年信托资产规模变异系数缩小的重要原因。

从信托资产规模增长率来看,2019财年,信托资产规模增长率前5名的公司为湖南信托(增长54.47%)、东莞信托(增长31.24%)、西部信托(增长29.14%)、光大兴陇(增长21.35%)以及金谷信托(增长21.35%)。值得一提的是,2019财年信托资产规模增长率排名前5的信托公司其增长率远远低于2018财年。

从2014财年以来各年信托资产规模的稳定程度来看,最稳定公司的前3名分别是北方国信(变异系数为0.07)、山东国信(变异系数为0.12)以及中融信托(变异系数为0.12)。北方国信自2014财年以来,一直保持了稳定的信托资产规模,平均值为27470728万元。另外,信托资产规模波动程度最大的前3家公司分别是浙商金汇(变异系数为0.81)、国民信托(变异系数为0.75)以及光大兴陇(变异系数为0.73)。

三、信托资产结构分析

(一)信托资产投资领域分析

1. 信托资产分布的行业分析

(1) 2019年前3季度数据分析

从信托资金的投向来看,在宏观经济周期与金融监管政策的共同影响下,信托行业资金投向发生明显变化。截至2019年3季度末,投向工商企业的信托资金占比依然稳居首位,信托行业支持实体经济的立业之基坚定不动摇,相较于2季度末,投向工商企业、基础产业及证券投资领域的信托资金占比有所上升,投向房地产与金融机构领域的信托资金占比下降明显。

截至2019年3季度末,投向工商企业的信托资金余额为5.51万亿元,在资金信托中占比为29.76%,较2季度减少984.26亿元,主要由于信托资产整体规模下降。截至3季度末,本年新增投向工商企业的信托资金1.09万亿元,在本年新增的资金信托规模中占比也较高,增至33.00%,环比增加1.15%。这表明信托行业坚定服务实体经济,尤其在纾困民营小微企业、助力节能环保和支持高技术制造业方面积极行动。

投向金融机构的信托资金余额进一步降至2.68万亿元,继续保持下行趋势,较2季度末减少1737.56亿元,环比下降6.10%,同比减少14.91%。自2018年1季度起,投向金融机构的信托资金环比增量即进入负值区间。截至3季度末,本年新增投向金融机构信托规模为3234.29亿元,在新增资金信托中占比为9.76%,环比减少5.79%,同比减少19.69%。信托行业落实监管要求,主动压降金融同业通道规模效果显著,信保合作与银信合作等同业合作亟须探索新模式和新路径。

投向基础产业的信托资金余额为2.86万亿元,在资金信托中占比15.45%,同比增长5.55%。3季度新增规模为1396.02亿元,同比增加60.34%。延续了自2019年1季度以来的新增规模持续上升趋势。由于积极财政政策推动下的基建项目短期反弹,信托资金流向也有明显体现,但是考虑本年度政府专项债额度用尽以及地方政府隐性债务风险,信政合作业务模式转型仍须未雨绸缪。

投向房地产的信托资金余额为2.78万亿元,较2季度减少1480.67亿元,环比下降5.05%,这是自2015年4季度以来,首次出现新增规模的环比增速负增长。这充分表明,信托行业积极响应中央政策,"不将房地产作为短期刺激经济的手段",进一步严格落实银保监会对房地产信托业务监管的明确要求,有效遏制房地产信托的规模增长,防范风险过度积累。

投向证券领域的信托资金余额为2.04万亿元,较2季度增加513.46亿元,环比增长2.58%,在资金信托中占比11.03%。3季度新增规模为484.21亿元,环比增长62.88%。其中,新增资金投向股票的占比46.75%,投向债券的占比38.16%。一方面,得益于M2与社融数据均得到超预期改善,央行"宽货币"政策持续推进、证券市场持续改革、金融市场逐步开放等消息提振了市场信心,为证券投资信托业务迎来市场发展机遇;另一方面,信托公司主动落实《资管新规》要求,积极探索标品信托业务和净值化管理,主动布局资本市场的证券投资信托配置。

(2)历史数据分析

信托公司的信托资产可以分为基础产业资产、房地产业资产、证券业资产、实业资产以及金融机构资产等五大行业类别,信托资产的行业分布呈现如下特征:

第一,2013财年以前,信托资产在基础产业的分布比例是最大的,此后连续5年,实业资产超过了基础资产,位于资产比例的首位。在2019财年,实业资产占比进一步由2018财年的30%增长至32%,表明信托行业服务实体经济的特性正在进一步加强。而基础产业资产在2013财年以后开始进入下行通道,2019财年基础产业占比均值仅为14%,相比于2017财年的26%,下降了12%。

第二,信托资产在金融机构和证券市场的分布比例曲线惊人的一致,2012—2016财年占比呈上升趋势,而在2017财年之后则进入波动状态,在经历了2017财年的下降,2018财年的小幅上扬之后,2019财年金融机构资产占比与证券市场资产占比均值分别降至15%和8%,波动趋势仍然保持一致。

第三,房地产业资产的分布占比在近6年内基本徘徊在10%左右的水平,与其他类型资产相比表现得较为平稳。2019财年,房地产资产占比增至15%,为近年来的最高水平。

通过对上述数据的综合分析,可以发现,与2018财年信托公司较为稳定的信托资产结构不同,2019财年信托公司普遍调整了原有的信托资产配置结构。其中,基础产业资产变动幅度相对较小,2019财年相比于2018财年仅下降了1%。金融机构资产和证券资产均值波动趋势较为趋同,经历了2018财年较为稳定的小幅增长之后,2019财年分别下降了2%和3%,说明这两类资产的配置规模具有较强的同周期性。实业资产仍然保持上升态势，2019财年相比于2018财年进一步增长了2%。房地产资产的配置规模仍然处于波动状态，2018财年该均值为12%，相比于2017财年下降1%。而在2019财年该指标则上升至15%，上升幅度达到3%。由此可以得出如下规律：信托公司普遍重视对实业资产的支持力度，近年来无论宏观经济以及监管环境如何变化，实业资产的配置规模始终呈现上升状态。而对于基础资产投资，由于中国经济结构的不断调整，通过投资拉动宏观经济的模式正在发生变化，其投资比重仍然呈下降趋势。金融机构资产与证券市场资产由于从性质上较为相近，因此其变动趋势较为一致。而房地产资产的变动趋势则与上述两种资产呈现反向变动的特征。这一方面说明对于这三类资产的配置，信托公司会根据情况进行动态调整；另一方面也说明这些资产之间具备一定的替代性和互补性。

在信托资产的行业构成比例的变异系数方面，首先，2016财年以前，基础产业资产的变异系数一直比较低，而且相对稳定，一直维持在0.60左右。其中，该指标2012年为0.58，2015财年上升至0.63。自2016财年开始，该指标进入上行通道，增长至0.78。2017财年与2016财年基本持平，而在2018财年该指标又大幅上升至0.87。而在2019财年，该指标进一步上升至0.88。上述数据表明，由于基础设施投资在我国宏观经济增长中一直扮演重要角色，因此在2016财年以前，大部分信托公司都将基础产业作为资产配置的重点。2016财年以后，随着基础产业资产占比开始放缓，行业内不同信托公司之间对于基础产业资产配置之间的差异也在逐步加大。这可能说明随着我国宏观经济增长模式逐步从投资拉动到消费拉动之间的转化，信托公司对于基础产业未来发展前景的态度出现了一定的分化。其次，证券业资产的变异系数波动较大。2014财年至2018财年，证券产业资产变异系数有4年都超过了1，相对较高。2014财年证券业资产变异系数达到1.01，2015财年大幅下降至0.84，2016财年持续小幅上升至0.87，2017财年增加至1.46。虽然在2018财年下降至1.26，但是2019财年进一步上升至1.47，为五个行业中的最高值。2017—2019财年，证券业资产变异系数已经连续三年位列五个行业中的最高值。这说明基于信托公司对于证券行业的预期存在较大分歧，其资产配置规模也存在着较大的差异。此外，对于实业资产，各信托公司的态度在各年间的变化相对较小。在2013—2014财年越来越趋于一致，由2013财年的0.69降至2014财年的0.66，但是2015财年各信托公司对于实业资产的持有比例分歧开始加大，增加到0.77，2016财年则持续加大至 0.82，2017 财年又一次大幅下调至 0.64，并在 2018 财年和 2019 财年基本保持不变。对于房地产业，2014—2016 财年，其变异系数逐渐加大，2016 财年达到创纪录的 1.49。2017 财年开始，该指标开始逐步下滑，2017 财年房地产业变异系数为 1.09，相比于 2016 财年出现了大幅度的下降，2018 财年降低至 1.02，2019 财年进一步降低至 1.00。值得注意的是，2013—2016 财年，各信托公司对于房地产业资产持有比例的变异系数远远高于其他几种资产形式，而 2017—2019 财年则出现了一定的下调，这显示出各信托公司对房地产业发展前景的判断逐渐分化后，2017 财年这种分歧开始缩小。对于金融机构资产分布比例，2014—2018 财年，除了 2017 财年变异系数上升外，其余年度均小幅下调。其中 2014 财年大幅下跌至 0.78，2015 财年延续了 2014 财年的跌势，微跌至 0.72，2016 财年持续大幅下跌至 0.65，2017 财年则大幅上升至 0.80，2018 财年则又下降至 0.73。2019 财年，该指标小幅上升至 0.78。这说明，各信托公司对该种资产的投资比例更具分歧。

2015—2019 财年信托公司信托资产的行业分布占比情况如表 2-11 所示。

表 2-11 2015—2019 财年信托公司信托资产行业分布占比

项目		2015 财年	2016 财年	2017 财年	2018 财年	2019 财年
	披露公司数目	64	66	67	65	66
基础产业	规模（万元）	4450960	4353447	4954380	5543222	4715148
	占比	21.35%	17.73%	15.47%	14.52%	13.76%
	占比最大值	61.74%	55.35%	53.67%	57.63%	68.33%
	占比最小值	0.00%	0.00%	0.08%	0.00%	0.00%
	标准差	13.41%	13.79%	11.90%	12.63%	12.17%
	变异系数	0.63	0.78	0.77	0.87	0.88
房地产	规模（万元）	1981747	1986838	2735452	3449852	3912241
	占比	8.09%	9.51%	13.32%	12.02%	14.81%
	占比最大值	76.74%	76.64%	69.91%	69.45%	79.33%
	占比最小值	0.00%	0.00%	0.28%	0.33%	0.17%
	标准差	11.95%	14.18%	14.56%	12.28%	14.85%
	变异系数	1.48	1.49	1.09	1.02	1.00

续表

项目		2015 财年	2016 财年	2017 财年	2018 财年	2019 财年
证券资产	规模（万元）	3051222	4670180	4615884	5497438	3786329
	占比	14.64%	19.02%	10.90%	11.07%	7.81%
	最大值	57.91%	34.62%	75.94%	58.63%	52.41%
	最小值	0.00%	0.00%	0.00%	0.01%	0.00%
	标准差	12.26%	16.52%	15.91%	13.93%	11.51%
	变异系数	0.84	0.87	1.46	1.26	1.47
实业	规模（万元）	4879568	5482718	7634547	9976555	8903421
	占比	23.41%	22.33%	26.97%	29.60%	31.56%
	最大值	78.51%	83.59%	81.57%	87.02%	94.19%
	最小值	0.00%	0.00%	0.20%	1.47%	1.70%
	标准差	17.92%	18.31%	17.29%	18.84%	20.66%
	变异系数	0.77	0.82	0.64	0.64	0.65
金融机构	规模（万元）	3825970	4884625	6028036	8293402	5740746
	占比	18.35%	19.89%	16.83%	17.04%	15.24%
	最大值	62.65%	64.16%	48.37%	50.33%	48.50%
	最小值	0.00%	0.00%	0.00%	0.00%	0.00%
	标准差	13.21%	13.03%	13.53%	12.50%	11.88%
	变异系数	0.72	0.65	0.80	0.73	0.78

2. 信托资产分布的公司分析

基础产业资产占比变化仍然较大，其中英大信托在 2018 财年和 2019 财年连续两年保持在第 1 位。国元信托由 2018 财年的第 7 名上升至 2019 财年的第 2 名，华澳信托由 2018 财年的第 11 名上升至 2019 财年的第 3 名。而湖南信托和华融信托则由 2018 财年的第 2 名和第 3 名分别降至 2019 财年的第 7 名和第 33 名。

房地产业资产占比前 3 名并没有发生变化，工商信托、华宸信托以及中建投信托继续保持在前 3 位。

证券业资产占比前 3 名发生了一定的变化。江苏国信在 2019 财年继续维持在第 1 名。华润信托排名有所上升，由 2018 财年的第 3 名上升至 2019 财年的第2名,而外贸信托也由2018财年的第4名上升至2019财年的第3名。中海信托则由2018财年的第2名降至2019财年的第4名。

实业资产占比排名前3位的企业变化相对较小,新时代和天津信托继续保持在行业前2名的位置。民生信托由2018财年的第27名上升至2019财年的第3名。吉林信托则由2018财年的第3名下降至2019财年的第6名。

金融机构资产占比变化较大,2018财年排名前3位的分别是建信信托、浙商金汇和华融国信。2019财年分别为中海信托、兴业信托以及湖南信托。值得注意的是,金融机构资产占比排序是所有类型资产中变化最大的。

2019财年各项信托资产比例最大的前3名如表2-12所示。

表2-12 2019财年各项信托资产比例最大的前3名

	第1名	第2名	第3名
基础产业资产	英大信托(68.33%)	国元信托(48.59%)	华澳信托(38.52%)
房地产业资产	工商信托(79.33%)	华宸信托(68.10%)	中建投信托(53.49%)
证券业资产	江苏国信(52.41%)	华润信托(45.29%)	外贸信托(44.88%)
实业资产	新时代(94.19%)	天津信托(79.28%)	民生信托(74.20%)
金融机构	中海信托(40.01%)	兴业信托(39.20%)	湖南信托(38.55%)

基础产业资产规模,前3名公司基本没有发生变化。其中中信信托继续维持在第1名。上海国信由2018财年的第3名上升至2019财年的第2名,交银国信则由2018财年的第2名降至2019财年的第3名。

房地产业资产规模,2019财年变化相对较小。其中,中信信托和平安信托继续维持在行业前2名。中诚信托由2018财年的第23名上升至2019财年的第3名,而中建投信托则由2018财年的第3名下降至2019财年的第4名。

证券业资产规模,2019财年行业前3名公司与2018财年相比基本没有发生变化。华润信托证券业资产规模继续维持在行业内的第1名,建信信托由2018财年的第3名上升至2019财年的第2名,而江苏国信则由2018财年的第2名下降至2019财年的第3名。

实业资产规模,前3名公司与2018财年相比发生了一定的变化。国民信托继续维持在行业第3名,渤海信托由2018财年的第1名下降至2019财年的第2名,新时代则由2018财年的第4名上升至2019财年的第1名。

金融机构资产规模,前3名公司与2018财年相比有所变化。建信信托继续维持在行业第1名，兴业信托由2018财年的第3名上升至2019财年的第2名，中融信托由2018财年的第5名上升至2019财年的第3名。

2019财年各项信托资产规模最大的前3名如表2-13所示。

表2-13 2019财年各项信托资产规模最大的前3名   单位：亿元

	第1名	第2名	第3名
基础产业资产	中信信托(3118)	上海国信(2794)	交银国信(2781)
房地产业资产	中信信托(3530)	平安信托(1348)	中诚信托(957)
证券业资产	华润信托(4324)	建信信托(2881)	江苏国信(2135)
实业资产	新时代(3326)	渤海信托(2939)	国民信托(2787)
金融机构	建信信托(4279)	兴业信托(2858)	中融信托(2380)

另外，从2015财年以来各年信托资产构成比例的稳定程度来看，华信信托在房地产业资产、证券业资产以及金融机构资产中均较为稳定，山东国信在基础产业资产和房地产业资产上较为稳定。具体数据如表2-14所示。

表2-14 2015—2019财年各项信托资产投资比例最稳定的前3名

	第1名	第2名	第3名
基础产业资产	山东国信 (16.24%, 0.04)	交银国信 (37.92%, 0.08)	国元信托 (44.51%, 0.09)
房地产业资产	工商信托 (75.75%, 0.07)	华信信托 (21.47%, 0.09)	山东国信 (14.53%, 0.10)
证券业资产	华信信托 (8.88%, 0.05)	华宝信托 (33.19%, 0.14)	外贸信托 (44.46%, 0.15)
实业资产	天津信托 (80.10%, 0.01)	中信信托 (12.40%, 0.05)	东莞信托 (32.24%, 0.06)
金融机构	华信信托 (20.24%, 0.04)	新华信托 (21.11%, 0.11)	兴业信托 (42.18%, 0.12)

注：括号内第一个数字是平均值，第二个数字是变异系数。

(二)信托资产运用方式分析

1. 信托资产的运用分析

信托公司的运用方式可以分为货币资产、贷款、长期投资以及交易性金融资产等。自 2014 财年以来,贷款资产的比例一直居于首位,但其数值存在一定波动。2012—2014 财年,贷款资产比例持续上升,由 2012 财年的 36.76% 上升至 2014 财年的 45.05%,2015 财年和 2016 财年连续 2 年下跌至 34.76%,2017 财年贷款资产比例又一次出现上升,小幅反弹至 37.97%,2018 财年小幅下降至 36.08%,而该指标在 2019 财年进一步上升至 38.13%。在信托资产的运用分布格局中,贷款资产的比例一直远远高于其他几种资产形式。货币资产、长期投资和交易性金融资产比例比较接近。

2019 财年,长期投资比例居于信托资产运用的第 2 位。整体而言,2014—2019 财年,长期投资比例呈现先降后升的"V"字型变化特征。2014 财年,该指标达到 8.67%,2015 财年和 2016 财年分别降至 7.53% 和 6.73%。2017 财年开始该指标进入上升通道,2017 财年和 2018 财年分别增至 8.43% 和 8.48%,2019 财年达到了 9.48%。

2019 财年,交易性金融资产比例位居第 3 位。2014—2019 财年,该指标呈现出小幅波动的特征。2014 财年该指标为 8.16%,2015 财年降至 7.99%,2016 财年和 2017 财年连续两年出现上涨,分别达到 9.42% 和 10.50%,2018 财年和 2019 财年再次出现下行,分别为 9.37% 和 8.25%。值得注意的是,在 2018 财年交易性金融资产占比仅仅低于贷款资产,而在 2019 财年则被长期投资超越。

货币资产的比例在 2014—2019 财年除了 2015 财年大幅增加外其余年份均逐年下降,从 2013 财年的最高值 9.55% 降低为 2014 财年的 6.80%,2015 财年则小幅增加至 8.14%,2016 财年则小幅下跌至 6.75%,2017 财年大幅下跌至 3.04%,2018 财年和 2019 财年更是进一步降至 2.15% 和 1.89% 的低点。由此可见,货币资产虽然风险水平相对较低,但是由于其盈利能力相对较差,因此在信托行业发展过程中,该类资产占比在逐渐缩减。

综上所述,我们不难看出,2019 财年各信托公司的投资资产运用策略整体变化幅度不大。其中,虽然贷款比例由 2018 财年的 36.08% 进一步上升至 2019 财年的 38.13%,该类资产的比例仍然最高,而交易性金融资产与长期投资居中,货币资产最少。值得注意的是,2019 财年货币资产的比例仍然处于下行通道,达到了 1.89% 的历史最低点。交易性金融资产的投资比例也出现下滑,由 2018 财年的第 2 位下降至 2019 财年的第 3 位;与此同时,长期投资的比例继续增长,超过了交易性金融资产。这些统计数据表明,信托行业在信托资产运用中主要依赖贷款资产的格局并没有发生变化,货币资产与交易性金融资产两类流动性较强的信托资产比例在逐渐缩减,长期投资的比重在不断增加。在信托行业发展面临严峻挑战的今天,信托公司的投资重点由流动性较强的资产转换为盈利能力更强的长期投资,由此来提高其主动管理能力。

2015—2019 财年信托公司信托资产的运用方式分布情况如表 2–15 所示。

表 2–15 信托公司信托资产运用方式分布

项目		2015 财年	2016 财年	2017 财年	2018 财年	2019 财年
披露公司数目		64	66	64	62	64
货币资产	规模(万元)	1620648	1658037	1656976	1031960	1043376
	占比	8.14%	6.75%	3.04%	2.15%	1.89%
	占比增长	1.34%	-1.39%	-3.71%	-0.89%	-0.26%
	最大值	62.65%	33.30%	29.82%	17.54%	12.75%
	最小值	0.00%	0.00%	0.00%	0.18%	0.05%
	标准差	11.00%	5.91%	4.90%	3.22%	0.02%
	变异系数	1.35	0.87	1.61	1.50	1.14
贷款	规模(万元)	7695919	8533610	9844327	13649619	1289363
	占比	38.64%	34.76%	37.97%	36.08%	38.13%
	占比增长	-6.41%	-3.88%	3.21%	-1.89%	2.05%
	最大值	83.00%	86.60%	68.70%	80.84%	72.35%
	最小值	10.25%	0.03%	8.60%	3.25%	3.31%
	标准差	17.78%	16.93%	15.54%	15.30%	15.36%
	变异系数	0.46	0.49	0.41	0.42	0.40
长期投资	规模(万元)	1498744	1652335	2146446	2886342	2850223
	占比	7.53%	6.73%	8.43%	8.48%	9.48%
	占比增长	-1.14%	-0.80%	1.70%	0.05%	1.00%
	最大值	42.70%	52.50%	28.01%	31.39%	37.25%
	最小值	0.00%	0.85%	0.86%	0.22%	0.20%
	标准差	7.29%	5.65%	5.98%	6.37%	7.07%
	变异系数	0.97	0.84	0.71	0.75	0.75

续表

	项目	2015 财年	2016 财年	2017 财年	2018 财年	2019 财年
交易性金融资产	规模(万元)	2263059	3669147	4283962	4800038	3375954
	占比	7.99%	9.42%	10.50%	9.37%	8.25%
	占比增长	-0.17%	1.43%	1.08%	-1.13%	-1.12%
	最大值	43.12%	69.07%	73.08%	45.84%	56.18%
	最小值	0.00%	0.00%	0.00%	0.00%	0.00%
	标准差	10.50%	13.17%	13.41%	11.46%	11.81%
	变异系数	1.35	1.41	1.29	1.22	1.43

2. 信托资产运用的公司分析

2019 财年各项信托资产运用方式比例最大的前 3 名如表 2–16 所示。

表 2–16 2019 财年各项信托资产运用方式比例最大的前 3 名

项目	第 1 名	第 2 名	第 3 名
货币资产	建信信托(12.75%)	中信信托(8.32%)	江苏国信(7.62%)
贷款	山西信托(72.35%)	国民信托(70.75%)	中原信托(66.20%)
长期投资	中粮信托(37.25%)	长城新盛(32.51%)	北京国信(25.39%)
交易性金融资产	新华信托(56.18%)	外贸信托(41.31%)	华润信托(41.30%)

从表 2–16 中可以看出,货币资产占比,行业前 3 名发生了一定的变化,建信信托仍然保持在货币资产投资比例的第 1 名,中信信托由 2018 财年的第 5 名上升至 2019 财年的第 2 名,江苏国信由 2018 财年的第 2 名下降至 2019 财年的第 3 名,而华宝信托则由 2018 财年的第 3 名下降至 2019 财年的第 5 名。

贷款占比发生了较大幅度的变化,山西信托由 2018 财年的第 2 名上升至 2019 财年的第 1 名。国民信托和中原信托由 2018 财年的第 6 名和第 4 名上升至 2019 财年的第 2 名和第 3 名;而湖南信托和中建投信托由 2018 财年的第 1 名和第 3 名下降至 2019 财年的第 7 名和第 4 名。

长期投资占比相对变化较小,其中中粮信托和长城新盛继续保持在行业前两位。北京国信位列行业内的第 3 名;而百瑞信托则由 2018 财年的第 3 名下降至 2019 财年的第 14 名。

交易性金融资产占比也发生了一定幅度的变化。外贸信托仍然维持在行业第 2 名,华润信托由 2018 财年的第 1 名下降至 2019 财年的第 3 名。新华信托上升幅度较大,由 2018 财年的第 38 名上升至 2019 财年的第 1 名,中海信托则由 2018 财年的第 3 名下降至 2019 财年的第 5 名。

2019 财年各项信托资产规模最大的前 3 名如表 2-17 所示。

表 2-17　2019 财年各项信托资产规模最大的前 3 名　　　　单位:万元

项目	第 1 名	第 2 名	第 3 名
货币资产	建信信托(17899178)	中信信托(13748670)	江苏国信(3105114)
贷款	中信信托(60115623)	建信信托(54622147)	渤海信托(37867306)
长期投资	中信信托(18320005)	中航信托(10909632)	华能贵诚(9317591)
交易性金融资产	华润信托(39440281)	外贸信托(18550080)	江苏国信(16468474)

2019 财年货币资产规模排名发生了小幅变动,其中中信信托和江苏国信分别由 2018 财年的第 1 名和第 2 名下降至 2019 财年的第 2 名和第 3 名,建信信托由 2018 财年的第 7 名上升至 2019 财年的第 1 名,华润信托则由 2018 财年的第 3 名下降至 2019 财年的第 8 名。

贷款资产规模排名变化幅度不大,其中中信信托和渤海信托仍然维持在行业的第 1 名和第 3 名。建信信托由 2018 财年的第 5 名上升至 2019 财年的第 2 名,上海国信则由 2018 财年的第 2 名下降至 2019 财年的第 4 名。

长期投资资产规模排名变化基本不变,中信信托、中航信托与华能贵诚仍然维持在行业前 3 名,只是中航信托与华能贵诚的排名出现了对调。

2019 财年交易性金融资产规模排名没有发生太大变化,华润信托基础保持在行业第 1 名。外贸信托由 2018 财年的第 3 名上升至 2019 财年的第 2 名,而江苏国信由 2018 财年的第 2 名下降至 2019 财年的第 3 名。

2019 财年各项信托资产比例最稳定的前 3 名如表 2-18 所示。

表 2-18　各项信托资产比例最稳定的前 3 名

项目	第 1 名	第 2 名	第 3 名
货币资产	长安国信 (1.36%,0.13)	国民信托 (0.50%,0.15)	山东国信 (2.31%,0.16)
贷款	山东国信 (48.86%,0.03)	百瑞信托 (48.75%,0.05)	中建投信托 (63.64%,0.06)

续表

项目	第1名	第2名	第3名
长期投资	大业信托 (11.08%,0.06)	中诚信托 (16.75%,0.07)	中融信托 (14.83%,0.08)
交易性金融资产	兴业信托 (11.81%,0.10)	平安信托 (8.57%,0.13)	上海国信 (8.71%,0.14)

注：括号内第一个数字是平均值，第二个数字是变异系数。

其中，山东国信、百瑞信托和中建投信托在贷款资产上的投资比重较大，并且变异系数最高只有0.06，表明大部分信托公司仍然将贷款资产作为主要的配置方向并且历年来较为稳定。大业信托、中诚信托与中融信托在长期投资方面的投资比重均超过10%，其变异系数最高也仅有0.08，表明其投资比例也是较为稳定的。由于内外部经济环境对于信托公司主动管理能力提出了更高的要求，因此未来一段时间内长期投资比重可能会继续稳步上升。

四、盈利能力分析

（一）营业收入

2019年3季度，信托业实现经营收入累计795.64亿元，较2018年3季度同比增长6.42%；第3季度累计利润为559.35亿元，同比增长13.13%，信托行业盈利水平稳步提升。但从当季数据分析，第3季度行业新增经营收入为272.69亿元，环比减少6.73%；第3季度新增利润184.39亿元，环比减少2.95%。年度经营业绩指标压力有所上升。

1. 营业收入的历史分析

根据信托公司2019财年财务报告披露情况，信托行业2019财年共实现营业收入1036余亿元，平均每家信托公司营业收入为15.25亿元，比2018财年下降了1.4亿元。自2005财年以来，信托公司的营业收入在2008财年的上升幅度最大，上升了21694万元，上升比例为158.76%；在2019财年下跌幅度最大，下跌了14048万元，下跌比例为8.44%。

在2008财年，单个信托公司的营业收入为较高的259269万元，之后，年度高点在2009财年降为200481万元，在2010财年则小幅回升为207486万元，2011财年继续上升为238640万元。2016财年出现了历史最高的营业收入，为中信信托创造的 1029044 万元。中信信托 2017 财年、2018 财年和 2019 财年的营业收入分别为 564900 万元、574951 万元和 614467 万元。虽然比 2016 财年的最高点有较大幅度的下降,但也保持了不俗的业绩。

信托公司营业收入的变异系数在 2008 财年上升到最大,为 1.42,然后,逐渐下降,到 2012 财年下降为 1.03,2013 财年为 0.86,2014 财年为 0.82,2015 财年为 0.85,而 2016 财年提高至 0.99,2017 财年又降到 0.82,2018 财年继续下降至 0.77,2019 财年又小幅回升至 0.78,这表明 2019 财年各信托公司营业收入差距在连续三年缩小后又进一步扩大。具体数据如表 2-19 所示。

表 2-19 2015—2019 财年信托公司营业收入统计分析

项目	2015 财年	2016 财年	2017 财年	2018 财年	2019 财年
平均值(万元)	138459	170643	159026	166145	152460
均值增长额度(万元)	16272	32184	-11617	7119	-14048
增长幅度	13.32%	26.15%	-6.59%	-1.48%	-8.44%
公司数目	67	68	68	68	68
最大值(万元)	562954	1019364	603051	602540	614467
最小值(万元)	14609	8157	9390	4568	5171
标准差(万元)	118550	174336	130339	128902	119124
变异系数	0.85	0.99	0.82	0.77	0.78

2. 营业收入的公司分析

从营业收入排名来看,2019 财年,营业收入最大的信托公司前五名为:中信信托(614467 万元)、平安信托(497785 万元)、中融信托(465460 万元)、华能贵诚(347739 万元)和中航信托(340006 万元)。

同时,可以发现,2010 财年营业收入达到 5 亿元以上的公司只有 12 家,而 2011 财年则增长到 16 家,2012 财年增加到 27 家,2013 财年达到 47 家,2014 财年达到 56 家,2015 财年达到 57 家,2016 财年则达到 63 家,2017 财年,营业收入达到 5 亿元以上的公司为 58 家,2018 财年为 61 家。2019 财年这一指标有所回落,为 58 家。

(二)利润总额与净利润

1. 利润总额与净利润的历史分析

2019 财年,信托行业共实现利润 675 亿元,平均每家信托公司利润总额为

102249万元，比2018财年下降了14.72%。自2005财年以来，信托公司的利润总额在2008财年的上升幅度最大，上升了26759万元，上升比例为273.66%；在2009财年下跌幅度最大，下跌了10392万元，下跌比例为28.81%。

单个信托公司的利润总额在2015—2018财年连续4年持续上升，其中，2015财年上升幅度最大，达到15.26%。2019财年出现了近5年内的首次下跌，跌幅达到14.72%，这显示出2019财年整个信托市场的盈利状况不容乐观。

2005财年以来，各个信托公司的利润总额差异度的最大值出现在2005财年，变异系数为1.49，2006财年和2007财年变异系数下降之后，2008财年变异系数增长为1.29，之后逐年下降，在2012财年达到0.97，在2013财年达到0.86，2014财年达到0.84，2015财年取得历史最低值0.82，2016财年小幅上升至0.86，2017财年与2016财年持平，2018财年小幅下降至0.85，2019财年则大幅回升至1.05。值得一提的是，2019财年信托公司利润总额变异系数打破了2015—2018财年连续四个财年维持在0.85左右的局面，大幅回升至1.05。这显示出2019财年信托公司之间的利润总额数据开始分化，出现了较大的差异性。具体数据如表2-20所示。

表2-20 信托公司利润总额统计分析

项目	2015财年	2016财年	2017财年	2018财年	2019财年
平均值（万元）	96526	109310	114372	120063	102249
均值增长额度（万元）	12781	13854	5062	5691	-17650
公司数目	67	68	68	68	68
利润总额为负的公司数	0	0	0	0	2
最大值（万元）	354984	458736	424889	487421	481998
最小值（万元）	1919	2185	2192	7325	-244250
标准差（万元）	78760	94456	98581	102384	107515
变异系数	0.82	0.86	0.86	0.85	1.05

2. 利润总额与净利润的公司分析

从利润总额排名来看，2019财年，利润总额最大的信托公司前五名为中信信托（481998万元）、平安信托（395247万元）、重庆国信（328114万元）、华能贵诚（319109万元）以及华润信托（256192万元）。

同时，2012财年利润总额超过5亿元的为20家，2013财年达到35家，2014

财年为42家,2015财年为46家,2016财年为49家。2017财年为51家,2018财年利润总额超过5亿元的信托公司数为52家,2019财年则小幅下降至44家。

从利润总额增长率来看,2019财年,利润总额增幅前五名的公司为平安信托(135.13%)、华润信托(63.63%)、华澳信托(49.32%)、安信信托(46.17%)以及中航信托(31.11%)。另外,在2019财年,有40家公司的利润总额出现下滑,比2018财年的24家增加16家。

从信托公司2019财年的净利润水平来看,全行业净利润出现了近6年以来的首次下跌,跌幅达到37.17%。2019财年全行业的68家公司中,共有28家信托公司的净利润超过了行业平均值(8.13亿元),占比达41.18%。2019财年净利润排名前五位的信托公司分别为中信信托(366050万元)、平安信托(317425万元)、重庆国信(258392万元)、华能贵诚(240772万元)以及华润信托(214052万元)。

信托公司计提资产减值损失,也是影响信托行业利润指标的重要因素。2015财年信托企业平均资产减值损失为7631万元,2016财年上升至16395万元,2017财年增至26842万元,2018财年下降至6975万元,2019财年进一步下降至5566万元。2019财年信托行业中资产减值损失数大于零的公司数为42家。信托公司出现资产减值损失有可能是自营资产出现减值,更多的是当信托项目出现风险时,以自有资金接盘而出现的损失。在信托行业风险增加以及信托公司积极处理风险的条件下,越来越多的信托公司计提了资产减值损失,从而对利润指标产生影响。具体数据如表2-21所示。

表2-21 信托公司资产减值损失统计分析

项目	2017财年	2018财年	2019财年
公司总数	63	67	67
资产减值损失大于零的公司数	59	39	42
最大值(万元)	182249	137833	110030
平均值(万元)	26842	6975	5566
标准差(万元)	37517	20230	22741

五、风险增大下的整体风险可控

面对不可预期的风险经济环境,风险控制是信托公司价值创造的保障。

2018年全球经济持续低迷，宏观经济下行压力较大，需求持续疲软，投资与消费均不乐观。信托业在"新常态"背景下，面临传统业务萎缩、资管市场竞争加剧、高杠杆风险暴露以及互联网冲击等经济压力，制度红利不断削弱，信用风险持续显现。信托业为加快转型，增强自身风控能力，已加快证券投资、事务管理型信托业务结构调整，专业化和差异化竞争战略逐步成型，然而较庞大的表内外融资业务依然面临信用风险的挑战。

（一）净资本

净资本管理既有控制"小马拉大车"无意中出现的管理能力与风控能力不相匹配的问题；也有防止个别公司为追逐眼前利益而恶意"违规超载"的现象；同时更有引导信托公司尽快实现从"广种薄收""以量取胜"片面追求规模的粗放式经营模式，向"精耕细作"、提升业务科技含量和产品附加值内涵发展的经营模式升级转型的深层考量和战略意图。动荡多变环境下获取竞争优势、进行风险管控的关键是建立以净资本管理为核心的业务发展模式和管理体系。

2019财年68家信托公司全部披露净资本值，较上一年增加3家，另外，68家公司也全部披露了净资产值。2019财年详细披露固有业务风险资本和信托业务风险资本的有48家，较2018财年增加了29家，占全部68家信托公司的比例超一半。全部企业都披露了各项业务风险资本之和，较2018财年增加了3家，显然，2019财年信托公司加强了在各项业务风险资本之和方面的披露，但在固有业务风险资本和信托业务风险资本的披露上还有待加强。

在合规内容方面，《信托公司净资本管理办法》中明确规定信托公司净资本不得低于人民币2亿元。目前披露净资本值的68家公司此项风险控制指标均达标，最低值在5.93亿元以上。其中最高的是重庆国信（197.05亿元），第二位为平安信托（171.45亿元）。披露公司的平均净资本值为64.62亿元，较2018财年增加3.5%。

监管规定净资本不得低于各项风险资本之和的100%，净资本不得低于净资产的40%。披露的68家公司中这两项指标均达标，信托公司各项业务的风险资本有相应的净资本做支撑。其中，大业信托和华宸信托净资本是风险资本之和的12957.00%、520.08%，排名第一、二位。净资本占净资产比重最高的是西部信托（94.42%），其次是光大兴陇（92.44%）。详见表2-22。

表2-22 净资本相关指标排名

排名	净资本前三名(2018财年)	净资本前三名(2019财年)	净资本/各项业务风险资本之和前三名(2018财年)	净资本/各项业务风险资本之和前三名(2019财年)	净资本/净资产前三名(2018财年)	净资本/净资产前三名(2019财年)
第一名	平安信托(194.20)	重庆国信(197.05)	中泰信托(492.02%)	大业信托(12957%)	中粮信托(93%)	西部信托(94.42%)
第二名	重庆信托(169.24)	平安信托(171.45)	湖南信托(356.38%)	华宸信托(520.08%)	大业信托(92.86%)	光大兴陇(92.44%)
第三名	中信信托(161.00)	中信信托(168)	华信信托(339.27%)	中泰信托(512.71%)	西部信托(92.3%)	中融信托(91.26%)

注：括号内净资本单位为亿元。

（二）资产质量

从整体来看，2019财年信托公司固有业务风险持续显露。虽然自营业务平均不良资产规模及不良资产总体规模较2018财年大幅下降，这是由于不良资产形成具有历史原因，随着历史原因的解决，不良资产规模下降。

结合后面不良资产规模分布可以看出，披露不良资产规模的68家信托公司中有42家存在不良资产，与2018财年持平。与上一年度相比不良资产规模缩减的有17家，较2017年减少3家。总体而言，2018年信托自营业务不良资产大幅降低，资产质量上升，经营风险减小。2018年变异系数为1.42，反映了公司间差异较上年减小，这是由于2017年中信信托等大规模不良资产得到处置的缘故。详见表2-23。

表2-23 自营不良资产规模的统计分析

项目	2015财年	2016财年	2017财年	2018财年	2019财年
合计	163199	745998	4881071	1123717	1510983
平均值（万元）	6068	10971	76267	17558	27472
平均值增长幅度（万元）	2168	4903	65296	-58709	9914
平均值增长率	55.59%	80.8%	595.17%	-76.98%	56.46%
公司数目	66	68	65	64	68
不良资产缩减的公司数	13	12	23	20	17

续表

项目	2015 财年	2016 财年	2017 财年	2018 财年	2019 财年
最大值(万元)	77652	144367	2257675	136579	166271
最小值(万元)	0	0	0	0	0
标准差(万元)	13940	26241	294249	31757	38921
变异系数	2.30	2.39	3.86	1.81	1.42

从不良资产率来看,2018 年 68 家公司平均不良资产率为 3.81%,较上一年度大幅提高。22 家公司的不良资产率低于上一年度。不良资产率降低有两方面原因:一是与不良资产处置、核销有关,二是可能与增资有关。因为不良率为不良资产除以信用风险资产,固有资产增加后,相当于做大分母。不良资产率的公司间差异为 0.02。总体来看,2019 财年信托公司自营不良资产率较上年上升,一定程度上提高了经营风险。但是中粮信托、华宸信托、新华信托不良资产率较高。请见表 2-24。

表 2-24 自营不良资产率的统计分析

项目	2015 财年	2016 财年	2017 财年	2018 财年	2019 财年
平均值	0.12%	2.71%	4.13%	2.70%	3.81%
平均值增长率	0.07%	2.59%	1.42%	-0.35%	0.41%
公司数目	66	68	68	68	68
不良资产率缩减的公司数	14	21	21	22	22
最大值	50.52%	47.60%	31.35%	14.57%	32.67%
最小值	0.00%	0.00%	0.00%	0.00%	0.00%
标准差	10.36%	8.35%	6.77%	3.91%	0.06%
变异系数	2.59	3.08	1.64	1.45	0.02

从不良资产规模的分布区间来看,2019 财年亿元以上不良资产公司为 27 家(占全部信托公司数的 39.71%),较 2018 财年增加 5 家。亿元以上不良资产公司产生了 90% 以上的信托行业不良资产,监管对象和风控重点应集中在这 27 家公司,还有 13 家公司没有披露不良资产,也应该引起关注。详见表 2-25 所示。

表 2-25 自营不良资产规模分布

不良资产规模区间	亿元及以上区间	0~亿元区间	0元	总计
2018 财年公司数目(占比)	22 (34.38%)	19 (29.69%)	23 (35.93%)	64
2019 财年公司数目(占比)	27 (39.71%)	16 (23.53%)	12 (17.65%)	55
2018 财年不良资产规模合计(占比)	1048783.97 万元 (93.33%)	74932.73 万元 (6.67%)	0	1123717 万元
2019 财年不良资产规模合计(占比)	1457331.22 万元 (96.45%)	53651.84 万元 (3.55%)	0	1510983 万元

从信托公司不良资产规模增幅来看,2019 财年不良资产规模缩减最多的是五矿信托,其次是浙商金汇和上海国信。不良资产率缩减最多的是北方国信,其次是五矿信托和浙商金汇。详见表 2-26。

表 2-26 信托公司自营不良资产缩减前五名

排名	不良资产规模缩减前五名(2018 财年)	不良资产规模缩减前五名(2019 财年)	不良资产率缩减前五名(2018 财年)	不良资产率缩减前五名(2019 财年)
第一名	中信信托 (-2138481)	五矿信托 (-53779)	爱建信托 (-367.78%)	北方国信 (-11.52%)
第二名	光大兴陇 (-550421)	浙商金汇 (-10000)	华宸信托 (-20.42%)	五矿信托 (-5.78%)
第三名	东莞信托 (-440232)	上海国信 (-9500)	华能贵诚 (-15.83%)	浙商金汇 (-5.74%)
第四名	西藏信托 (-270159)	华融国信 (-6674)	吉林信托 (-15.15%)	山西信托 (-4.12%)
第五名	陕西信托 (-198316)	山西信托 (-6055)	五矿信托 (-8.48%)	华融国信 (-3.01%)

注:括号内不良资产规模缩减单位为万元。

从不良资产的构成来看,按照银监会要求,我国信托公司资产质量实行五级分类管理,次级、可疑和损失类资产即不良资产直接反映了信托公司资产的质量和安全程度。2019财年信托公司正常类资产平均82亿元,占全部资产的92.52%,而次级、可疑和损失类不良资产总计151亿元,占资产总额的2.55%。详见表2-27。

表2-27 信托公司资产类别　　　　　　　　　　　　　　　　单位:万元

资产类别	正常	关注	次级	可疑	损失	不良资产合计
合计	54744060	2916141	593808	430487	486677	1510983
平均	829455	52074	11643	8123	9543	27472
占比	92.52%	4.93%	1%	0.73%	0.82%	2.55%

第四节　信托公司人力资源分析

一、信托机构从业人员基本情况

2019财年信托行业从业人员的整体规模总数为20243人,较上一年增长1.08%,增速降低7.76%。信托行业人员队伍继续扩大,但在金融机构中属从业人员较少的行业。具体在披露的68家公司中,56家公司出现人员递增的情况,较2017年减少1家公司。2019财年信托行业人员的变异系数为0.54,各公司间差距逐步缩小。信托行业近几年快速发展带来的良好发展平台和较高的薪酬水平,吸引了大量高学历人才(包括博士、硕士两个层次)的加入。4家公司高学历人员占比70%以上,37家公司高学历人员占比50%以上,12家高学历人员规模超过200人。详见表2-28。

表2-28 信托公司从业人员规模的统计分析

项目	2015财年	2016财年	2017财年	2018财年	2019财年
总数(人)	16388	17554	18393	19766	20243
平均值(人)	248	258	271	295	298
平均值增长幅度(人)	36	10	13	24	3

续表

项目	2015 财年	2016 财年	2017 财年	2018 财年	2019 财年
平均值增长率	16.98%	4.03%	5.04%	8.86%	-0.875%
公司数目	66	68	68	68	68
从业人员增加的公司数	54	46	47	57	56
最大值(人)	1815	1980	1939	1974	808
最小值(人)	51	49	76	74	80
标准差(人)	253.7	266.31	253.84	255	161.21
变异系数	1.02	1.03	0.94	0.86	0.54

各信托公司中，从业人员的规模分布以 1000 人以下的中小型信托公司为主，2019 财年规模前 3 位为中融信托、四川信托和长安信托。2019 财年从业人员增幅前 3 名为光大兴陇、安信信托和五矿信托，高质量人员的流入也为这些公司业绩增长带来了一定支撑。详见表 2-29、表 2-30。

表 2-29 信托公司从业人员规模前 3 名

排名	2019 财年	2018 财年	2017 财年
第 1 名	中融信托(808)	中融信托(1974)	中融信托(1939)
第 2 名	四川信托(734)	四川信托(749)	平安信托(972)
第 3 名	长安信托(719)	平安信托(743)	四川信托(725)

表 2-30 信托公司从业人员规模增幅前 3 名

排名	2019 财年	2018 财年	2017 财年
第 1 名	光大兴陇(182)	浙商金汇(227)	中建投(90)
第 2 名	安信信托(168)	陕西国信(131)	中航信托(75)
第 3 名	五矿信托(125)	中信信托(129)	建信信托(72)

注：括号内从业人员规模单位为人数。

从披露的信托公司从业人员年龄来看，已披露的 11 家公司中，2019 财年平均年龄为 35.67 岁，与 2018 财年相比上涨。从业人员最大年龄为 43 岁，最小年龄为 34 岁，行业内分布几乎不存在差异化。见表 2-31。

表 2-31 信托公司从业人员年龄的统计分析

项目	2015 财年	2016 财年	2017 财年	2018 财年	2019 财年
平均值（岁）	35.07	35.00	35.36	35.54	35.67
平均值增长幅度（岁）	-0.13	-0.07	0.36	0.18	0.13
平均值增长率	-0.37%	-0.20%	1.03%	0.51%	0.36%
公司数目	17	20	16	12	11
最大值（岁）	41	41	40.92	41.97	42.73
最小值（岁）	31.70	32	30.47	33	33.4
标准差（岁）	2.76	2.61	2.62	2.07	2.63
变异系数	0.07	0.07	0.07	0.08	0.07

2019 财年披露信息的公司中,平均年龄最小的是上海信托,平均年龄为 33.4 岁,各年度从业人员平均年龄变化不大。见表 2-32。

表 2-32 信托公司从业人员年龄最小的前 3 名

排名	2019 财年	2018 财年	2017 财年
第 1 名	上海信托(33.4)	上海信托(33.00)	国元信托(30.47)
第 2 名	兴业信托(34.00)	兴业信托(33.00)	兴业信托(33.00)
第 3 名	浙商金汇(34.00)	浙商信托(33.00)	浙商信托(33.00)

注:括号内从业人员年龄单位为岁。

二、人力资源岗位分析

（一）人力资源岗位总体分布

从 2019 财年披露情况来看,在信托公司人员岗位分布中,高管人员平均人数为 10 人,占 3.15%,自营人员平均为 8 人,占 2.65%,信托业务人员平均为 170 人,占 57.34%,其余为其他人员。其中,信托业务人员的变异系数最大,公司间差异较大。高管人数最多的是重庆国信(25 人),人数最少的为建信信托、中泰信托、中铁信托和浙商信托(5 人);自营人员人数最多的为天津信托(21 人),华融国信人数最少(0 人);中融信托的信托业务人员达到 743 人,居行业首位。见表 2-33。

表 2-33 信托公司从业人员岗位分布的统计分析

项目	高管	自营	信托
平均值（人）	10	8	170
占比	3.15%	2.65%	57.34%
公司数目	68	61	63
最大值（人）	25	21	743
最小值（人）	5	0	24
标准差（人）	3.76	4.71	127.64
变异系数	0.38	0.59	0.75

（二）信托业务人员分布

信托业务人员是信托公司的主力。从 2015—2019 财年信托业务人员的统计分析来看，2019 财年信托业务人员的平均人数为 170 人，较上年有所上升，占全部从业人员比重上升了 4.12%。信托人员的行业内分布不均仍然较高，公司间差异较大。见表 2-34。

表 2-34 信托公司信托业务人员的统计分析

项目	2015 财年	2016 财年	2017 财年	2018 财年	2019 财年
平均值（人）	151	133	157	157	170
占比	60.80%	52.27%	57.97%	53.22%	57.34%
占比增幅	-0.81%	-8.53%	10.9%	-8.19%	7.74%
最大值（人）	1332	1167	974	974	743
最小值（人）	29	22	26	26	24
标准差（人）	203.74	160.89	156.85	154.85	127.64
变异系数	1.35	1.21	0.99	0.99	0.75

（三）人力资源学历分析

2014—2018 财年期间，高学历人员（包括硕士和博士两个层次）数量总体呈上升趋势，其中 2018 财年高学历人员占比超过了 50%。同时，标准差和变异系数增大，表明 2018 财年各公司间高学历人员分布差异变大。详见表 2-35。

表2-35 信托公司高学历从业人员统计分析

项目	2015财年	2016财年	2017财年	2018财年	2019财年
披露公司数目	66	68	68	67	68
平均值（人）	125	102	134	150	100
占比	48.38%	47.85%	49.38%	52.51%	52.84%
占比增长幅度	0.27%	3.26%	1.53%	6.34%	0.63%
最大值	653	757	607	571	477
最小值	19	10	30	27	19
标准差	104.73	23.42	101.67	384.67	97.26
变异系数	0.84	0.23	0.76	2.56	0.61

综合博士和硕士高学历人员，2019财年中信信托占据高学历规模第一名。

表2-36 2018—2019财年信托公司人力资源高学历分布排名前3名

排名	2019财年		2018财年	
	高学历规模（人）	高学历占比	高学历规模（人）	高学历占比
第1名	中信信托(477)	百瑞信托(76.00%)	中融信托(571)	百瑞信托(74.3%)
第2名	中融信托(389)	北京信托(73.90%)	中信信托(447)	华宝信托(74.09%)
第3名	长安信托(387)	中原信托(72.80%)	长安信托(354)	中原信托(72.37%)

中国信托业发展报告
(2020)

第三章

集合资金信托产品

第一节　2019年集合资金信托产品发行概况

统计数据显示,2019年,全行业发行集合资金信托项目24615只,同比增速为66.62%;新增集合资金信托规模25829.14亿元,同比增长21.98%,再创历史新高。2019年,集合产品资金端和资产端两端供需较为旺盛,一方面,随着《资管新规》的实施,预期收益型资管产品减少,收益率呈现下滑态势,信托产品在安全性和收益性方面均体现了较高的性价比,得到了客户积极认购;另一方面,实体企业融资需求稳定,基建投资增速回升带动融资需求增大,房地产企业融资需求依然较高,资产端供给相对较丰富。总体来看,全年信托产品市场呈现供需两旺的发展态势。

一、2019年集合资金信托产品发行概况

根据信托公司公开披露信息统计,2019年,68家信托公司共计发行集合资金信托产品24615只,募集信托资金共计25829.14亿元,平均每只信托产品规模为1.05亿元,平均期限约为1.86年,平均年化预期收益率约为8.04%。与2018年相比,发行产品数量和规模均上升,单只产品平均募集规模继续下降,产品募集期限有所延长,平均发行预期收益率小幅升高。

2019年集合资金信托产品数量同比增速为66.62%,募集规模同比增长21.98%,单只信托产品的平均规模增速为-26.79%,产品平均期限略有延长,产品平均年化预期收益率较2018年升高0.1个百分点,小幅上行。2019年,受到内外部需求疲弱影响,我国宏观经济增速依然面临下行,较上年度继续放缓。我国积极实施较宽松的货币政策和积极的财政政策,通过降准、降息扩张信用创造能力,帮助解决企业融资难和融资贵问题,刺激实体企业投资积极性;通过减

税降费,减轻企业负担,激发企业经营活力,上述政策已经取得了较为突出的成效。严监管态势仍在延续,尤其是2019年下半年,监管加强了房地产业务的调控力度,推进《资管新规》落地。在这样的宏观背景下,信托公司夯实基础产业信托、工商企业信托、房地产信托等传统业务,同时积极创新发展,加大消费金融、家族信托、慈善信托、服务信托布局力度;资金端方面,随着社会流动性的充裕,机构资金来源有所复苏,但是仍然对个人客户资源来源较为倚重,信托公司继续完善财富中心布局,拓展直销渠道,并逐步满足部分个性化、定制化需求。

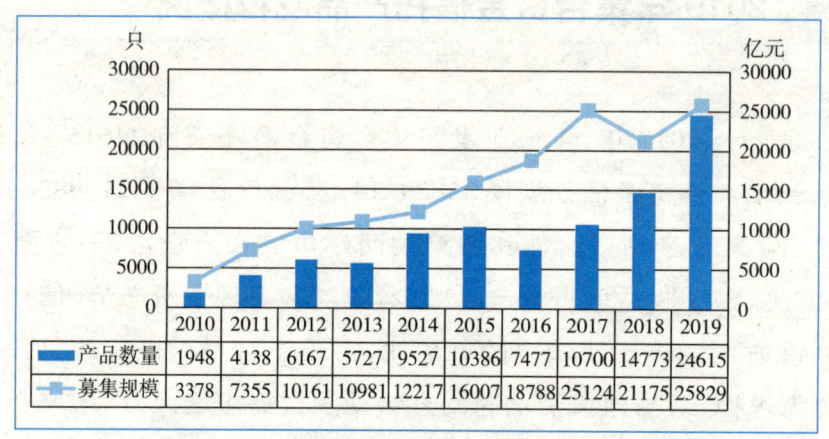

图 3-1 2010—2019 年国内集合资金信托产品发行数量及募集规模统计

从月度数据看,2019年集合资金信托产品在发行数量下半年要高于上半年,发行规模则呈现前高后低的态势,除了2月春节假期影响外,上半年发行规模要高于下半年。从发行规模走势看,基本处于2152亿元中枢水平波动,三季度发行规模相对偏弱,而二季度发行规模偏强,一、四季度明显有波动,年中最高点出现在3月,当月发行规模超过了2500亿元,次高为11月的2411.12亿元。2019年三季度开始,监管部门收紧了对于房地产信托的监管,实施额度管控,造成了三季度信托发行规模持续走弱,四季度冲规模动力增强,但是受制于监管约束,依然不敌上半年发行规模。从发行数量看,3—11月单月发行规模都超过了20001000只的水平,其他月份相对略低,月均发行数量维持在2051只的水平,9月发行数量达到年内最高点,达到2366只,10月和11月也较接近此水平。

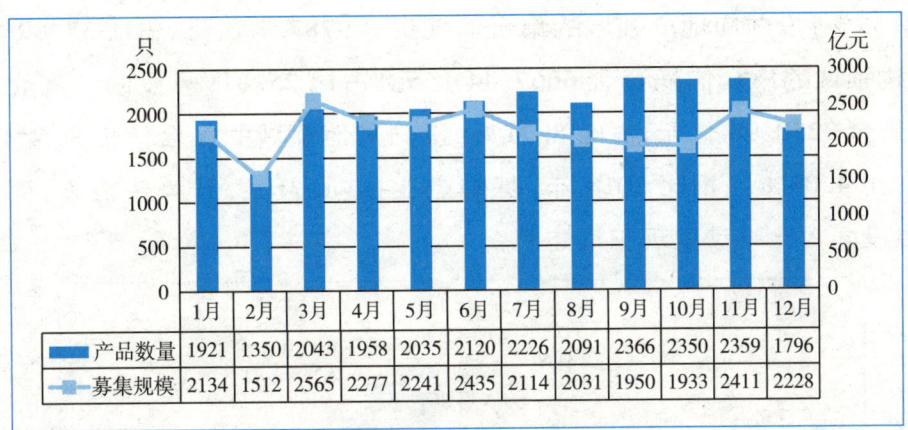

图 3-2　2019 年集合资金信托产品发行数量及规模统计

二、信托产品的资金运用方式

统计数据显示，2019 年，新增集合资金信托中贷款运用方式信托资金 9010.52 亿元，占比 34.89%；证券投资运用方式信托资金 1313.22 亿元，占比 5.08%；股权投资方式信托资金 13871.29 亿元，占比 7.24%；权益投资方式信托资金 12581.71 亿元，占比 48.71%；组合运用方式信托资金 1052.4 亿元，占比 4.07%。贷款和权益投资为最主要的运用方式，合计占比达到了 83.6%，较上年提升了 3.34 个百分点。

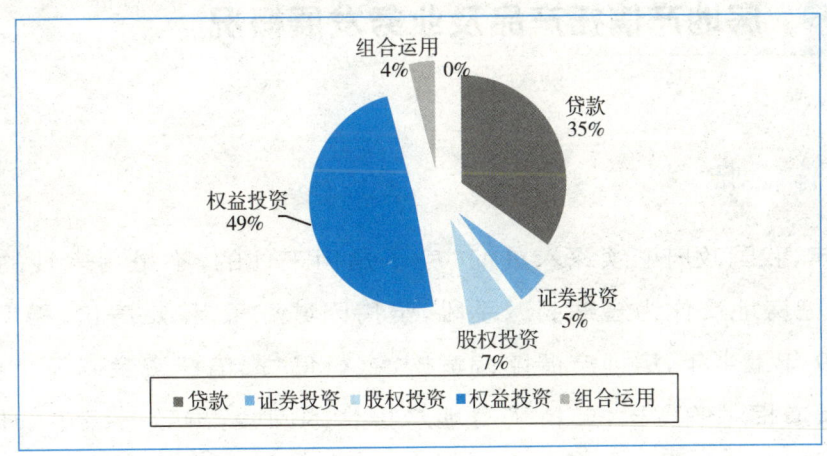

图 3-3　不同资金运用方式的资金募集规模占比

三、信托产品的资金投向

2019 年，新增集合资金信托中投向基础产业的集合信托资金 6081.98 亿元，占比23.55%;投向房地产领域的集合信托资金9787.7亿元,占比37.89%;投向金融机构领域的集合信托资金6667.44亿元,占比25.81%;投向工商企业的集合信托资金2250.98亿元,占比8.71%;投向其他领域的集合信托资金1041.04亿元,占比4.03%。相比2018年,基础产业投向占比上升势头显著,而工商企业、金融投向占比继续呈现下滑走势。

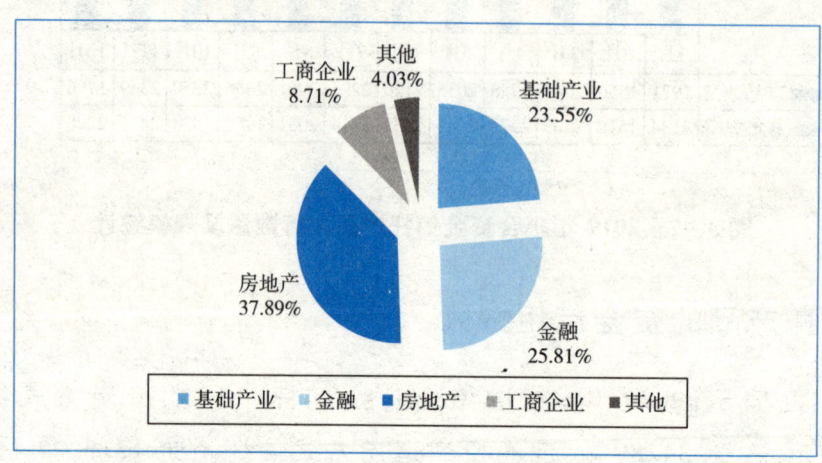

图3-4 不同资金投向的信托产品资金募集规模占比

第二节 房地产信托产品及业务发展概况

一、整体概况

2019年,我国政府继续深入贯彻"房子是用来住的,不是用来炒的"这一理念,强调不把房地产作为短期刺激手段,坚持因城施策,稳定房价、稳低价、稳定预期。2019年上半年,房地产调控偏宽松,银行信贷、信托资金以及债券融资等房企融资渠道相对偏宽松,支持了房地产投资的回暖,导致一级市场偏热,"地王"频现。2019年下半年开始,我国加强了房地产调控力度,全年调控达620次,主要是强化了房地产融资的约束,房企筹资现金流有所恶化,加快促进销售,回收现金,解决融资渠道收紧所带来的负面影响。从各地房地产调控政策看,由于受到地方财政支出压力,佛山等部分地方政府通过放松限售、人才购房优化政策等方式,变相刺激房地产市场,但是在中央房地产调控基调不变的情况下,地方政府所能够施展的作用有限,房地产市场运行依然以稳定为主。

2019年,虽然受到严调控政策,然而房地产行业韧性较强,行业景气度维持高位。截至2019年11月末,房地产开发投资累计同比增速为10.2%,较上年末高出0.7个百分点;商品房销售额累计同比增速为7.3%,较年初下降了4.9个百分点;商品房销售面积累计同比增速为0.2%,较年初下降了1.1个百分点;房地产开发投资资金来源累计同比增速为7%,较年初升高0.6个百分点,下半年贷款融资增速放缓,而定金及预收款增速加快;房价有所反弹,增速为7.3%,较上年末下降3.3个百分点,一线城市房价有所回升,二线、三线、四线城市房价增速明显放缓,带动了整个房价增速放缓,这也体现区域间房地产市场走向的分化,进而会影响到房地产调控的走向。在调控周期中,行业集中度继续提升,行业并购重组数量增大,实现资源优化配置。

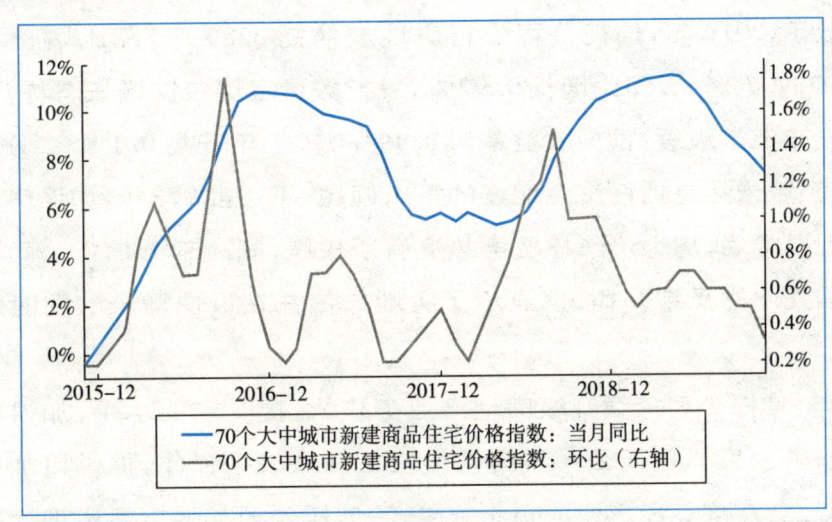

图 3-5 新建住宅价格指数走势

资料来源:Wind。

二、房地产信托产品发行情况

自2019年7月以来,监管部门加强了对房地产信托的监管,通过窗口指导等多种形式,控制房地产信托余额和增速,提升了房地产信托的合规要求。严格的监管政策将使信托业务发展短期受阻。近年来,房地产信托余额占比持续升高,占比已接近15%,如果加上与房地产息息相关的建筑业等行业,占比将达到20%以上。从新增房地产信托占比看,也是呈现持续上升态势,已达到20%左右;对于集合资金信托而言,房地产类集合资金信托占比已攀升至30%。这表明，房地产信托是当前信托公司较为核心的业务领域，更多资金流入了房地产领域，信托行业业绩创造更加依赖房地产信托。短期来讲，房地产信托严监管后，此类业务发力更为困难，这意味着信托公司重新寻找业务发力点。同时，房地产市场面临需求端和资金端调控，短期内行业景气度面临下行压力。房地产企业的资金链压力会进一步增大，一方面来自销售资金回笼放缓，外部融资渠道受阻；另一方面来自这两年房企债权融资、信托融资均为大量到期的时间点，如果不能有效调配资金，很容易出现资金链断裂。从过往经验看，历次严监管调控房地产和房地产信托都会增多房地产信托违约规模，而且会在调控后的半年到一年达到违约高峰。未来一段时间内，房地产信托风险防控压力增大，尤其是需要关注部分高杠杆运行的民营房企，项目多集中于三、四线的房企以及部分中小房企资金链健康情况。

数据显示，2019年，信托公司发行房地产信托6289个，同比增长31.38%，募集资金9787.7亿元，同比增长9.92%，发行数量呈现较快增长态势，而募集资金规模明显较上年放缓；预期收益率为8.19%，较上年升高0.1个百分点。2019年，房地产领域依然是信托资金配置的重点领域，不过监管部门加强房地产额度管控和合规要求后，房地产信托业务热度有所放缓，同时部分信托公司因违规发放房地产信托问题受到处罚，也显示了房地产信托在过快增长的同时需要注重合规要求。

2019年，信托公司持续升级房地产业务模式，提升专业水平，加强参与整个房地产链条的力度。信托公司与房地产企业开展战略合作，提供更加综合多样的金融服务，培养核心客户和核心业务模式；信托公司加强探索房地产股权投资业务模式，促进房地产业务的逐步转型；积极创新发展养老信托、长租、REITs等新兴房地产领域，培育新的业务增长点。

三、房地产创新产品

探索发展股权投资信托产品。

东莞信托设立鼎信安盈保利千灯湖项目信托首期成立规模1030万元，预计发行规模50000万元，信托资金用于通过认购由保利（横琴）资本管理有限公司（简称"保利资本"）发起设立的珠海保川股权投资基金合伙企业（有限合伙）（简称"珠海保川"）有限合伙份额的方式，间接投资佛山保利兴泰房地产开发有限公司（简称"项目公司"）开发的位于佛山市千灯湖核心地段的房地产项目。

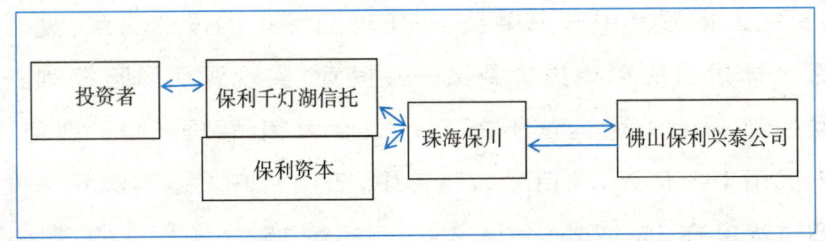

图 3-6　鼎信安盈保利千灯湖项目信托交易结构

合作方方面,本次信托计划主要作为 LP 参与该地产项目开发,而保利资本作为普通合伙人参与管理该投资基金,保利资本是由保利投资、保利发展以及珠海泰辉合资成立的投资公司,其中前两者合计持股 95%,受保利集团直接控制,注册资本为 1 亿元,主要从事股权投资、资产管理等业务,目前投资的基金有 36 只左右,主要关注领域覆盖房地产、信息科技等。被投资企业为佛山保利兴泰房地产开发公司,2014 年成立,主要股东包括保利华南实业有限公司、西藏信保、珠海保川,持股比例分别为 60%、20%、20%,其中保利华南实业由保利发展全资控股,是佛山地区的房地产项目开发公司。

融资项目方面,本次信托计划主要是参与位于佛山市千灯湖核心地段的房地产项目。2018 年保利集团通过挂牌方式取得佛山市南海区桂澜路东侧地块,项目用地面积约 143028 平方米,规划容积率面积约 560671 平方米,成交总价 857826 万元,后续逐步引进社会资本参与该项目的开发。佛山房价自 2015 年 3 月开始上涨,到 2018 年 12 月房价平均涨幅为 50%。2015 年 3 月商品住宅销售均价为 8025 元/平方米,2018 年 12 月为 12007 元/平方米。2016 年 10 月和 2017 年 3 月,佛山两次出台调控政策,其间佛山房价稳定在 10000 元/平方米,没有出现明显下行。佛山各区域房价差异较大,广佛交界、顺德地区、主城区均价较高。按照行政区域划分,禅城区、顺德区新房销售均价均超过 17000 元/平方米,南海区均价为 16621 元/平方米,三水区和高明区均价在 10000 元/平方米左右。2017 年佛山市商品房销售金额为 1217 亿元,同比降低了 32.97%;商品房销售面积为 1210 万平方米,同比降低了 36.58%。2018 年全年销售有所恢复,根据实际调研的情况,2017 年底积压了较多新房网签,而在 2018 年网签速度有所加快,出现了集中网签的情况。整体来看,佛山受益于经济发展、居民收入等影响,房地产市场较为繁荣,房价处于高位,不过在国家稳定房地产调控的政策引导下,佛山房价可能以平稳走势为主,未来增幅将会有限。

投资风险控制措施方面,一是参与合伙企业经营决策:珠海保川设立投资决策委员会,受托人指派其中一名委员,对于珠海保川的投资决策、收益分配等重大事项须经全体投资决策委员会委员一致同意,实现源头风险控制。二是项目总投资限额控制:项目开发运营所需总投入(含营销、管理及财务费用)预算核定为不超过人民币148亿元,项目后续运营中,若项目开发运营实际总投入超过预算标准且超过幅度在3%以外(包含3%,即超过152.5亿元)的,超出部分由保利地产方承担,不影响信托计划收入。三是原股东回购承诺:珠海保川退出项目公司时,有权向任意第三方出售其持有的项目公司股权,在同等条件下,原股东具有优先购买权。若在珠海保川退出项目公司时,项目公司仍未完成资产变现的,原股东承诺按照市场定价、账面成本核算、第三方评估等作价原则购买珠海保川所持项目公司股权。

信托收益率方面,由于该信托计划为房地产开发项目的股权投资项目,投资收益率以商品房销售为核心影响要素,所以不同房价趋势下,投资收益率会有较大差别。按照不同情景的测算,乐观情况(保利预测)下房价为42635元/平方米,投资收益率为20.3%/年;正常情况(保守预测)下房价为40000元/平方米,投资收益率为16.1%/年;悲观情况(下跌15%)下房价为34000元/平方米,投资收益率为9.6%/年;盈亏平衡(下跌30%)情况下,房价需要为28000元/平方米,投资收益率为1.6%/年。

综上所述,此信托计划为真正的房地产股权投资项目,该项目特点主要表现为与实力强大的国企背景房企合作,在项目风险控制、房地产项目运作等方面都有较好的保障;拟开发项目位于佛山,当地房地产市场较为景气;根据不同情景测算的投资收益相对较为可观,能够满足部分追求高收益项目投资者的需求。

四、房地产信托发展展望

2020年,我国房地产行业仍然以稳为主,根据住房和城乡建设工作会议,2020年我国将会继续稳妥实施房地产市场平稳健康发展长效机制方案,着力建立和完善房地产调控的体制机制。从房地产信托监管看,在房地产宏观调控基调不变的情况下,严格的监管政策难以有效放松,房地产信托发行会继续放缓。

长期看,新增开发投资增速逐步平稳,行业集中度会逐步提升,融资缺口缩小且融资渠道选择更为广泛。因此,房企在融资渠道选择方面更为主动,不同类型房企对于不同融资方式会有更多偏好。龙头房企占据较高的市场地位,其融资渠道较为通畅,尤其是债权融资可选择余地大,更希望获取股权融资,降低运营杠杆。对于中小房企,依然存在债权融资缺口,不过也存在部分优质项目可以运用股权投资机会。针对不同的房企融资需求,需要制定有针对性的服务策略。对于龙头房企需要提供股权投资方案,发挥双方的比较优势,共同出资,分担风险,共享投资收益。近年来,个别信托公司已成功实现了与龙头房企的股权投资合作模式。对于中小房企,可进一步夯实债权融资模式,降低项目开发风险和融资风险。除此之外,针对部分优质项目,可以以股债结合的方式参与中小房企项目开发,通过更为灵活的交易结构设置,在把控项目风险的同时,提高项目收益。从债权向股债结合的服务模式转变,需要信托公司进一步提升专业能力,加强住宅地产开发、管理等方面的专业能力,或者与具有此方面专长的中介机构合作,有效掌控项目开发风险。此外,在产品销售方面,需要有针对性地开展产品销售和路演,充分揭示潜在风险,实现卖者尽责、买者自负。

第三节 工商企业信托产品

一、工商企业信托发行情况

2019年,受到全球经济增速放缓、中美贸易摩擦等因素影响,我国宏观经济增速继续放缓,虽然政府加大了减税降费力度,然而由于2018年的高基数以及经营状况不佳等因素,综合经营压力依然较大,工业企业经营绩效增速持续放缓。统计局数据显示,工业企业主营业务收入同比增速为4.4%,较年初下降4.2个百分点;利润总额同比增长-2.1%,较年初下降12.4个百分点;资产负债率为56.9%,较年初小幅上升,杠杆水平总体保持稳定。进一步细分看,2019年汽车等行业受到市场需求不足影响,经营绩效显著恶化,而食品制造业、农副食品加工业等下游必需品行业经营业绩维持稳定。

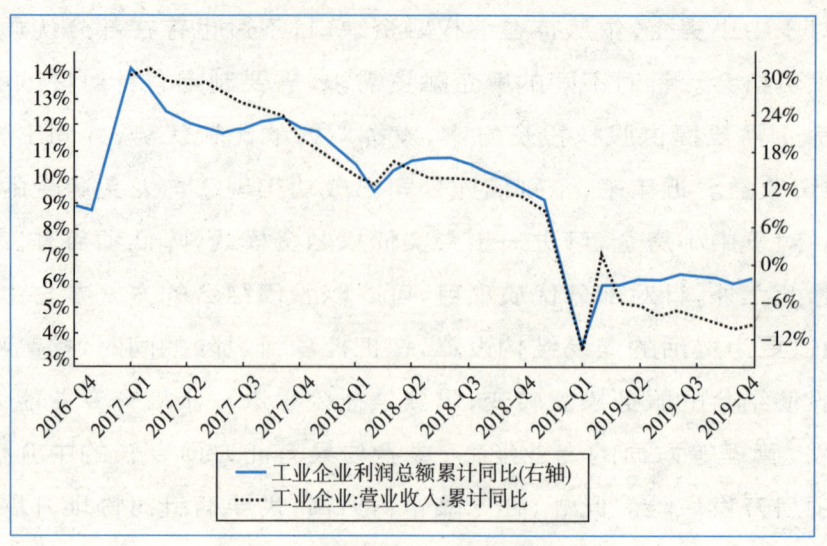

图3-7 工业企业经营效益情况

资料来源：Wind。

从采购经理人指数看，受到内外部需求疲弱的影响，我国企业经营景气度维持低位，2019年12月PMI为50.2%，较接近荣枯分界线，大型企业景气度与平均水平较为接近，中型企业景气度明显高于大型和小型企业，而小型企业景气度维持低位，经营发展面临较大挑战。受此影响，企业家信心不足，对外投资降低，融资需求放缓，央行调查数据显示，制造业、基础产业贷款需求略好于2018年，但是仍偏弱。详见图3-8。

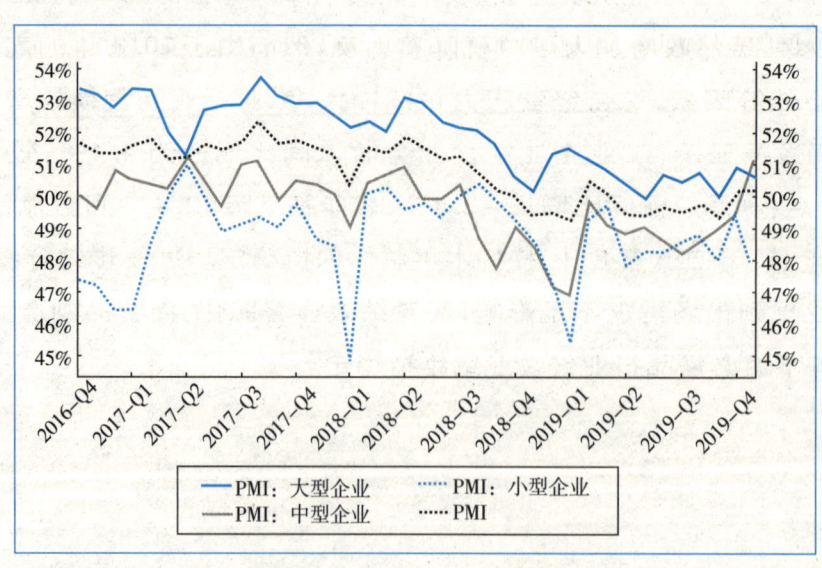

图3-8 企业经营景气指数

统计数据显示，2019年，新增工商企业类集合资金信托2778个，同比增长45.07%，募集资金规模2250.98亿元，同比增速为-10.43%，发行规模继续收缩，增速要远低于行业平均水平，这也是连续第二年发行规模收缩。一方面，当前宏观经济下行压力仍较大，实体企业经营绩效承压，融资需求偏弱；另一方面，2018年爆发的部分工商企业信托仍处于风险处置过程中，而且存续项目风险管控压力仍较大，债券市场违约规模仍在急剧上升。在此背景下，信托公司在保证风险控制的前提下，支持实体经济方面的风险偏好有所下降。同时，在频繁爆发风险事件后，投资者对于工商企业类信托投资热情持续降温，对于工商企业类项目质量要求更高。

二、主要创新产品与案例

（一）区块链技术助力供应链融资信托

2019年，中融信托工商联合蚂蚁金服、供应链管理服务商怡亚通发行国内首单快消品行业动产融资区块链项目，项目总额度2.5亿元。三者之间的合作模式大体可概括为，怡亚通借助于蚂蚁金服的区块链技术上线N++区块链"秒押"平台，某信托工商利用此平台为存货抵押提供融资服务，最后由怡亚通将抵押物分销出去，形成完整的链上闭合回路。

2019年10月，中央政治局就区块链技术现状和发展趋势进行了集中学习，区块链技术已经在国家层面获得大力支持。区块链特有的信任创造、效率提升、成本降低的特性，在促进数据共享、优化业务流程、降低运营成本、提升协同效率、建设可信体系等方面广泛发挥作用。区块链技术不可篡改的特点将大幅提高整个社会的契约精神，重构当前社会金融体系，显著扩大金融服务的覆盖面，对于提高金融市场韧性、金融机构资源配置能力等将发挥显著的改善作用，在解决融资难、风控难、监管难等方面将发挥重要作用。

部分信托公司已经开始尝试将区块链技术应用于传统资产证券化、家族信托、消费金融等业务场景，以降低管理成本和坏账比率，甚至探索利用区块链技术延伸金融服务范围，布局蓝海市场。诸如万向信托借助于区块链技术应用服务平台（BaaS）提供区块链存证服务；云南信托与招商银行在区块链ABS系统方面启动实质性合作，助推"小额债权"资产证券化业务的发展升级。

（二）生猪产业投资信托落地

根据媒体报道，华能信托拟与牧原股份合资设立经营生猪养殖项目的标的公司，未来1年内，华能信托投资总规模预计不超过100亿元，牧原股份投资总规模预计不超过110亿元。各标的公司设立后，牧原股份确保在华能信托对各标的公司实缴出资到位之日起满1年内分别将华能信托投资资金全部投入标的公司及其各子公司的生猪养殖项目建设中；资金闲置期间可用于牧原股份短期补充流动资金，但补充流动资金使用时间不得超过1年。

受到非洲瘟疫以及进口量减少等影响，2019年猪肉供给明显减少，截至9月末国内猪肉产量同比增速为－17.2%，加速下滑，为2009年有统计数据以来最低增速，显示了当前供给端的疲弱态势。由于供求出现了失衡，导致国内猪肉价格明显上升，截至11月15日，22个省市猪肉均价为52.13元／千克，虽然较10月末有所下降，但是增速依然达到了161.4%，增速依然处于攀升状态。受到猪肉价格的带动，国内CPI上升态势明显，10月CPI同比增速为3.8%，预计11月可能超过4%，2020年一季度可能达到5%。目前来看，这一轮猪肉价格涨势有可能持续至2020年下半年。

围绕这一轮猪肉上涨周期，生猪养殖和加工企业明显受益，本次华能信托合作伙伴牧原股份为深圳中小板上市公司，是国内自繁自养模式的领先企业，已形成一定产业链整合优势。该公司成立于2009年，2014年正式IPO上市，目前市值约为2070亿元。截至2019年三季度末，牧原股份总资产为372.33亿元，资产负债率为46%；实现营业收入117.33亿元，同比增速27.79%，实现净利润14.54亿元，同比增速为315.33%，扭转了2018年负增长的态势。此次与华能信托主要是在河南、山东等地新建养殖场，扩大养殖生产规模。

我国具有较明显的猪周期，一般持续四年，此次猪周期与其他因素共振，导致了猪肉价格的急剧攀升。目前，我国正在加强生猪恢复生产，以及逐步加大进口，如果非洲瘟疫能够有效控制，预计2020年下半年猪肉价格会有明显下降，从历史数据看，至少较目前要下降30%～40%。短期看，猪肉养殖企业需要经历猪肉快速上行后的回落考验。从长期看，我国作为人口大国，猪肉消费市场大，每年消费近7亿头猪，但是在生猪产品同质化较高的情况下，规模化发展成为必然，行业集中度有上升趋势，直接考验企业的成本控制能力和管理能力。此次，华能信托与牧原股份合作应该不仅着眼于短期猪肉异常波动，更是从行业发展规律出发，看好我国猪肉消费市场潜力大以及牧原股份市场地位和发展前景。

第四节 基础设施类信托产品

一、基础设施类信托产品发行

2019年11月末,基础设施投资(不含电力、热力、燃气及水生产和供应业)同比增长4%,增速比1—10月回落0.2个百分点。其中,铁路运输业投资增长1.6%,增速回落4.3个百分点;道路运输业投资增长8.8%,增速加快0.7个百分点;水利管理业投资增长1.7%,增速加快1.1个百分点;公共设施管理业投资增长0.2%,增速与1—10月持平。PPP方面,在经历了清理整顿后,2019年我国PPP入库项目规模基本保持平稳,截至11月末总入库项目数为12273个,同比下降2%;PPP项目总投资额为17.47万亿元,同比增速为-0.2%;落地率呈现持续上升态势,达到67%,为有统计数据以来的最高水平。

2019年,全行业新增基础设施类集合资金信托6851个,同比增长194.03%,募集资金规模6221.09亿元,同比增速为94.24%,发行数量和发行规模双双实现高速增长,基础设施类信托产品发行节奏加快。2019年,我国宏观经济增速放缓,政府加强了基础设施补短板,基础设施投资有一定加速,地方融资平台资金缺口增大,对于信托融资需求升高。在房地产信托实施额度管控后,基础设施信托成为信托公司重点发力业务领域,以稳定传统业务发展基础。当然,受到地方政府债务治理的影响,部分省份财政支出压力增大,加之城投平台公司现金流有所紧张,导致部分非标债务发生违约,今年违约规模要高于2018年,而且更多集中于西部地区,这也使得更多的新增基础产业信托业务集中于东部省份。

二、基础设施类信托产品创新

发展股权投资类基础产业信托业务。

随着城镇化水平的不断提升以及乡村振兴战略的持续推进,我国基础设施投资建设需求仍较高。《全球基础设施展望》认为,我国是基础设施支出需求最大的国家,总量达到28万亿美元,相当于全球基础设施投资需求的30%。预计在2016年至2040年期间，我国基建投资将超过26万亿美元，即每年1.1万亿美元。这其中公路和电力行业将占据很大一部分，共18万亿美元。

然而，随着地方政府债务治理的深入推进，信托等高成本融资资金将逐步被挤压，现有债权融资模式难以适应新形势下我国基础设施投融资体制改革的要求。基础产业信托业务转型的根本逻辑在于弱化对于政府信用的依赖，有效建立起对基础设施建设规律的深入把控，在此领域形成专业能力，运用股债结合、投贷联动的综合金融服务模式，形成市场竞争力。从国内外情况看，基础设施产业基金、PPP和资产证券化等路径可以作为基础产业信托转型的重要方向。

平安信托将基建投资业务作为核心业务，近5年来，平安信托基建投资规模超过千亿元，落地政府合作项目超百个，投向以高速公路、天然气、市政建设等与民生息息相关的项目为主，其中四川、湖南、广西等中西部省（区）的项目占据了一半以上。特别是在高速公路领域，平安信托已投资河北高速、安徽高速、湖北高速、亳阜高速等高速公路，总里程超过800公里；2017年，设立"云南交安交通产业基金"，首期投资总规模106.68亿元，期限15年，为云南省新建省级高速公路项目提供资金支持。

投资策略方面，平安信托在开展基础设施股权投资时，以专业的财务投资作为投资出发点，以"49%策略"（持股比例不超过50%）帮助各类资金尤其是保险资金开展专业投资。此外，还提供财务、绩效管理等增值服务。

项目风险管控方面，经过多年运营，平安信托在项目搜索、项目筛选、投资风险控制、投后管理等方面已具有专业的投资能力和丰富的投资经验。以高速公路投资为例，明确项目准入要求，持续加强投后管理，如派驻人员监管财务、工程建设等重大事项；引入预防性养护，强化项目成本控制，改善经营效益。

资金募集方面，基础设施领域投资具有周期长、收益稳定等特点，符合保险资金的偏好。因此，平安信托基建投资主要面向机构资金，主要营销保险资金、年金等长期资金。长期致力于基础设施投资的专业性以及良好的投资收益，使得保险机构对于平安信托基础设施基金认可度较高。

三、基础设施类信托产品发展展望

2020年，我国仍将加强基础设施投资，以弥补基建短板，同时也为经济增长拖底，不过目前看来，中央政府并没有放弃对于地方政府债务治理的要求：一方面加大了地方政府专项债的发行额度；另一方面探索解决处置隐性债务的新路径,逐步替换高成本的债务,减轻地方政府压力,逐步解决地方政府债务风险问题。总体来看,在经历了两年持续高增长后,2020年,基础产业信托发行规模预计可能出现明显放缓,同时部分经济发展环境不佳的城投平台仍有违约风险,需要加强风险预警力度。

第五节　证券投资信托

一、证券市场状况

股票市场方面,2019年A股市场表现亮眼,上证综指涨22.30%,深成指涨44.08%,创业板指涨43.79%。2019年全A市值从48.7万亿元增加至65.8万亿元(不含科创板)。在2018年全A市场市值下跌22.55%之后,市场出现恢复性反弹。从股市全年走势看,第一阶段是一季度悲观预期修复行情,这一阶段上证综指从2019年1月2日的2465点快速提升至4月4日的3246点。第二阶段是4—7月的震荡调整阶段,上证综指从3246点跌至8月初的2774点。中美贸易谈判出现波折,包商银行被央行接管,外资净流出,PPI等经济数据不及预期等因素,加大了前期涨幅后出现的市场回调。第三阶段是8—9月的成长股行情和9—12月的补涨行情。在市场经过4个月的充分调整后,指数再次上涨,在中美贸易谈判悲观预期充分消化、科创板开板以及年中政治局会议强调保持"房住不炒"基调之后,科技股迎来一波领涨行情,拉动上证综指再次回升至3000点之上。在10月之后,低估值板块开启补涨行情,特别是在地产竣工回暖和外资超预期持续流入等因素催化下,上证综指冲击3000点,最终在年末站上3000点。

债券市场方面,2019年债市受到了宏观经济增速放缓、货币政策偏宽松等因素支撑,然而高通货膨胀、中美贸易摩擦阶段解决、投资者风险偏好的变化抑制了债市投资热情,全年债市呈现震荡趋势,涨幅较2018年明显缩小。2019年,中债综合指数收于201.19点,全年增长4.59%;中债国债指数收于190.14点,全年上涨3.94%;中债信用债指数收于182.91点,上涨5.03%。整体看,信用债收益率要高于利率债,主要在于投资者风险偏好提升,宽信用政策推动投资者加大了对于信用债的投资力度。利率债方面,10年期国债收益率下降至3.14,较上年下降8个基点,依然处于近年来的较低水平。从全年走势看,10年期国债收益率波动较大,一季度10年国债收益率在经历了前期下降后,随着股市的上涨以及中美贸易摩擦的缓和而显著回升;二季度是受到股市回调、经济增速放缓等因素推动,10年期国债收益率降至年内最低水平;三季度10年期国债收益率有一定回升,而随着宽松货币政策和配置交易的推动,四季度10年期国债收益率有一定回落。从信用债来看,2019年信用债违约事件仍在频发,不乏一些大型企业,投资者对于高质量的债券需求较高,不同等级债券的收益率走势明显呈现分化态势。

新三板市场方面,我国多层次资本市场其他板块改革加速、经济下行压力加大中小企业的经营难度,新三板改革推进不及预期,流动性问题悬而未解。除二级市场表现结构性回暖外,新三板的挂牌企业规模、一级市场融资均维持2018年的收缩趋势,企业摘牌离场加速,一级市场量价齐降。我国新三板市场已明确"与交易所错位发展"定位,2020年可能加快市场改革进程,主要是新设精选层,结构化建设转板、公开发行、投资者门槛等红利制度激活流动性;以退出机制、信披、公司治理机制为抓手提高挂牌公司质量。

二、证券投资信托产品发行情况

统计数据显示,2019年,全行业发行证券投资集合资金信托20071753个,同比增速为14.49%;募集资金1357.16亿元,同比增速为6.24%,发行规模呈现小幅增长态势。从月度发行走势看,整体呈现年初和年底高、年中低的态势,基本与股市走势相一致。一季度正值股市走势向好的阶段,此时证券投资信托发行规模也呈现逐步上升态势,3月达到阶段性高峰;4月到9月伴随股市的调整,证券投资产品发行规模也处于低位;而进入四季度,随着中美贸易摩擦的缓和以及对于经济运行好的预期刺激了投资者的入场,股市逐步回升,伴随而来的是发行规模的逐步提升,并于12月达到全年最高峰,为187.2亿元。

《资管新规》后,各类资管机构回归本源,加快布局证券投资业务,而且随着我国金融对外开放的加快,国外资管机构加快布局国内证券市场,信托公司所面临的市场竞争持续提升。而且,在我国分业监管环境下,信托公司参与证券投资业务的竞争劣势较为明显,信托公司仍无法进行债券正回购交易;除了参与股指期货交易,无法进行其他金融衍生品交易,信托资金参与上市公司定增受限,无法实现与其他资管机构公平竞争。信托公司需要加强证券投资的布局,部分信

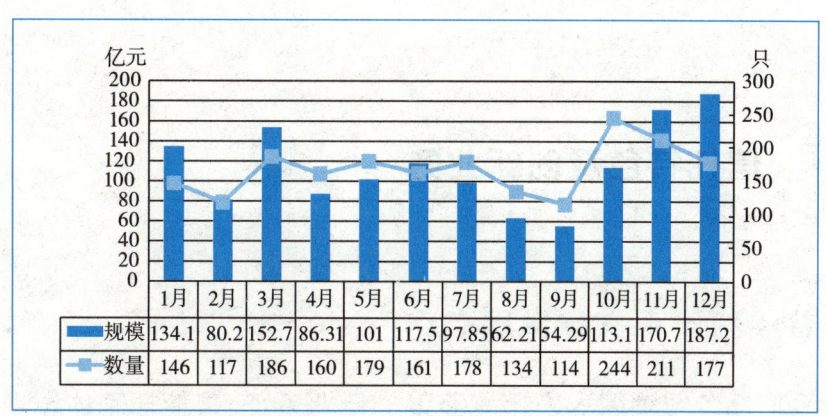

图 3-9 证券投资信托发行数量及规模统计

托公司正在积极发展债券投资、TOF 等主动管理业务,探索参与科创板等市场投资,完善私募基金外包服务信息系统和能力,从而强化证券投资信托业务的市场竞争力。

三、证券投资信托发展展望

2020 年,我国宏观经济下行压力依然较大,股市在 2019 年大幅上涨后,估值已经有所修复,2020 年更可能出现结构性行情;在经济下行以及宽松货币政策条件下,债券市场依然具有一定投资机会。整体看,2020 年证券投资信托业务发展外部环境相对稳定,信托公司仍需要推动业务转型。一是明确业务策略。证券投资信托与传统非标信托具有较大的差异性,并不是所有信托公司都需要参与此类业务,信托公司应充分评估外部需求和自身资源能力,确定证券投资信托的战略目标。信托公司还应有明确的业务策略,以目标客户为中心,创设产品。二是强化专业能力。信托公司应继续强化证券投资的专业能力,提升投研能力,建立专业的产品设计、评审、风控体系,加强信息系统投入。此外,针对不同证券投资业务能力需要,明确支撑体系的建设目标。三是走差异化道路。参与证券投资的金融机构较多,应提升证券投资信托的识别度,诸如股票投资信托可大力发展绝对收益策略,量化投资产品,打造特色产品。四是实现一、二级市场协同和融合。信托公司已具有资产证券化发行、银行间市场非金债分销等投行业务资质,信托公司应促进二级市场投资与一级市场投行业务的协同,诸如投行业务提供优质投资标的、投资业务促进投行优势提升,实现二者的有效联动和融合。

第六节 信托特色及创新业务

一、慈善信托呈现良好发展态势

2019年,信托公司继续大力拓展慈善信托业务,慈善信托整体呈现良好发展态势。2019年,已有半数信托公司开展慈善信托项目,项目数量超过100单,总规模达8.98亿元。从单个信托机构的备案数量看,截至2019年12月18日,光大信托已落地慈善信托23单;万向信托新增慈善信托项目备案12单;五矿信托新增慈善信托项目5单,位列行业前三位。

国内成立首单慈善先行信托。

2019年6月19日,著名主持人孟非设立"孟想非凡·慈善先行信托",受托人为中信信托,每年分配100万元信托利益用于资助云南贫困地区的学生完成大学学业。在首个为期4年的捐赠周期内,委托人选定中国光华科技基金会作为捐赠执行人,以每人每年1万元的标准资助100名云南大学贫困新生至本科毕业。

慈善先行信托起源于美国,属于准公益信托的一种。对于受托人而言,此信托模式具有如下优势:减少继承人的转让税;信托价值的增值可免税(费)传承给继承人;可以控制继承人何时继承信托资产。

慈善先行信托是不可撤销信托,可以在捐赠者生前设立,也可以是捐赠者死后设立的或者可以直接通过遗嘱设立,按照委托人对于信托财产的权利是否有保留可以分为无保留信托和利益分离信托。其中,利益分离信托是指信托财产不仅用于公益目的,而且允许私益受益人获益;并根据私益和公益的先后顺序,又细分为慈善先行信托和慈善剩余信托。慈善先行信托是在一定时间内定期向慈善组织提供一定金额的资产,在该期限届满之后,信托内部剩余的资产将会属于私益受益人或者是委托人自己。而慈善剩余信托是指在信托资产的运营过程中,会在一定期间内将一定的收益先提供给信托私益受益人,在此之后,信托内的剩余资产将会属于慈善组织。

慈善先行信托的缺点是捐款人不能将向信托捐赠的原始财产从其收入中申

请所得税的抵扣,而且在信托存续期间内,向慈善组织持续不断地捐赠还需要缴纳赠予税,但是当信托资产最终转移给私益受益人时,无需缴纳联邦遗产税。

综合来看,首先,孟非先生设立的"慈善先行"信托并不是《慈善法》定义的慈善信托,而是带有慈善属性的私人财富信托,并不需要备案,也不能从信托层面获得税收优惠,严格意义上看甚至不能使用"慈善信托"名义进行宣传;其次,虽然名义上为慈善先行信托,但是与美国同名信托也有本质区别,在美国的慈善先行信托涉及捐赠固定比例的信托本金,而此次设立的慈善先行信托仅捐赠部分信托收益。不过,此次利用名人效应+慈善事业的双重因素进行宣传,有利于加强双方的市场形象。

二、企业资产证券化业务仍有较大发展空间

Wind数据显示,截至2019年末,银行间市场共发行ABN产品102单,发行总额为2898.04亿元,同比增长130.56%,继续保持较快增速。信托公司积极参与ABN业务,2019年共有35家信托公司作为发起人参与了ABN的发行,其中华能信托、天津信托、五矿信托发行规模位居前三位,分别为637.89亿元、360亿元和280.89亿元,合计占比达到了发行总规模的44.13%,市场集中度较2018年有进一步集中,部分头部信托公司正在加强ABN业务的拓展力度,逐步形成一定市场品牌和影响力,竞争力逐步提升。详见图3-10。

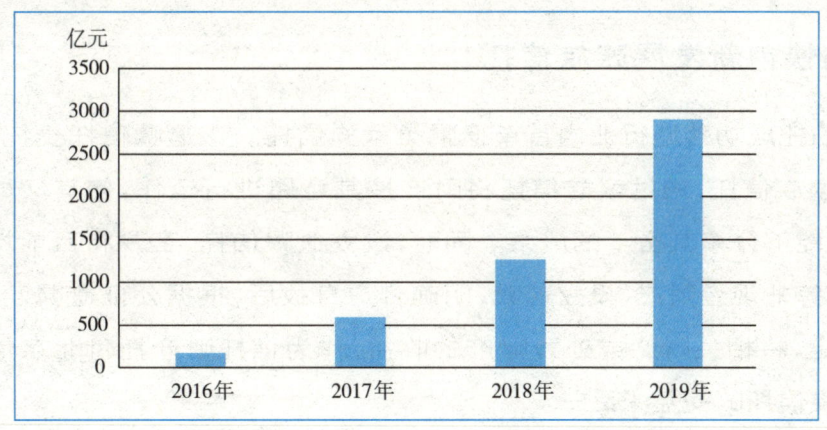

图3-10 企业资产证券化发行趋势

从ABN基础资产看,主要为票据收益、应收债权、租赁债权、信托受益权、基础设施收费债权、委托贷款债权等,其中票据收益、应收债权、租赁债权等三种基础资产占比最高,分别为50.6%、17.33%和15.21%。

2019年，首单配套信用风险缓释凭证商用车融资租赁ABN项目落地。入池基础资产为凯京租赁商用车售后回租业务形成的租赁债权及其附属担保权益，项目注册额度8亿元，首期发行规模2.01亿元。其中，优先A级占比79.70%，评级AAA；优先B级占比10.46%，评级AA+。本期项目由中金公司担任牵头主承销商及簿记管理人，浦发银行担任联席主承销商，中航信托担任发行载体管理机构，网商银行为本期项目提供资金监管服务。

该项目系首单配套CRMW（"信用风险缓释凭证"）的商用车融资租赁ABN项目，主承销商中金公司作为发起机构提供了"ABN+信用风险缓释凭证"的综合融资解决方案，通过向优先B级票据的投资者提供信用保护，信用风险在市场参与者之间实现了优化配置，投资者积极性进一步提高，从而支持项目顺利发行。项目募集资金将用于物流行业商用车融资租赁业务投放，CRMW的配套创设有效支持了凯京科技的融资活动，间接促进凯京向小微物流企业及个人提供普惠金融服务，便利小微企业融资，具有良好的社会效应。

此外，该项目在交易商协会ABN注册制发行的基础上进一步引入模拟池发行结构。模拟池发行结构一方面有效平滑了基础资产现金流形态，缓解了汽车租赁资产回款较快引起的本金摊还严重不均，满足投资者需求；另一方面其带来的发行时点选择的灵活性与注册制发行共同降低了凯京科技的发行成本，提高资产使用效率，优化公司融资成本。

三、加快创新发展家族信托

北京信托成功落地行业内首单遗嘱类家族信托。该遗嘱信托委托人于北京信托设立家族信托，通过家族信托将财产按其意愿进行运作，使其父母、兄弟姐妹、子女均能够分享其奋斗的成果。同时，设立遗嘱信托，客户将目前持有房产、股权、车辆等非现金财产，设立遗嘱，明确客户身故后，根据公证遗嘱及家族信托合同的约定，将相关财产或处置财产的收益，作为信托财产托付北京信托，其子女作为家族信托的受益人之一。

我国第一代创业者已普遍到了60岁左右，需要考虑家族企业交接班的问题。《2018中国企业家家族传承白皮书》调查报告显示，一代企业家的平均年龄为55岁，目前正处于代际传承的关键节点；二代企业家平均年龄为38岁，且他们更倾向于在年轻时规划家族传承事宜。根据企业家们的意愿，家族信托规划需求排名第一，资产配置规划排名第二，投资及风险管理、法律及税务规划与遗产及继承规划处于第三梯队。家族财富传承需求越来越迫切,市场潜力较大。金融机构纷纷介入家族信托业务,来满足高净值客户财富传承的需求。不过,由于我国信托财产登记制度不健全,导致家族信托中能够接受的信托财产类型主要还是局限于资金,而对于股权、房产等受托程序烦琐,交易费用也较高。

北京信托使用遗嘱方式将非资金资产装入家族信托,是对现有家族信托有益创新。从我国信托法看,我国信托设立方式包括书面合同设立、遗嘱设立等形式,目前绝大部分为书面合同设立形式,采用遗嘱设立的方式较少,一方面信托法与继承法缺乏有效衔接,另一方面我国传统文化中对于身后事的安排重视程度不够。不过,遗嘱信托设立在近年开始出现,尤其是部分地区在公证处的推动下,民事信托逐步兴起,多采用遗嘱信托的形式,安排身后事。遗嘱信托也是英美等发达国家在安排个人财产传承方面的最主要形式。

总体看,信托法修订是一个长期过程,短期难以解决信托财产登记问题,在家族信托方案设立过程中,可以充分利用信托设立的多种方式,并与保险、遗嘱等财富传承工具相结合,更好地满足超高净值客户全面进行财产传承的需求。

四、消费权益信托产品引关注

2019年,中粮信托募集发行"中粮信托飞天3号(第二期)茅台酒投资集合信托计划",信托资金用于投资茅台酒。信托到期后,投资者既可以获取实物,或者选择返回本金和投资收益。

中粮信托依托股东优势,一直致力于农业、粮油酒等领域的业务拓展,借力近年茅台酒价格上涨趋势,这已是中粮信托第三次发行茅台酒投资信托,其发行的茅台酒飞天1号已清算结束,实现了约13%的投资收益率。在此之前,部分私募基金也看好茅台酒价格上涨的前景,发行了茅台酒投资基金。

除了中粮信托,百瑞信托、中航信托都发行过酒类信托,其中中航信托发行的天启苏酒贸易5L蓝之梦封坛酒消费信托具有借鉴意义。该信托募集资金用以向苏酒贸易采购其合法持有的不超过50坛2015版68度梦之蓝封坛酒的使用权,认购者的回报将以"实物消费+现金收益"的形式落地,其中包括"消费权益"部分,一坛市价约46万元的50升封坛酒,及对应的免费窖藏、分装、配送、个性化定制等增值服务;以及"现金收益"部分,为预期最高6%/年的利息。

高净值客户除了追求资产增值,也对部分高品质生活和休闲服务具有较高的青睐,可以与相关供应商联合为投资者提供缺口较大的服务。消费信托最大的难点在于准确把握投资者需求，从而打造爆款产品；优选供应商，管控好供给端质量；加强售后服务，及时为客户解决服务质量问题。

为了更好地发展消费权益信托，建议信托公司一是能够通过大数据、市场调查等渠道，把握好市场消费热点，研判好投资者偏好；二是加强在旅游、艺术品、高端健康等高净值客户关注领域的供应商合作，建立起服务供应商遴选数据库；三是加强产品创新，除了附消费权模式，还可以设计纯消费权益信托、预收款信托等多种形式，满足投资者消费端的多样化需求。

第七节 2020年信托产品创新转型趋势和展望

2020年是《资管新规》过渡期的最后一年，在资管行业急剧变革的大背景下，信托公司需要加快推动转型发展，以适应监管政策导向以及市场竞争的需要。

第一，促进部分创新做强做大。在信托公司持续探索创新过程中，需要挑选若干具有市场前景的创新业务，诸如家族信托、保险金信托、资产证券化等，加大政策倾斜，强化业务培育和孵化，增强此类业务的收入贡献，从而实现商业模式和盈利模式的固化，形成良性循环。

第二，服务信托仍有较大创新空间。监管部门大力推动服务信托，这有利于推动信托公司加快回归本源，发挥信托制度优势，进一步服务经济社会发展。因此，在监管部门的大力支持以及信托公司的探索下，2020年服务信托将会是创新突破的重点业务领域，诸如财产管理、财富转移等方面，从而实现信托公司的特色化、差异化发展。

第三，拓展信托制度在新领域的应用。信托制度具有投融资、社会服务、财产管理等多种多样的功能，其应用领域和广度都有很大的空间，需要捕捉经济社会寻求，与信托制度有效结合。诸如我国老龄化趋势下，可以发力养老服务、养老理财，也可以针对老年人财富的代际传承以及身后事的处置，推进他益信托、遗嘱信托的发展。再如我国经济发展模式转换，更加注重绿色发展，保护环境，在环保基金管理、排污权信托、绿色信托等方面都有很大的潜力值得挖掘。

中国信托业发展报告
(2020)

第四章

2019 年泛资产管理市场：优化与创新

第一节 2019年泛资管市场回顾与展望

一、银行理财：规模增长、收益下降

(一) 银行理财产品规模稳步增长

近十年来，伴随着利率市场化和金融脱媒等趋势的出现，我国银行理财市场持续发展，产品不断丰富，规模不断增长。由于规模巨大且运作方式灵活，随着时间的推移，银行理财资金在我国金融体系运行中的影响愈加明显。以非保本理财产品为例，截至2019年6月，商业银行非保本理财产品余额达到22.18万亿元，较2018年底增长0.14万亿元（较2018年6月同比增长1.30万亿元）。

(二) 银行理财业务收益率进入下行通道

1. 互联网宝宝类理财产品收益率一路下行

互联网宝宝类理财产品的收益率长期以来一直被作为银行类理财产品（含保本与非保本）的基准，自2018年以来互联网宝宝类理财产品的收益率和无风险收益率开始趋于下降（其中央行主导引导的作用同样不可忽视），余额宝和微信理财通的收益率分别从2017年底的4%以上降至2019年9月底的2.50%附近，具体走势如图4-1所示。

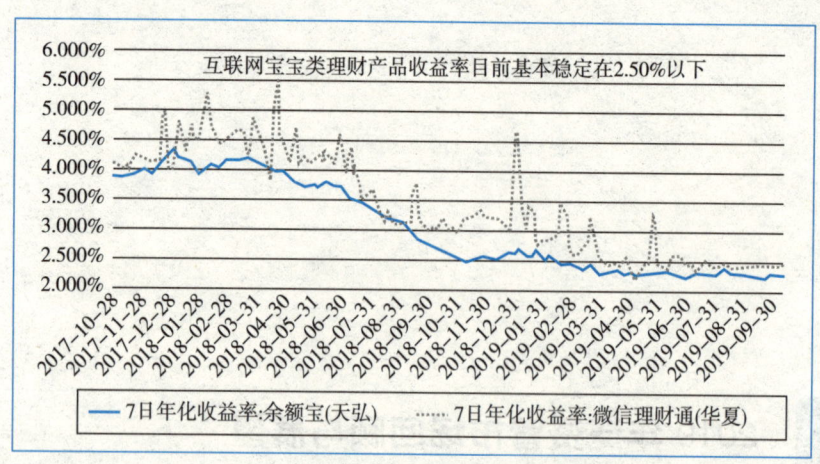

图4-1 互联网宝宝类理财产品收益率

2. 银行理财产品收益率普遍下降

商业银行理财产品的收益率既和市场利率相关,也和互联网宝宝类理财产品之间有密切的关系,同时一定程度也取决于银行自身类型(通常情况下客户基础较为薄弱的中小银行收益率要高一些),因此整体上来看虽然银行理财产品收益率一直处于下降通道中,但钝化特征比较明显(波动特征比较突出)。2019年以来,国有大行、股份行、城商行和农商行的理财产品收益率分别下降43.17个基点、18.42个基点、49.70个基点和74.34个基点,可以看出国有大行的收益率起引导作用,而中小银行对理财收益率的下行欲望更为强烈,前期市场的宽松变化、悲观预期以及LPR新报价机制等各种因素均在推动银行理财产品收益趋于下行,国有大行的理财收益率自LPR新报价机制开始便已向下突破4%。具体如图4-2所示。

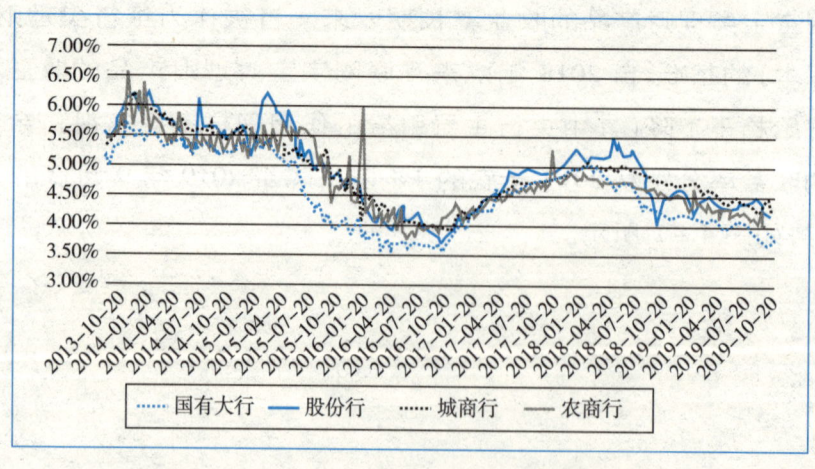

图4-2 理财产品预期年化收益率(1年)

(三)银行理财未来的发展趋势

商业银行理财市场只有适应我国经济形势及金融改革的大环境,才能做大做强,未来银行理财在发展过程中将面临不容忽略的两大趋势:一个是金融业对外开放的趋势,另一个是金融科技的发展趋势。

1. 把握金融业对外开放的机遇,助力资管行业国际化

2019年11月8日,中国银保监会就《中国银保监会外资银行行政许可事项实施办法(征求意见稿)》公开征求意见,持续推进银行业对外开放。未来外资资管机构将加速进入中国,银行理财应该抓住金融扩大开放的历史机遇。中国的资产管理业务前景广阔,但缺少世界级的资产管理机构,商业银行发展资产管理业务是大势所趋。一方面主动走出去,加快投资端的国际化布局。另一方面积极引进来,通过并购、合资等多种方式,探索与外资合作的模式。今后包括银行理财在内的资管行业将与国际接轨,资管生态圈是全球化、国际化的。

2. 把握金融与科技融合的趋势,助力银行理财快速发展

2019年9月,央行印发金融科技发展规划,强调实现金融与科技深度融合。2018年以来,资管行业也逐渐成了金融科技赋能的重要发力领域,未来银行理财利用人工智能、大数据、区块链等技术是必然选择。在客户挖掘方面,刻画客户需求、对客户分层分类管理,做到精准营销,提供个性化产品。在投研方面,分析市场数据,培养自身大类配置能力,提供更优秀的产品。金融科技将解决传统模式下的经营和管理痛点,探索新的成长路径,实现行业的转型升级。

(四)银行理财未来发展目标

1. 服务百姓

资管行业将回归"受人之托,代客理财"的资管本源。逐步从"以产品为中心"向"以客户为中心"的模式转变,不断增强客户服务能力,满足更广泛的群体和更多样的投资需求。

截至2018年底,非保本理财产品4.8万只,存续余额22.04万亿元,其中,面向个人投资者发行的非保本理财产品19.16万亿元,占比达86.93%,2017年个人类产品累计实现兑付客户收益8403亿元。

相比以前,老百姓购买银行理财产品将主要享受以下利好:一是理财产品可直接投资股票。二是监管不再设销售起点门槛。三是销售渠道扩宽。四是线上认购更为方便,不强制面签。

2. 服务实体经济

一方面,理财是服务实体经济、促进直接融资的关键载体。理财子公司的产品可以直接投资股票,2018 年末银行表外理财规模达 22.04 万亿元,保守估计初始入市规模仅 5%,则入市资金规模达 1.1 万亿元。理财资金对资本市场的支持,有利于中国金融市场的稳定和实体经济的发展。另一方面,理财可以更好地服务养老需求。随着中国老龄化的发展,每年养老需求和养老理财的资产配置发生变化。日前,中共中央、国务院印发了《国家积极应对人口老龄化中长期规划》(以下简称《规划》),《规划》指出要打造高质量的养老服务和产品供给体系。养老金体系第一支柱为政府主导的公共养老金;第二支柱为企业年金和职业年金;第三支柱为个人税延养老金,自愿参加,由市场主体运营,目前尚属起步阶段,未来将是我国养老金体系的重要补充。对比美国,我国养老保障体系结构仍有一定差距,尤其第三支柱规模狭小。随着理财子公司的成立及更多的政策利好,银行理财产品纳入养老保险第三支柱,丰富养老理财产品类型,将为我国养老金体系发挥积极作用。

二、信托资管:持续调整、结构优化

(一)信托资产持续调整

1. 存续规模增速放缓

截至 2019 年 3 季度末,信托行业固有资产规模达 7402.85 亿元,比 2 季度微增 60.67 亿元,环比增长 0.83%,同比增长 7.23%。自 2018 年 3 季度起,固有资产规模增速放缓,季度的同比增速开始低于 10%,连续 5 个季度平均增速为

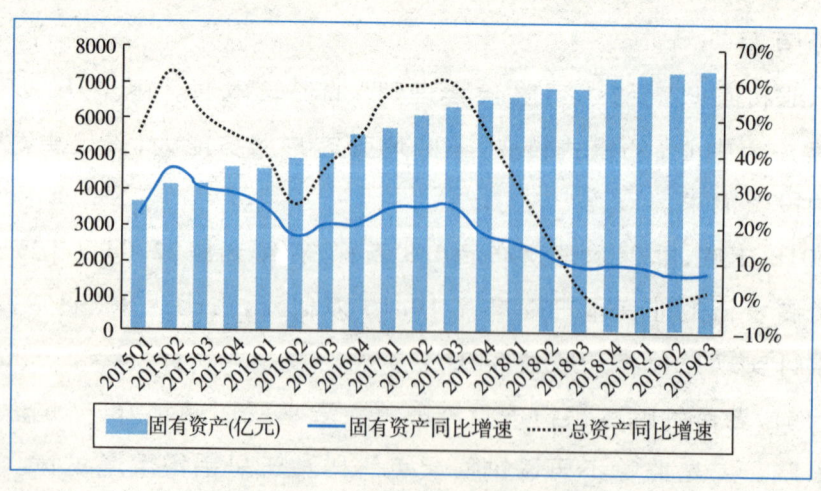

图 4-3 固有资产规模及增速

8.13%。如图4-3所示。

固有资产运用方式。截至2019年3季度末,固有资产的投资类占比79.66%,与2季度相比,虽然下降了0.40%,但是仍占据绝对主导地位,其中,可供出售金融资产和长期股权是固有资产的重要运用方向;货币类运用占比5.40%,环比下降0.13%;贷款类运用占比5.36%,环比下降0.21%。信托公司应逐步调整固有业务结构,确保固有资产保持充分流动性和安全性。如图4-4所示。

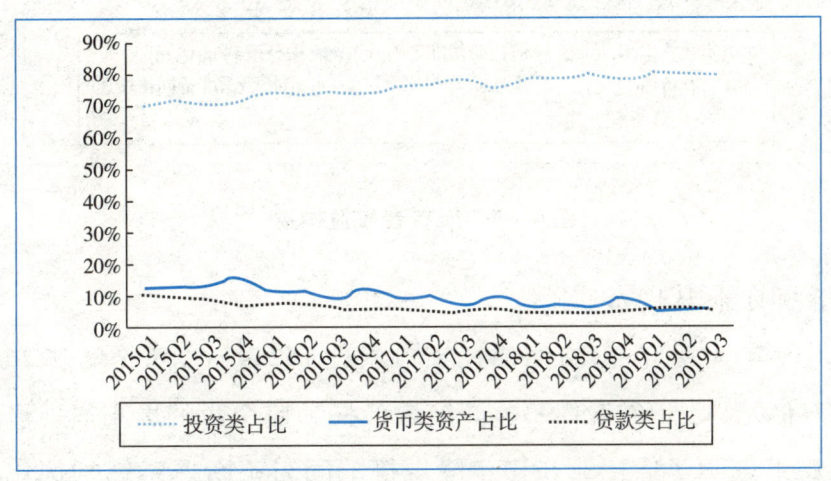

图4-4 固有资产运用方式比重

所有者权益及构成。截至2019年3季度末,信托行业实收资本为2770.41亿元,占比为45.26%,较2季度环比增加36.26亿元,同比增加6.33%。尽管行业增资热潮逐渐回落,但是信托赔偿准备金规模和未分配利润均有所增加,信托公司抵御风险的意识有所增强。3季度末信托赔偿准备金规模为266.26亿元,同比增加11.98%;未分配利润为1846.46亿元,同比增加18.45%,占比30.16%。3季度末,信托行业资产负债率为17.31%,进一步呈下降趋势,较2018年3季度20.64%相比,同比下降了3.33个百分点。具体如图4-5所示。

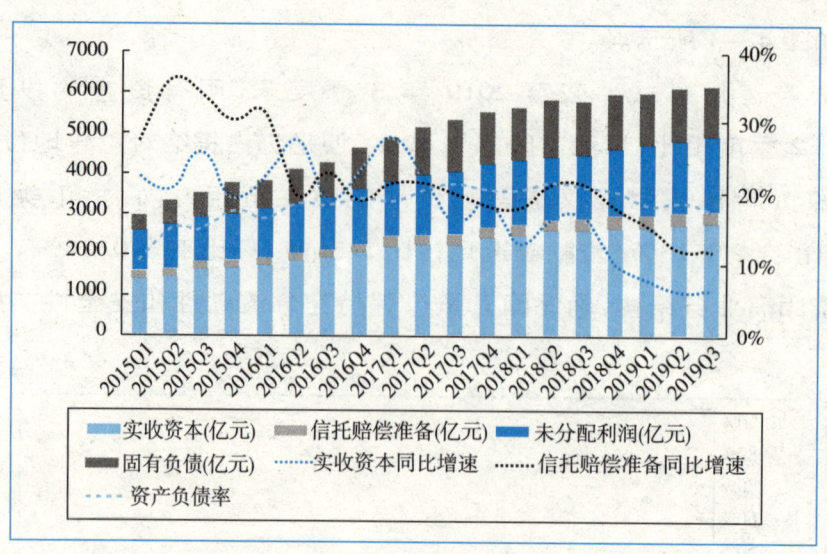

图 4-5 所有者权益构成

2. 新增项目个数增加

截至 2019 年 3 季度末,新增信托项目累计 15254 个,同比增加 26.74%;规模为 4.68 万亿元,同比降低 1.93%。新增信托项目个数的提高与规模的下降相比,一定程度上说明了信托业在稳步降规模的同时不断探索结构优化。从新增信托资产的来源结果看,3 季度末集合资金信托新增规模为 2.15 万亿元,同比上升 37.56%,占比为 45.91%;单一信托新增规模为 1.17 万亿元,同比下降 28.12%,占比 24.93%;财产信托新增规模为 1.36 万亿元,同比下降 14.01%,占比 29.16%。如图 4-6 所示。

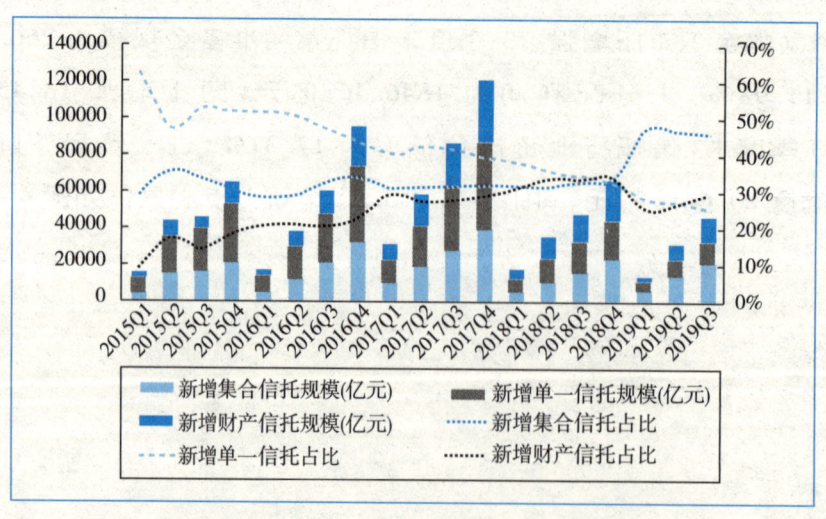

图 4-6 新增信托项目种类规模及占比

3. 未来1年信托到期规模下降

截至2019年3季度末,未来1年的信托到期项目合计为14093个,规模合计5.15万亿元,较2季度减少4110亿元,降幅继续扩大至7.40%。信托项目到期压力有所缓解,但是,短期兑付压力仍须重点关注,尤其是4季度最后1个月信托项目到期兑付的规模比较集中,资金流动性管理尤为重要。如图4-7所示。

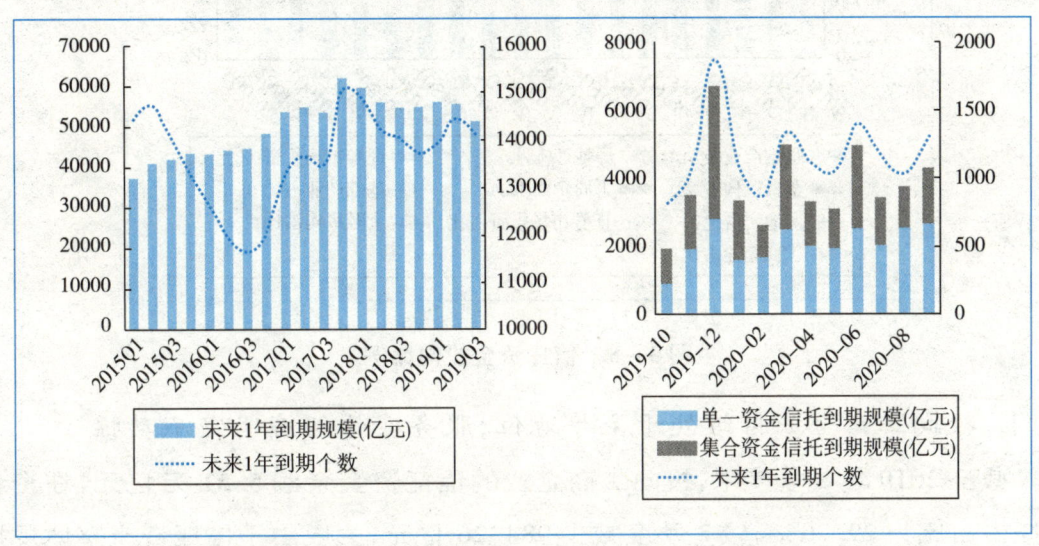

图4-7 未来1年信托到期规模及分类规模

(二)信托资金运用结构持续优化

从信托资金的投向来看,在宏观经济周期与金融监管政策的共同影响下,信托行业资金投向发生明显变化。截至2019年3季度末,投向工商企业的信托资金占比依然稳居首位,信托行业支持实体经济的立业之基坚定不动摇,相较于2季度末,投向工商企业、基础产业及证券投资领域的信托资金占比有所上升,投向房地产与金融机构领域的信托资金占比下降明显。具体情况如图4-8所示。

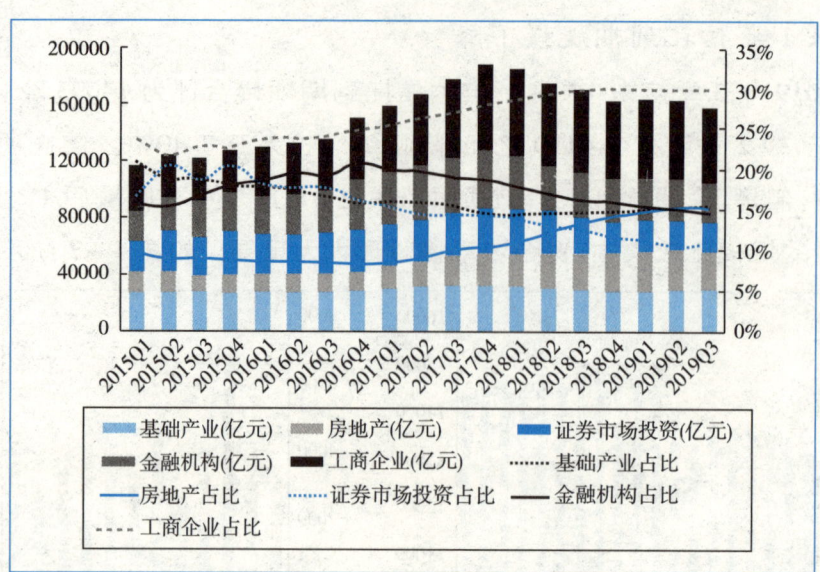

图4-8 信托资金投向比例

1. 投向工商企业持续处于主导地位,服务实体经济坚定不动摇

截至2019年3季度末,投向工商企业的信托资金余额5.51万亿元,在资金信托中占比为29.76%,较2季度减少984.26亿元,主要由于信托资产整体规模下降。截至3季度末,本年新增投向工商企业的信托资金1.09万亿元,在本年新增的资金信托规模中占比也较高,增至33.00%,环比增加1.15%。这表明信托行业坚定服务实体经济,尤其在纾困民营小微企业、助力节能环保和支持高技术制造业方面积极行动。具体如图4-9所示。

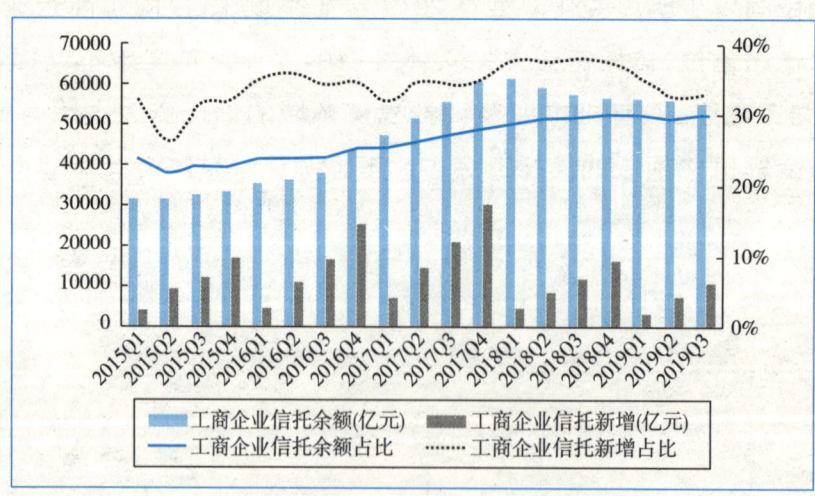

图4-9 工商企业信托投资情况

2. 投向金融机构继续回落,去通道、治乱象效果明显

截至 2019 年 3 季度末,投向金融机构的信托资金余额进一步降至 2.68 万亿元,继续保持下行趋势,较 2 季度末减少 1737.56 亿元,环比下降 6.10%,同比减少 14.91%。自 2018 年 1 季度起,投向金融机构的信托资金环比增量即进入负值区间。截至 3 季度末,本年新增投向金融机构信托规模为 3234.29 亿元,在新增资金信托中占比为 9.76%,环比减少 5.79%,同比减少 19.69%。信托行业落实监管要求,主动压降金融同业通道规模效果显著,信保合作与银信合作等同业合作亟须探索新模式和新路径。具体情况见图 4 – 10。

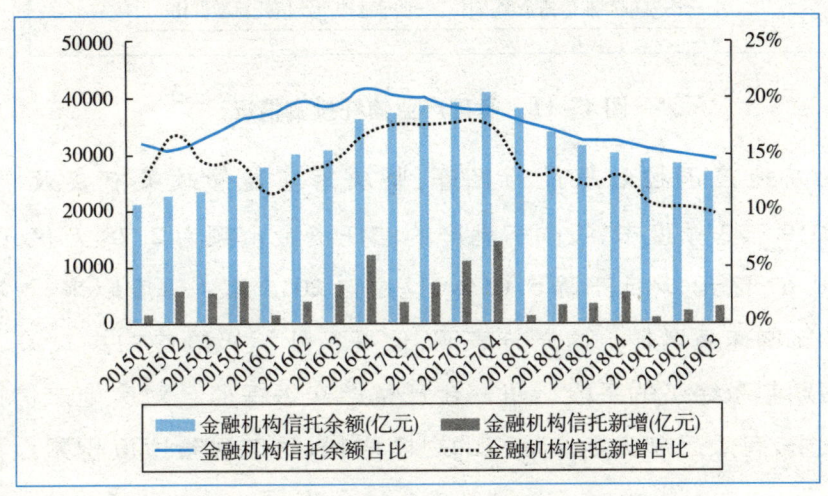

图 4 – 10　金融机构信托投资情况

3. 投向基础产业趋势回升,信政合作机遇与挑战并存

截至 2019 年 3 季度末,投向基础产业的信托资金余额为 2.86 万亿元,在资金信托中占比 15.45%,同比增长 5.55%。3 季度新增规模为 1396.02 亿元,同比增加 60.34%。延续了自 2019 年 1 季度以来的新增规模持续上升趋势。由于积极财政政策推动下的基建项目短期反弹,信托资金流向也有明显体现,但是考虑本年度政府专项债额度用尽以及地方政府隐性债务风险,信政合作业务模式转型仍须未雨绸缪。具体情况如图 4 – 11 所示。

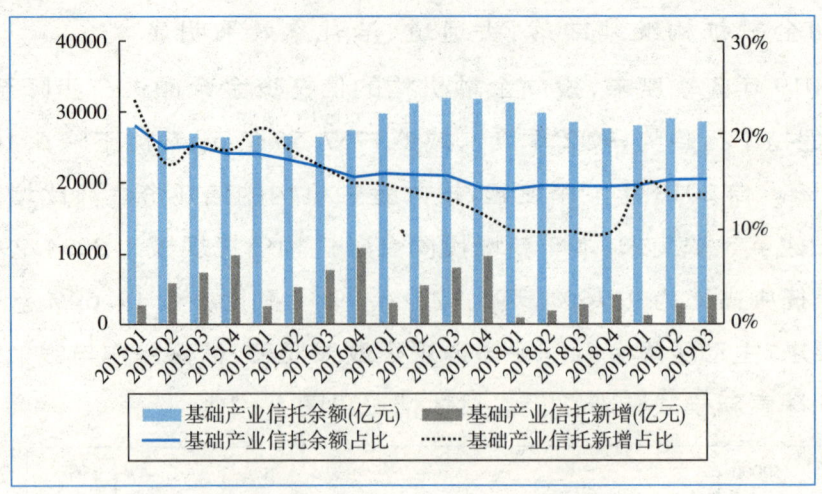

图4-11 基础产业信托投资情况

4. 投向房地产调控效果最为显著,坚决落实监管政策有实效

截至2019年3季度末,投向房地产的信托资金余额为2.78万亿元,较2季度减少1480.67亿元,环比下降5.05%,这是自2015年4季度以来,首次出现新增规模的环比增速负增长。这充分表明,信托行业积极响应中央政策,"不将房地产作为短期刺激经济的手段",进一步严格落实银保监会对房地产信托业务监管的明确要求,有效遏制房地产信托的规模增长,防范风险过度积累。具体情况见图4-12。

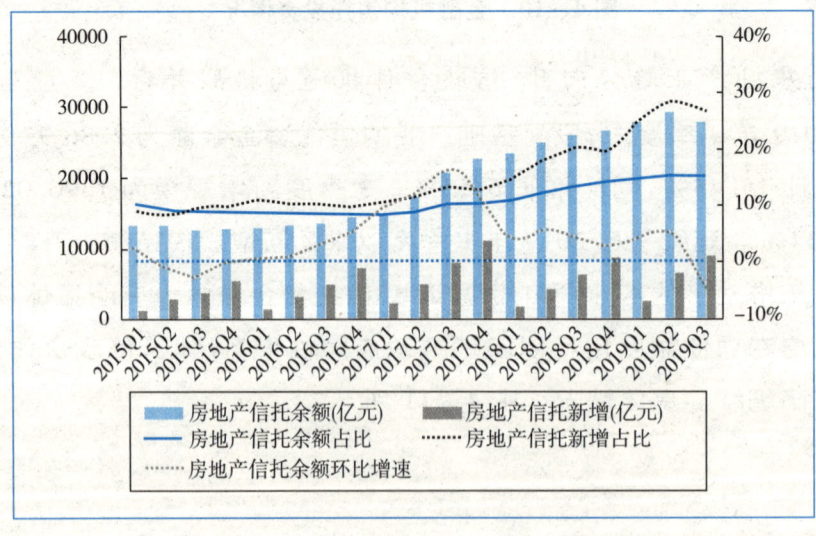

图4-12 房地产行业信托投资情况

5. 证券投资配置信心提振,资本市场活跃迎来增长机遇

截至2019年3季度末,投向证券领域的信托资金余额为2.04万亿元,较2季度增加513.46亿元,环比增长2.58%,在资金信托中占比11.03%。3季度新增规模为484.21亿元,环比增长62.88%。其中,新增资金投向股票的占比46.75%,投向债券的占比38.16%。一方面,得益于M2与社融数据均得到超预期改善,央行"宽货币"政策持续推进、证券市场持续改革、金融市场逐步开放等消息提振了市场信心,为证券投资信托业务迎来市场发展机遇;另一方面,信托公司主动落实《资管新规》要求,积极探索标品信托业务和净值化管理,主动布局资本市场的证券投资信托配置。具体情况如图4-13所示。

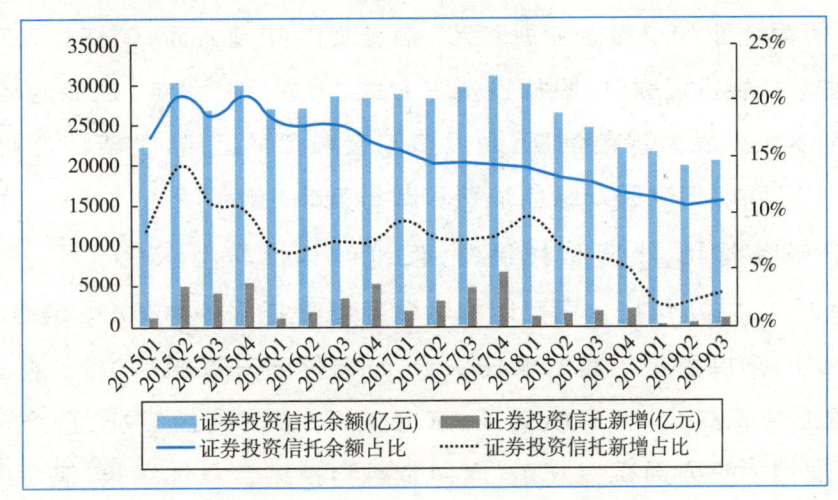

图4-13 证券行业信托投资情况

(三)新形势下信托业发展方向

深化结构性转型,谋求高质量发展。结合当前宏观经济形势与金融监管政策的变化,信托业转型发展已进入结构性调整的深化阶段,信托公司应科学合理规划、落实短期目标和长期目标。短期看,信托公司要有大局意识,应强化合规管理和受托责任担当,确保防范金融风险攻坚战有效落实。长期看,以《资管新规》及其落实为契机,信托公司应立足本源,明确定位再出发,寻找差异化的制度优势和经营模式,更有效地服务实体经济和人民美好生活,谋求行业自身的高质量发展。

1. 加强合规建设,强化责任担当,防化金融风险重实效

面对经济下行压力加大,企业及相关交易对手的信用违约风险逐渐增加,信托行业风险资产随之暴露。在相关监管部门的有力督导下,信托公司要强化自

身公司合规建设和公司治理,稳妥处置风险项目,增强抵御和管理风险能力,加强信托从业人员能力培训和素质提升,强化受托责任,培育受托文化,同时加强信托投资者教育,保持行业稳健发展。

2. 回归信托本源,服务实体经济,谋求高质量发展

服务实体经济是信托行业的立业之基,实体经济发展的痛点和难点就是信托行业服务的重点和亮点。信托行业要将促进实体经济高质量发展与行业自身高质量发展相结合。信托公司可以结合自身股东资源禀赋和行业资源经验,深度开展产融结合,提供专业化能力驱动的金融整合服务,提振激活制造业的发展活力和创新动力,例如在高技术制造业,通过开展知识产权信托促进科技成果转化;在解决民营企业和小微企业融资难、融资贵的问题方面,信托公司可以通过组建纾困基金开展投贷联动、股权投资等方式,拓展信托服务;在节能环保领域,信托公司可以大力发展绿色信托,通过多元金融工具运用,创新特色业务,服务国家绿色产业发展,促进民众绿色消费和践行低碳生活。

3. 培育服务信托,丰富信托供给,促进结构性转型深化

立足受托人本位,信托公司可以探索创新以受托服务为核心的服务信托,除资金信托之外,拓展提供丰富的信托供给,创新探索开展服务信托,将金融服务与财富管理服务相结合,在家族信托、家庭信托、员工利益信托、资产证券化信托、账户管理信托等方面积极开拓,运用金融科技结合具体场景,满足客户多元需求,提高信托服务的效率和效果。在公益(慈善)信托方面,信托公司可以在扶贫慈善信托取得阶段性成果的既有经验基础上,将慈善信托推广和应用于更广泛的慈善目的,在教育、医疗、养老、残障特殊需要与关爱等民生方面继续发挥慈善信托的制度和模式优势,与慈善组织等公益机构协调合作,落实慈善信托的公益和社会效果。

三、基金管理:热度持续、模式转变

(一)基金规模创新高

1. 公募基金规模连续增长

公募基金行业最看重的非货币基金规模连续5个月创出历史新高,逼近6.8万亿元大关。基金业协会数据显示,截至2019年10月底,我国境内共有基金管理公司127家,其中,中外合资公司44家,内资公司83家;取得公募基金管理资

格的证券公司或证券公司资产管理子公司共13家、保险资产管理公司2家。以上机构管理的公募基金资产合计13.91万亿元。相比9月,10月公募基金总规模增长1188.02亿元,份额从12.98万亿份增长至13.06万亿份,规模环比增长0.86%,份额环比增长0.58%。具体各类基金数量及构成情况见表4-1。

表4-1 公募基金数量及构成

类型	基金数量(只)(2019-10-31)	净值(亿元)(2019-10-31)	基金数量(只)(2019-09-30)	净值(亿元)(2019-09-30)
封闭式基金	790	12676.83	784	12242.24
开放式基金	5480	126386.99	5448	125633.56
其中:股票基金	1064	11614.90	1054	11579.10
其中:混合基金	2533	17542.89	2526	17076.81
其中:货币基金	335	71138.61	334	70784.48
其中:债券基金	1402	25201.78	1388	25309.03
其中:QDII基金	146	888.80	146	884.14
合计	6270	139063.82	6232	137875.80

非货币基金规模在10月再创历史新高,非货币基金总规模曾在2018年11月达到5.35万亿元,突破2017年3月前期高点(5.26万亿元)之后,规模一路加速上涨,且在2019年3月末突破6万亿元大关。具体变化情况如图4-14所示。

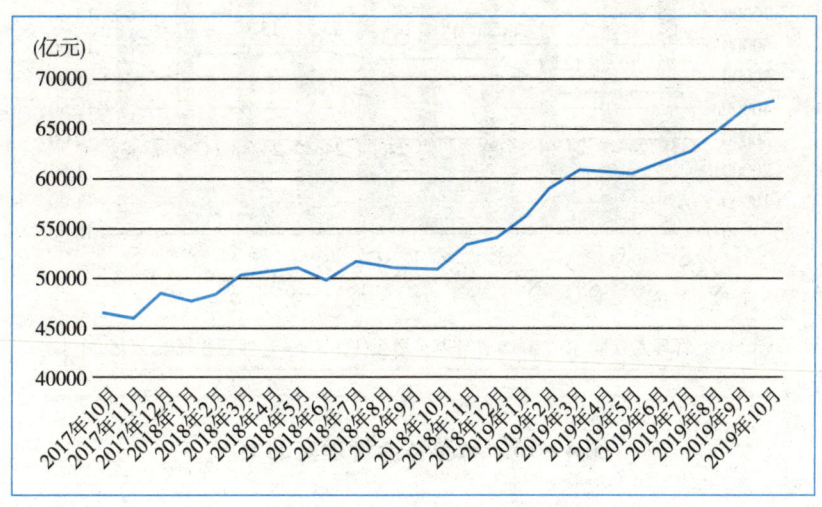

图4-14 近两年非货币基金规模变化

2019年前10个月仅在4月、5月规模环比小幅下滑,6月开始重拾正增长,连续5个月创出历史新高,截至10月末,非货币基金规模6.79万亿元。

从基金净值规模变化上看,除货币基金之外,2019年以来各类型基金净值规模全线正增长,股票型及封闭式两类基金规模增长均超过40%,在科技股带动下,A股市场节节攀升,作为科创板打新的主力品种,混合型基金净值规模增长28.95%,远超1.99%的同期份额增幅。

2. 私募基金存续规模大增

中国证券投资基金业协会2019年11月12日发布的私募基金登记备案月报显示,10月私募基金存续规模大增近3000亿元,达到13.69万亿元。其中,私募证券投资基金规模达到2.47万亿元,较上月增加1142.01亿元,环比增长4.85%,在所有类别的私募基金中增幅最大。与此同时,私募股权、创业投资基金的管理规模10月合计增长近2500亿元,相比于9月也增幅较大。

截至2019年10月底,在协会存续登记的私募基金管理人较上月增加5家至24404家,环比增长0.02%。不过与9月的31家增量相比,新增家数大幅减少。虽然新增私募数量减少,但存续备案的私募基金数量及规模却有较大增长。10月底,私募基金数量首次突破8万只,达到80650只,较上月增加930只,环比增长1.17%。管理规模更是迎来久违的大涨,较上月增加2986.42亿元,环比增长2.23%,达到13.69万亿元。具体变动情况如图4-15所示。

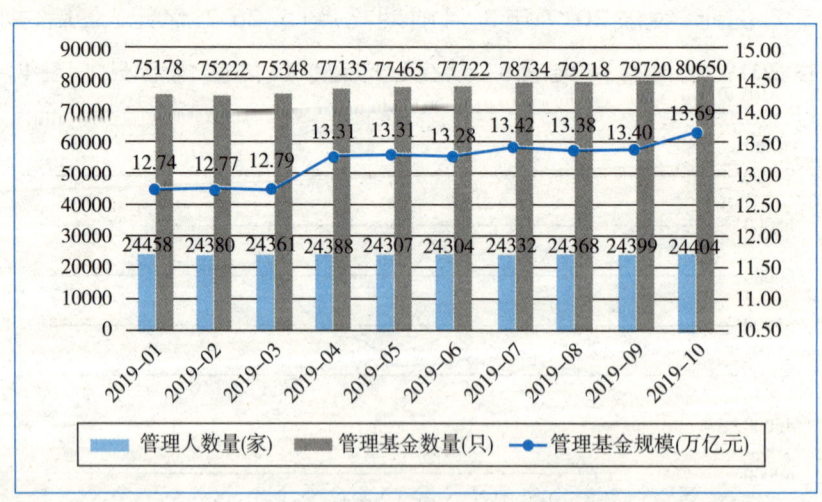

图4-15 私募基金管理变动情况

截至2019年10月底,私募股权、创业投资基金的管理规模也有较大增长。其中,28222只私募股权基金规模8.53万亿元,较上月增加2120.16亿元,环比增长2.55%;7623只创投基金规模1.09万亿元,较上月增加373.24亿元,环比增长3.53%。而在9月,私募股权、创业投资基金规模仅分别增加239.71亿元、94.91亿元。

2019年10月新增两家百亿私募,分规模来看,10月管理规模在1亿元以上的私募基金管理人数量有所增加。管理规模在50亿元以上的大型私募10月共增加了15家。其中,百亿私募梯队新增2家至260家,规模在50亿元到100亿元的私募新增13家至289家。规模在20亿元至50亿元的中型私募增加27家至723家,规模在1亿元至20亿元的小型私募合计增加76家至6606家。而规模在0.5亿元到1亿元的微型私募减少5家至2355家。截至2019年10月底,有管理规模的私募基金管理人共21311家,平均管理规模6.43亿元,比上月微增0.12亿元。具体数量情况如图4-16所示。

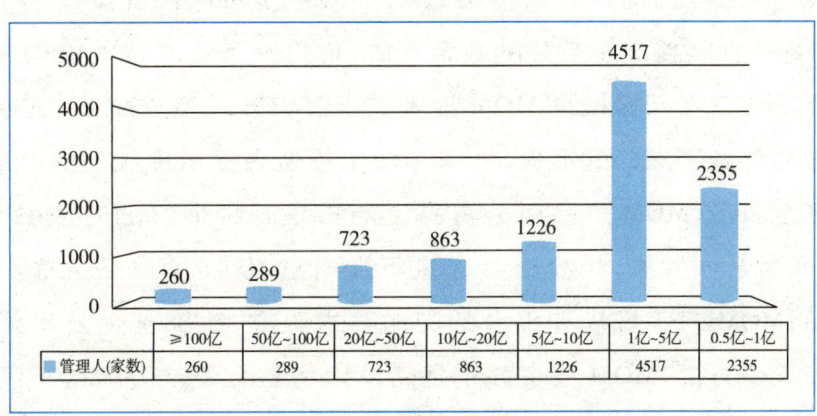

图4-16 不同规模管理人数量

(二)发力MOM业务

1. 创新机遇

公募基金在积累了近两年公募FOF业务机会后,或将在MOM业务上同步发力,相对于券商在子管理人筛选、内部业务协同等方面的综合优势,公募基金最大的优势或在于公募牌照(包括:募集与公募MOM子管理人两个层面)。其发展MOM业务的可行途径为:

一是可先行在公募MOM领域抢占赛道、打响品牌,构建MOM先发优势。

二是基于公募MOM对子管理人的公募基金管理人资格要求以及MOM子管理人不计入资产管理规模的特征,基金公司或可探索全行业公募基金管理人的"优中选优"及同业合作,引入外部管理人在特定领域的优势为我所用、绑定客户。

三是基于每一个子资产单元单独开立子证券期货账户的契机,撬动拥有子管理人研究优势或客户资源的券商、期货实现资源整合,为后续私募MOM业务跟进积累做好铺垫,积极构建MOM公募特色品牌。

对于私募证券基金管理人而言,MOM则是其产品、投顾之外的第三种业务合作形态,可用于输出自身的投资策略及品牌。

2. 产品探索(以招商基金为例)

2019年12月22日证监会发布《证券期货经营机构管理人中管理人(MOM)产品指引(试行)》。按照指引,MOM产品应当同时符合两方面特征:部分或全部资产委托给两个或两个以上符合条件的投资顾问提供投资建议服务;资产划分成两个或两个以上资产单元,每一个资产单元单独开立证券期货账户。

《证券期货经营机构管理人中管理人(MOM)产品指引(试行)》落地,为国内MOM业务的发展奠定了重要的政策基础,也打开了资产管理机构之间的合作前景。招商基金正在积极推进MOM业务,在团队建设、资产配置、策略评价和系统建设等方面都做了充分的准备,力争尽快为投资者提供更优质的产品和服务。

招商基金表示,MOM产品对公募基金而言是一种很好的开放融合、取长补短的尝试,通过合作共赢,为投资者提供更加丰富、优质的产品选择。相较于普通公募产品,MOM对于规模和平台的门槛要求更高,头部基金公司更加具备先发优势。在投资方面,MOM投资并不是简单地将基金资产分配给不同的投资顾问,实际上对于投资能力的要求较高,招商基金在团队建设、资产配置、策略评价和系统建设等方面都已做好了充分的准备。

招商基金在MOM业务方面积累了多年管理经验,且获得了许多权威机构认可。例如招商基金海外业务团队在(中国)香港离岸市场首创的全球多元资产配置MOM平台,顺利解决了单只境外产品大类资产投资单一的问题。

(三)基金投资顾问业务模式转变

1. 转向买方投顾

2019年12月14日,证监会发布了第二批获得"公开募集证券投资基金投资顾问业务试点"的机构,分别是腾安基金、蚂蚁基金以及珠海盈米基金,共3家独立的基金销售机构。再加上此前于2019年10月获得试点资格的嘉实、华夏、易方达、南方、中欧钱滚滚5家基金公司,具有公募基金投顾业务资格的机构已有8家。

基金投资顾问(以下简称投顾)作为一种新的资管类牌照,基金投顾的业务模式由"产品销售导向"转为了"财富管理增值导向"。传统的基金销售是卖方投资顾问,基金公司只要将基金卖出即可,赚取的是基金的申购费、赎回费、管理费等费用,基金公司的利益是将基金规模扩大,赚取的是"费用"。与投资者想要收益的利益目标,并不完全一致。

新的基金投顾业务是买方投顾,强调为客户提供基金理财规划服务,而不是靠一味地做大销售规模来实现发展。收费模式从收取申购、赎回等费用,调整为按资产保有规模、收益情况等收取顾问费用,使得销售机构与投资者利益保持一致。销售机构又可以反过来进一步推进基金管理人提供更好的产品和服务,形成投资者、投资顾问、基金管理人的多方共赢,促使整个行业的良性循环。同时,买方投顾的模式对于基金公司而言同样有利。基金公司不用再完全依赖于渠道揽客,渠道成本会显著下降。为了吸引客户,申赎费和管理费都会降低,转为投顾服务费,投资者的成本也并不会因为投顾费用而显著上升。这种转变促使基金公司、中介销售等机构,将"卖出去就好"的卖方思维,转变为"投资者一直在我这里投资、增值"的买方思维,帮助投资者实现资产的保值和增值。

从全球各个发达国家的发展历史看,经济发展带来的财富积累,会使社会大众的资产管理需求快速增加,进而带来资产规划、财富管理咨询等业务的爆发。美国、英国、日本、澳大利亚等国家莫不如是。

我国同样如此,城镇居民家庭的人均可支配收入不断提升,同时,大资管行业整体规模也在快速增长,截至 2018 年末,整个大资管行业规模达到 124 万亿元,过去 5 年平均复合增长率超过 30%。可以说,收入提升必然带动资产管理业务的快速发展。具体收入增长情况如图 4-17 所示。

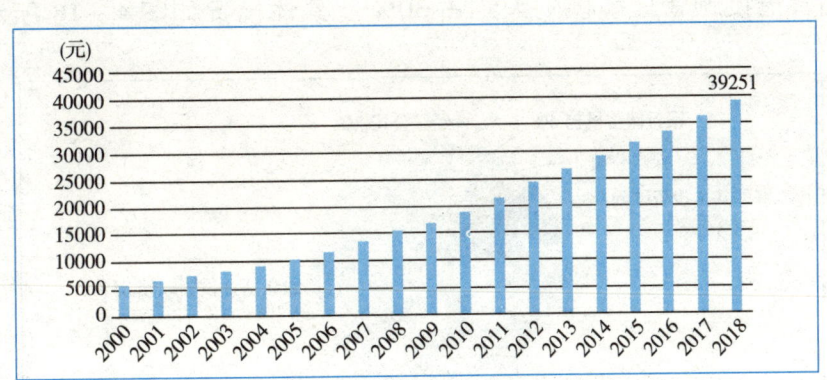

图 4-17 城镇居民人均可支配收入

除了可支配收入快速增长的驱动,资产管理方式的变革,也加速了公募基金业务模式的转变。第一,房子"只涨不跌"的时代过去了,市场需要新的资产管理方式。在刚刚过去的房地产黄金时代,买房即可使资产增值。而基金不确定的波动收益,与投资房子相比,毫无竞争力。但是当房子不再是"必涨"的时候,公众自然需要新的财富管理方式,基金自然是最重要的方式之一。第二,《资管新规》发布后,资管领域的格局在逐渐发生变化。银行理财不再刚性兑付,全市场的无风险收益率(没有任何风险时,投资获得的收益率)不断降低,投资者想要投资基金,但面对难以捉摸的资本市场,以及众多只公募基金产品,很难做出准确的判断。投资者需要专业的投资解决方案,针对不同客户群体需求,针对性提供投顾服务。基金投资顾问就是机构提供解决方案的一种形式。第三,从资管行业的发展进程上看,货币基金引导投资者将储蓄逐渐变为低风险的基金,完成了资产的保值,互联网理财开启了公众的理财意识。接下来,公众通过资产保值升级为资产增值,需要在投资领域选择更专业的机构、更专业的服务,投资顾问正是关键。第四,资管行业的变革还体现在金融业的不断对外开放。2019 年以来,我国金融对外开放的步伐逐渐加快,未来还会有越来越多的国际金融机构进入国内市场,投资顾问这种成熟的财富管理模式势必会引入国内,先行试点也是为以后更好地监管投顾业务打下良好的基础。最后,从国外投顾发展历史看,这种独立的服务模式能够基于中立的立场,为投资者提供综合的顾问式服务,成为基金投资中的主流服务者。投资顾问通过其专业服务,追求不同资产组合产生的专业价值,规避基金购买中的逆向选择。

以美国为例,截至 2018 年底,全部基金管理主体中,81% 为独立的基金投资顾问,管理着 70% 的基金资产。其他国家如澳大利亚的投顾管理基金资产超过 50%,中国香港投顾管理规模则大约占 30%。具体情况如图 4 - 18 所示。

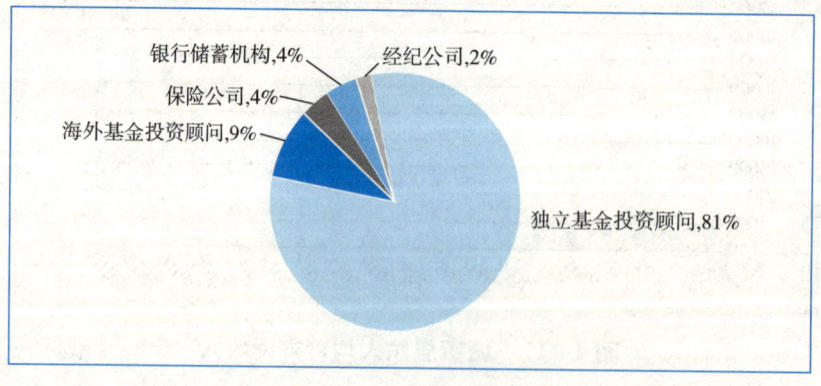

图 4 - 18　2018 年美国各类基金管理主体占比

2. 转变面临的挑战

随着资管市场的发展,资管行业从以产品为核心进化到以投顾为核心是必然趋势。从这个方面来讲,发展投资顾问是行业所需,也是投资者、产品发行方、中介机构的共同需求。不管是对投资者还是机构,基金投顾模式都是一种比传统销售模式更优的选择,也被看做是基金行业的2.0时代的到来,但这种理论上多方共赢的模式,其发展仍然面临诸多挑战。

第一,从根本上说,投顾服务是帮助客户做资产配置计划,从而达到长期投资、稳健增值的目的。这种模式在美国非常流行,但是目前,国内普通投资者对于收费的投顾服务还没有习惯。长期以来所形成的"零顾问费,依靠产品成交取得收入"的模式,是销售方已经习惯的逻辑,而投顾依靠的是专业的投资知识,取得投资者的信任,进而做出资产配置计划。这又恰恰是我国目前资管行业面临的人才困境,如果在专业服务上不能够让投资者信任,就不用提后续的服务了。第二,在基金投顾试点之前,已经有一种和投顾模式相同的"配置基金的基金",即FOF,从实践结果来看,由于受到资产配置种类、资产质量等限制,被寄予厚望的FOF发展并不尽如人意,目前FOF规模尚不足100亿元。在FOF中体现出的产品同质化、大类资产不足、缺乏做空机制等问题都将在投顾业务中一一体现。如何通过个性化的服务,走出和FOF的差异化道路,将是基金投顾的重要命题。第三,投资顾问的核心竞争力在于100%的客观公正,这样才能在所有的产品中选取最适合投资者的组合。但是,持有"投资顾问"试点牌照的机构,又都是基金公司的销售子公司及第三方销售机构,对于投顾而言,要为自己的客户考虑推荐基金,那么究竟是配置自家基金还是其他公司基金?如果面临自家基金出现风险性事件时,又如何给投资者提出客观公正的建议?如何防范投顾中的道德风险与利益输送?这些问题如何在制度上进行保证,仍旧需要监管与行业共同探索。第四,在投资顾问业务中,投资顾问的核心竞争力在于为投资者配置资产的服务能力,并收取投顾费用,这也是投资者所付出的一部分重要成本。因此,多数资产管理公司都在积极探索智能投顾的道路,国外有Wealthfront、Betterment、Vanguard等典型机构,国内如招商银行的摩羯智投、苏宁金融的苏宁智投等,在探索智能投顾的道路上都已经做出了成熟的系统和产品。如果基金投顾业务能够快速、顺利地开展,与其相同属性且更具价格优势的智能投顾同样会迎来快速发展,并对基金投顾产生冲击。如何平衡两者的发展,是行业发展所面临的新挑战。

不过,不管是对机构有利,还是对行业有利,基金投顾真正想要快速发展,最需要的是对投资者有利,也只有这样,投顾机构才能真正成为资产管理的未来趋势,并成长为公众资产管理的中流砥柱。

四、期货资管:增长加快、着力创新

(一)交易规模稳步增长

中国期货业协会最新统计资料表明,2019年11月全国期货市场交易规模较上月有所增长,以单边计算,当月全国期货市场成交量为390575228手,成交额为273067.85亿元,同比分别增长30.11%和30.80%,环比分别增长36.09%和29.33%。1—11月全国期货市场累计成交量为3575792195手,累计成交额为2627367.39亿元,同比分别增长30.01%和36.67%。

其中,全国五大交易所交易数据如下:上海期货交易所11月成交量为137418373手,成交额为88657.70亿元,分别占全国市场的35.18%和32.47%,同比分别增长11.09%和15.62%,环比分别增长32.86%和19.78%。11月末上海期货交易所持仓总量为6055784手,较上月末下降5.48%。1—11月上海期货交易所累计成交量为1275438172手,累计成交额为876601.39亿元,同比分别增长20.18%和16.79%,分别占全国市场的35.67%和33.36%。上海国际能源交易中心11月成交量为2076810手,成交额为8461.09亿元,分别占全国市场的0.53%和3.10%,同比分别下降54.25%和59.85%,环比分别增长12.75%和5.57%。11月末上海国际能源中心持仓总量为77365手,较上月末增长32.48%。1—11月上海国际能源中心累计成交量为33351992手,累计成交额为146563.33亿元,同比分别增长55.46%和37.29%,分别占全国市场的0.93%和5.58%。郑州商品交易所11月成交量为88137636手,成交额为32043.08亿元,分别占全国市场的22.57%和11.73%,同比分别增长14.46%和9.26%,环比分别增长21.92%和18.07%。11月末郑州商品交易所持仓总量为5171158手,较上月末下降2.97%。1—11月郑州商品交易所累计成交量为1009487860手,累计成交额为366732.62亿元,同比分别增长36.63%和3.27%,分别占全国市场的28.23%和13.96%。大连商品交易所11月成交量为156951855手,成交额为76590.95亿元,分别占全国市场的40.18%和28.05%,同比分别增长70.69%和41.56%,环比分别增长49.98%和57.24%。11月末大连商品交易所持仓总量为9848153手,较上月末增长6.80%。1—11月大连商品交易所累计成交量为

1197286128 手，累计成交额为 610398.16 亿元，同比分别增长 32.29% 和 27.64%，分别占全国市场的 33.48% 和 23.23%。中国金融期货交易所 11 月成交量为 5990554 手，成交额为 67315.04 亿元，分别占全国市场的 1.53% 和 24.65%，同比分别增长 99.72% 和 144.02%，环比分别增长 24.98% 和 26.37%。11 月末中国金融期货交易所持仓总量为 471432 手，较上月末增长 0.16%。1—11 月中国金融期货交易所累计成交量为 60228043 手，累计成交额为 627071.90 亿元，同比分别增长 151.67% 和 170.56%，分别占全国市场的 1.68% 和 23.87%。五大交易所 1—11 月成交总量及占比情况如图 4－19 所示。

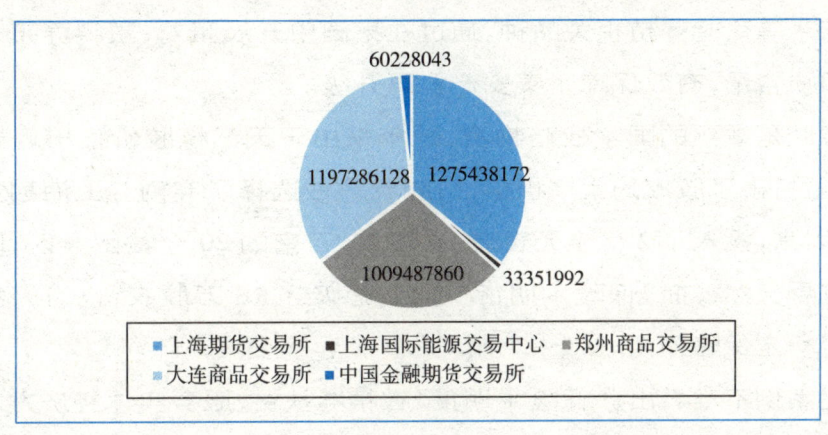

图 4－19　五大交易所 2019 年 1—11 月成交量

（二）期货模式创新

2019 年"保险＋期货"这一模式在证监会的指导下、在各期货交易所的大力支持下，试点规模和覆盖范围稳步扩大，利用专业优势开展精准扶贫取得较好效果。

1. 试点项目遍地开花

2015 年大商所推动期货公司和保险公司首倡"保险＋期货"模式，2016 年大商所、郑商所相继开展"保险＋期货"试点项目。经过 4 年多的探索与完善，"保险＋期货"试点项目以其可复制、可推广的优势迅速拓展，当初播下的"保险＋期货"的种子已然遍地开花。

无论是从"保险＋期货"试点项目的覆盖面、品种、质量看，还是从项目本身支持的金额看，都出现了质的飞跃。截至 2019 年 11 月，行业 149 家期货公司中已有 136 家开展了扶贫工作，行业累计投入扶贫资金 3.37 亿元，帮助 24449 户、63864 人实现了脱贫，国家级贫困县所在的全部 22 个省级行政区域均留下了期货人的扶贫足迹。值得注意的是,通过"保险+期货"等专业化扶贫方式,期货行业更为脱贫攻坚贡献了"期货方案"和"期货智慧"。

以黑龙江省桦川县为例,在大连商品交易所和鲁证期货的大力支持下所开展的玉米"保险+期货"项目有效保障了桦川县农民收入。目前全县农民人均纯收入已达7000多元,贫困户人均纯收入已达5000多元,实现高标准脱贫。

甘肃省秦安县是中国七大苹果产地之一,也是国家级贫困县。该县居民83%的收入靠苹果种植,近年来郑州商品交易所大力支持的苹果"保险+期货"项目促进了秦安县苹果生产标准化水平的提升,同时利用期货市场所具有的鸡蛋、豆粕、玉米等蛋鸡养殖相关品种,通过在果园中开展蛋鸡、蛋鸭养殖来帮助土地恢复有机质含量,有效保障了秦安产业再升级。

天然橡胶是重要的国家战略物资,近年来由于天然橡胶价格出现剧烈波动和下跌,严重打击了胶农的生产积极性,胶农往往选择了弃割。上海期货交易所自2016年以来,投入了2亿余元资金,在海南、云南的20个贫困县区,联合多家期货公司开展天然橡胶"保险+期货"项目,惠及了18万胶农,也为天然橡胶的生产起到了一定保障作用。

从上述案例不难看出,"保险+期货"在精准扶贫、服务实体经济方面意义重大。据不完全统计,相关期货公司和保险公司已经在苹果、玉米、白糖、天然橡胶、鸡蛋等10余个农产品种类上开展了多个"保险+期货"试点项目。未来"保险+期货"项目覆盖范围、参与群体将进一步扩大,使受惠农民进一步增加。

2. 期盼实现常态化

在助力脱贫攻坚、打通支农惠农的"最后一公里"上,"保险+期货"起着举足轻重的作用。经过一系列试点,"保险+期货"已在"三农"服务中生根发芽,这一模式虽然正处在快速发展期,但还有许多需要完善的地方。有业内人士表示,随着"保险+期货"规模的扩大,仅仅依靠交易所和地方财政补贴资金显然不够,期望从国家层面对试点地区主要农作物价格和收入保险实施直接补贴。同时,随着未来"保险+期货"项目的不断拓展,市场风险对冲需求将大幅增加,需要适时推出更多场内期权品种。

(三)优化监管模式

在期货市场蓬勃发展的过程中,为充分保护投资者合法权益,仍需完善监管依据,丰富监管手段,为打造一个规范、透明、开放、有活力、有韧性的市场提供更为坚实的制度基础,确保将相关制度规则各项要求落实到交易所一线监管的各个环节。

1. 增加一线监管制度供给

2019年11月15日,证监会发布公告称,为适应期货市场发展和监管实践新情况,加强期货交易所一线监管,完善期货交易所监管规则,证监会对《期货交易所管理办法》(以下简称《办法》)进行了修订,并向社会公开征求意见。

证监会指出,此次《办法》的修订遵循以下原则:一是坚持合理定位。主要明确证监会对期货交易所的监管要求,强化对期货交易所的履职问责,对期货交易所的自律管理提出原则性要求。二是注重总结实践经验。认真梳理和提炼总结期货交易所内部治理和一线监管实践中行之有效的做法,并将其上升为规章层面。三是突出问题导向。重点解决期货交易所发挥一线监管职责中面临的制度供给不足问题。

在赋予交易所更多监管职能后,市场监管效率会得到提高。这有利于更好地维护期货市场安全、高效运行,保障正常交易秩序。

2. 丰富一线监管手段

最近一两年期货交易所在落实证监会关于内幕交易、关联账户和操作市场方面的监管发挥积极作用,几乎每个月都有交易所对违规交易者发出警示函等处罚措施,进一步提高了期货市场定价效率。

在落实一线监管实践中,上海期货交易所根据市场变化,不断丰富完善监管手段。以对违规交易查处情况的公示为例,2019年上海期货交易所多次实名公布违规交易客户。

长期以来,交易所始终以维护市场公平公正交易为要任,推进监管措施优化,加大对违规交易行为惩戒力度。实名公布违规交易客户,表明交易所严抓狠打违规交易的决心,同时借此提升对市场潜在违规交易行为的警示作用,使监管信息公开成为行之有效的措施。

在日常交易行为监管中,上海期货交易所对涉嫌操纵市场、内幕交易、编造并传播虚假信息等违法行为进行重点监控,一旦发现违法线索立即移交证监会。同时,对明确规定的各类违规行为进行自律监管。近年来,通过实控账户影响期货结算价、以"委托理财"名义"对敲"转移他人资金、利用职务便利进行利益输送等损害投资者合法权益的行为有所抬头,上海期货交易所也进一步加强了监管力度。

3. 科技助力效率提升

中国期货市场建立在高度信息化和电子化的基础上,交易、结算、风控等一系列业务都要依托计算机系统来完成,2019年6月13日开始执行的穿透式监管体现了监管部门拥抱新技术的态度,借用大数据技术分析,监管和市场推进将更加高效。

在日常监管中,上海期货交易所充分利用科技监管手段,对一些新型的诸如涉嫌虚假申报、编造及传播虚假信息、技术滥用等严重破坏期货市场交易秩序的交易行为,加强与国内国际同行协作,增强自律管理措施的威慑力,提升监管效能。上海期货交易所依托自主研发的实时监控系统、历史数据分析系统及引进国际领先的监控系统,从维护期货市场价格的正常形成机制出发,以挖掘和使用数据为抓手,狠抓数据监管、穿透式监管、交易行为监管,最大化发挥科技监管的效能。比如,穿透式监管方面,从采集的交易终端信息出发,结合客户交易行为,对全市场、品种、会员、客户群体、客户各个层面的异动逐层下钻分析,寻找市场异动的来源,并能有效识别客户真实身份和交易意图,强化实控账户管理、防范市场操纵。

(四)期货业发展特点及方向

1. 当前发展特征

中国期货市场从成立至今,已经走过29个年头,即将迎来而立之年。经过近30年的发展,中国期货市场取得了令人瞩目的成就。当前行业的主要发展特征可概括为:一是品种创新步伐显著加快。2019年新品种上市数量将达14个,为我国期货市场历年之最。同时沪深300股指期权推出,到2019年12月底,中国期货市场上市品种数量达到75个。二是交易所创新平台不断推出。上期所推出了仓单交易平台,大商所推出了商品互换平台\基差交易平台,郑商所推出了综合业务平台。这些创新平台为市场提供了更加丰富的期现结合、产融结合新工具,真正把"期货服务实体经济"的要求落到了实处。三是传统经纪业务增长持续放缓。近几年期货市场成交和沉淀资金规模增长有所减缓,期货公司手续费收入不断下滑。四是增收主要依靠新兴业务。风险管理子公司的期现业务成为头部公司营收增长主要来源;场外期权业务的名义本金规模继续保持快速增长势头。五是监管层引导行业发展向创新业务倾斜。交易所的支持政策进一步与新兴业务挂钩;期货公司评价机制向创新业务倾斜。六是期货公司注册资本呈现快速增长态势,期货行业向着重资本方向发展。

2. 未来发展方向

一是加快成熟品种的国际化,增强期货市场国际定价影响力。在现有4个特定品种的基础上,逐步将具备条件的商品期货和商品期权品种实现国际化。已经国际化的品种,各交易所要加大国际市场推介力度,提升市场运行质量,降低交易成本,吸引更多国际客户前来参与交易。在现有特定品种路径之外,积极探索研究多元化的市场开放路径。今后期货市场发展的一条主线就是以成熟品种的国际化为引领,对标国际领先市场,以开放促改革促发展,不断提升我国市场的国际竞争力和服务实体客户的能力。

二是进一步加大品种供给,丰富衍生品工具体系。在商品期货期权方面,将继续推出各类符合实体经济发展需求的商品期货,逐步实现已上市期货品种的期权全覆盖,并加大对商品指数期货、航运指数期货等指数类期货的研究开发力度。生猪期货是在我国特定的生产情况和消费习惯下特别需要的一个期货品种,将抓紧工作,进一步凝聚共识,尽快填补这一空白。在金融期货期权方面,也将根据市场需要,适时推出更多的产品,为各类机构投资者提供更加有效和精细化的避险工具。

三是多措并举,不断提高市场运行质量。在改进市场运行机制方面,将不断丰富交易指令,研究推出大宗交易,探索结算价交易机制;进一步扩大做市商制度试点范围,持续改善合约连续性,提升产业客户的套保效率。在降低市场交易成本方面,优化担保品管理,研究推出组合保证金,提高市场资金使用效率。在提高市场流动性方面,逐步推出更多品种、不同类型的期货 ETF 产品,尽快实现商业银行和保险资金参与国债期货交易,提升期货市场的机构化、专业化水平,提升整个金融体系的防风险能力。

四是夯实法治基础,提升监管能力。进一步完善市场法律法规体系,特别是协助推动《期货法》早日出台。优化交易规则,增强相关制度的统一性、透明度和标准化程度。认真研究国际上成熟期货市场法规体系和监管制度,学习借鉴境外市场经验做法,促进我国期货市场规则与国际接轨。提高跨境监管能力,加强与境外监管机构的沟通协调,提升开放环境下的监管能力,为市场开放保驾护航。

五、券商资管:规模缩水、把握机遇

在资管去通道的大背景下,券商资管规模大幅缩水。中国基金业协会最新数据显示,截至 2019 年 10 月,证券公司资管规模为 10.01 万亿元,相比此前高峰时期超 18 万亿元的规模,目前券商资管的存量接近腰斩。从产品发行情况看,

券商系资管产品发行也遭遇寒冬。数据显示,截至12月13日,2019年券商资管发行产品总数为5687只,发行份额为1110.80亿元,相比2018年发行产品总数下降两成。而2017年高峰期券商资管产品发行数超过万只,如今产品数量和份额分别下降44%和57%。受规模缩水和产品发行降温的影响,券商资管的业绩也难言乐观。2019年上半年,券商资管业务总体收入为198.57亿元,业务利润率为58%。其中有超20家券商资管净利同比出现下降,6家机构净利降幅超60%,降幅最大的券商资管业务出现明显亏损。不过,在这一轮去通道的行业压力下,仍有头部机构业绩表现稳定。从2019年11月券商资管成绩单来看,华泰资管在营收、净利和净资产三大指标上领先同行,而东证资管和招证资管以超60%的业务利润率表现突出,行业分化格局显现。

去通道、降杠杆仍将是未来资管行业主旋律,券商资管规模仍将持续收缩,通道类业务退出历史舞台,主动管理规模则成为机构之间差异化竞争的核心。未来行业分化明显,中小券商资管机构面临的压力和挑战显著。

(一)资管规模继续缩水

2019年9月6日,中国证券投资基金业协会公布了2019年二季度《证券期货经营机构资产管理业务统计数据》。数据显示,截至2019年6月30日,基金管理公司及其子公司、证券公司、期货公司、私募基金管理机构资产管理业务总规模约51.67万亿元。

其中,公募基金规模13.46万亿元,证券公司及其子公司私募资产管理业务规模12.53万亿元,基金管理公司及其子公司私募资产管理业务规模8.93万亿元,基金公司管理的养老金规模2.01万亿元,期货公司及其子公司私募资产管理业务规模约1268亿元,私募基金规模13.33万亿元,资产支持专项计划规模1.46万亿元。

具体来看,2019年前二季度,证券公司及其子公司私募资产管理业务的产品数量共有17987只,其中单一资产管理计划的产品数量为13131只,占比达73%;集合资产管理计划的产品数量共计3947只,占比21.9%;证券公司私募子公司私募基金共计909只,占比5%。

另外,截至2019年前二季度,证券公司及其子公司私募资产管理业务规模降至12.53万亿元,其中单一资产管理计划产品的资产规模为101021.07亿元,占比达80.6%,集合资产管理计划产品的资产规模为19296.42亿元,占比达15.3%,证券公司私募子公司私募基金产品资产规模为5014.3亿元,占比达4%。

（二）券商资管发展方向

1. 主动管理规模占比提升

在《资管新规》的影响下，通道类、现金类业务逐步收缩，券商方位发力主动管理，券商资管内部也加快了业务调整布局，提升主动管理能力成为券商资管转型的关键。尽管券商资管产品整体发行遇冷，但从产品结构来看，股票类产品发行却迎来逆袭。数据显示，截至2019年12月13日，全年股票型资管产品发行数量高达52只，相比2018年增加了36只，发行份额达到29.6亿份，相比2017年高峰期仍增长35%以上。从主动管理规模占比情况来看，2019年，股票型和债券型发行规模占比达到72%，而2017年和2018年主动管理规模占比分别为55%和57%，占比提升明显。多家券商在2019年半年报中明确表示，将积极提升主动管理能力。

在资管行业迈入全面监管的时代，大资管行业的竞争格局面临重构，行业回归资产管理的本源，券商资管机构将逐步进入平稳内涵式发展阶段，主动管理能力强的机构会在这一轮角逐中全面胜出，头部效应会越来越明显。

2. 行业迎来新风控指标

在资管规模持续压缩之下，券商ABS业务逆势狂飙。根据中国基金业协会的统计，自备案制以来至2019年9月30日，累计共有134家机构备案确认2465只资产支持专项计划，总备案规模达3.26万亿元，其中，存续产品1423只，存续规模1.46万亿元，存续规模长期以来保持稳定。目前，政策环境逐步放宽，激发了ABS业务创新不断。随着审批权下放到沪深交易所后，ABS业务审核时间从1年缩短至1个月，大大促进了业务发展。同时，可供发行基础资产涉及范围广阔，加上商业物业CMBS和REITs的出现，大大增加了ABS产品的发行量。对比传统的融资模式，ABS有盘活基础资产和破产隔离等优势，有利于发行人在获得融资的同时调节资产结构。随着相关监管指引的不断完善，ABS或将从融资工具逐步转变为商业模式的有效补充。在《资管新规》背景下，银行理财不得投资非标，在交易所上市的ABS很有可能成为体量庞大的银行理财资金的新宠；限制非标资金池业务，同样会刺激作为非标转标重要工具的ABS的发展。未来ABS仍然是券商资管业务的发力点。

不过，随着市场规模的扩大以及投入的增加，监管部门也开始加强对ABS业务的风控措施。日前，上海证监局对辖区内券商发文明确了ABS业务相关风控指标,在自有资金投资 ABS、承销 ABS 涉及风险资本参照承销债券计提等指标上进行明确区分。

3. 发力公募业务

在《资管新规》之下,公募业务成为券商资管新的业务增长点。过去依靠牌照优势冲规模、获得收入的时代难以为继。《资管新规》中也明确提到消除多层嵌套和通道业务,券商资管在飞速发展了 5 年之后,到了必须转型的关口。在金融体系去通道的大环境下,券商资管未来应逐渐将重点由通道业务转移到主动管理中,公募牌照的价值越发凸显。2013 年,中国证监会颁布《资产管理机构开展公募证券投资基金管理业务暂行规定》,将公募基金牌照申请资格拓宽至券商、保险等机构,同时规定证券公司"具有 3 年以上证券资产管理经验,最近 3 年管理的证券类产品业绩良好","资产管理总规模不低于 200 亿元或者集合资产管理业务规模不低于 20 亿元"。资格放开以来,多家券商递交申请材料。在券商资管大集合受限、通道业务压缩的背景下,公募牌照将券商资金端由机构客户拓展到零售客户,大大拓宽了券商的资金来源。结合券商自身原有的投研优势,转型财富管理,将投研实力延伸至普惠金融领域,同样发挥不小的作用。

4. 新的机遇与挑战

2019 年 12 月 6 日,证监会发布了《证券期货经营机构管理人中管理人(MOM)产品指引(试行)》,对 MOM 产品定义、运作模式、参与主体主要职责及资质要求、投资运作、内部控制及风险管理等进行了规范。

对于券商资管而言,MOM 作为一种创新的业务模式,不仅有助于实现更多的委外业务空间,也满足了合规运作需要。放眼整个资管行业,目前开展 MOM 业务的并不多,但事实上多家券商资管已将 MOM 业务作为一个重点发展方向,部分公司已经提前做好布局。

针对机构 FOF/MOM 业务,根据客户自身的业务发展、风险偏好、配置目标等个性化内容做定制服务,协同客户制定投资配置目标,为满足特定配置目标进行子管理人和产品配置,并实时跟踪、定期或不定期调整;针对个人 FOF/MOM 业务,提供套餐式服务,甄选优质子管理人和子基金池,提供定制化配置服务。事实上,券商资管有发行私募 FOF 的经验,也有一定的客户积累,且较强的综合业务能力有助于其在私募 MOM 业务上发力布局,综合来说,券商资管在私募 MOM 起步阶段优势相对明显。

不过,MOM 产品在券商资管领域的落地并非一蹴而就,仍存在不小的挑战。

首先就是券商资管的专业能力问题。MOM重在考验母管理人对子管理人遴选体系及动态考核能力,对母管理人的大类资产配置能力、风控能力及绩效归因分析能力提出了很高的要求,券商资管需要不断强化自身的专业化程度才能达到要求。此外,MOM业务对券商的后台体系要求较高。

六、保险资管:行情稳定、合作发展

(一)保险资管行情稳定

中国银保监会公布的2019年前9个月保险业经营情况显示,前9个月,保险业原保险保费收入34520亿元,同比增长12.58%,其中,财产险业务实现保费收入8658亿元,同比增长8.18%;人身险业务实现保费收入25862亿元,同比增长14.14%。前9个月,财产险公司原保险保费收入9768亿元,同比增长10.89%;人身险公司原保险保费收入24751亿元,同比增长13.26%。

1—9月,保险提供的保险金额为4981.29万亿元,其中,财产险公司保额4115.05万亿元,人身险公司保额866.24亿元。

赔款和给付支出方面,前9个月,保险业总赔款9411亿元,财产险业务赔款4540亿元,寿险业务赔款支出2668亿元,健康险赔款支出1637亿元,意外险赔款支出218亿元。同期,保险业业务及管理费总额为3792亿元。

截至9月末,行业资金运用余额17.78万亿元,行业总资产19.96万亿元,行业净资产2.38万亿元。具体变动情况如图4-20所示。

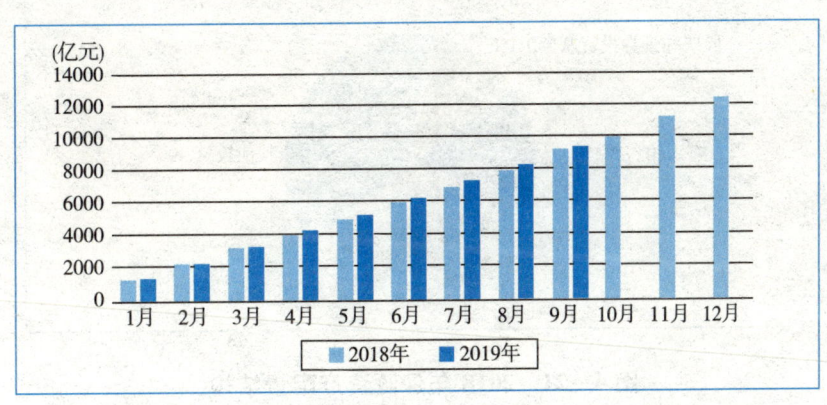

图4-20 2019年前9个月保险业月度累计赔付对比

(二)保险资管与信托业合作

保险信托合作的历史,可以追溯至2012年保监会发布的《关于保险资金投资有关金融产品的通知》,其中规定保险公司可以投资集合信托计划。从此,保

险和信托的合作局面打开。保险资金投资信托计划占保险资金运用余额比例呈逐年上升趋势,由2012年的0.42%增长到2018年第三季度末的7.91%。2018年,有152家保险公司投资了信托计划,年度投资规模达到1.26万亿元。

保险在投资端对信托的需求主要体现在两个方面:一是信托的资金用途、交易结构相对灵活,而保债计划注册周期则相对漫长,因此保险资金通过信托进行资金投放相对便利;二是由于2019年初流动性反转导致资产荒,且不少保险及保险资管分支机构和人员有限,缺乏项目触角,因此他们希望信托能够发挥"非标之王"的优势,为其提供靠谱资产。目前保险和信托的合作主要以第一种模式为主,不过今年,在资产荒的倒逼下,保险希望借助信托拓展资产的需求也在提升。

对信托而言,由于保险的投资体量大,信托可以收取可观的管理费用,因此,保险和信托的合作意愿强劲。然而目前双方合作仍存在不少障碍,若未来双方合作相关规定能如期修改,合作空间将会进一步打开。

1. 保险信托合作现状

保费连年增长,险资配置信托计划等投资需求增加。

对于保险机构而言,近年来保费连年增长,截至2018年末保险资金运用余额16.41万亿元。而保险资金资产配置中非标投资权重增加,包括保险另类投资产品、信托计划等非标资产在内的其他投资占比达39%。这两大数据表明险资对于配置信托计划产品等投资需求正在增加。具体配置情况如图4-21所示。

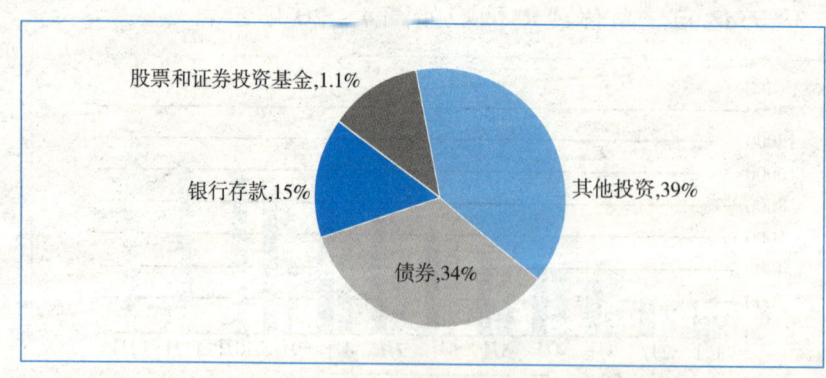

图4-21 2018年保险资产配置结构

2012年以来,保信双方合作日渐密切。2012年以来,配置信托计划产品的保险机构数量持续增加。根据中保登披露的数据,截至2018年末,投资信托计划的保险公司数量由2012年的6家发展为152家,信托计划受托管理机构由6家增长为48家。信托计划已经成为保险资产配置重要的投资品种:2012年保险资金投资信托计划规模 294.09 亿元,2018 年 10 月末达 1.26 万亿元。具体规模变化如图 4-22 所示。

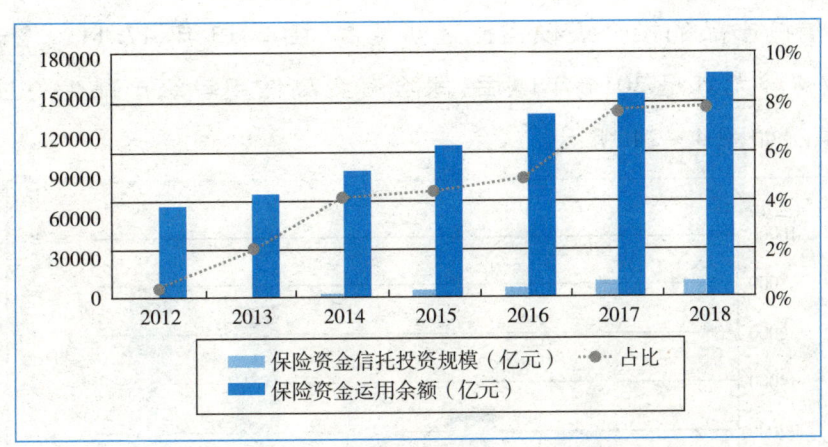

图 4-22　信托计划投资规模占保险资金运用余额比例

与此同时,保险资金投资规模占信托总资产比重逐步增加。2012 年原保监会发布《关于保险资金投资有关金融产品的通知》,此后保险资金投资信托计划规模增速高于信托总资产规模增速,其投资规模占信托总资产占比由 2012 年的 0.39% 增长至 2018 年末的 4.96%,占集合资金信托计划规模比重从 1.56% 增长至 12.66%;保险资金已经成为集合信托计划重要资金来源。

保险资金投资信托计划期限以 5 年期为主。集合资金信托计划长期性产品供应有限,保险资金主要投资 5 年期以内的信托产品,其中:投资 1~3 年期信托计划 5323.48 亿元,占比 42%;投资 3~5 年的信托计划 2557.94 亿元,占比 20%;其次投资 10 年以上信托计划 1855.44 亿元,占比 15%。具体期限分布情况见图 4-23。

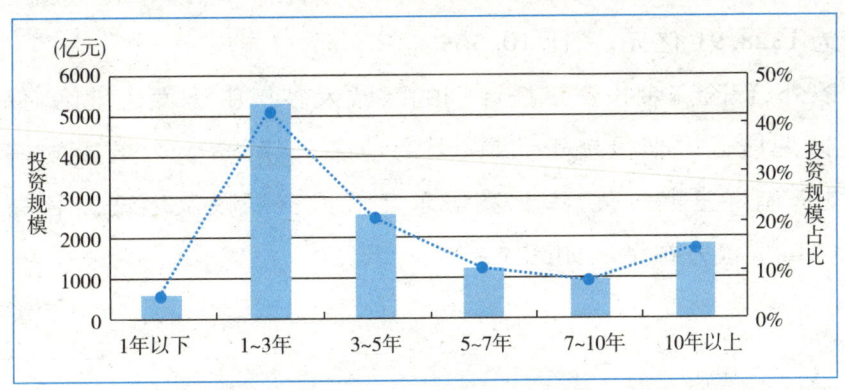

图 4-23　保险资金投资的信托计划投资期限分布

保险资金投资信托计划产品主要以 AAA 级为主。由于保险资金筹资渠道的特殊性,其对投资产品的安全性及稳定性要求较高。从 2013 年起保险资金投资 AAA 级信托产品的投资规模占比逐步提高,由 2013 年 47.11% 增长至 2018 年的 83.27%。尤其是 2014 年以后,保险资金高信用等级产品偏好显著增强。具体偏好情况如图 4-24 所示。

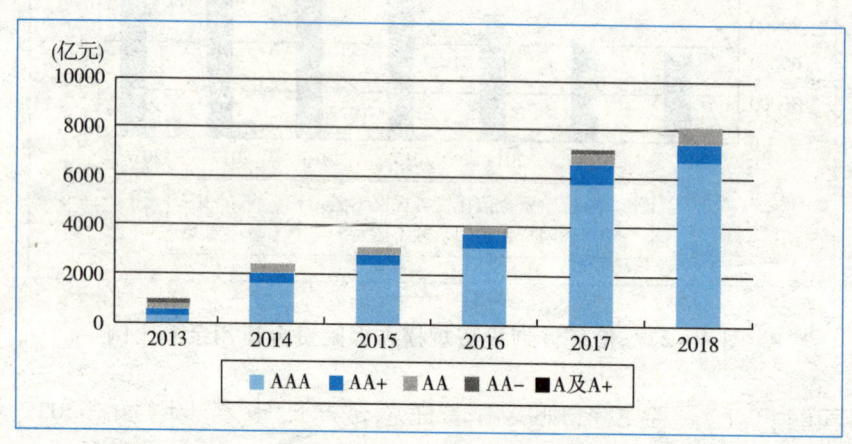

图 4-24 各信用等级融资类产品投资规模

在安全性与收益率不可兼得的情况下,保险新增投资信托产品平均预期收益率近年整体呈现下降趋势,仅在 2018 年略有抬高,达到接近 6% 的水平。保险资金投资信托计划主要投向工商企业,且集中于发达区域。从投向指标来看,保险资金更偏向于投资工商企业,目前投资规模已经达到 5925 亿元,占比 47.09%;高于信托行业总体投资于工商企业规模占比(29.23%),从这一数据可以明确看出险资支持实体经济发展的政策导向结果。另外,保险资金投资信托计划投向金融机构的投资规模为 2424.77 亿元,占比 19.27%;投向基础设施的投资规模为 1422.94 亿元,占比 11.31%;由于政策等各方面因素,投向房地产的投资规模为 1328.91 亿元,占比 10.56%。

除此以外,保险资金投资信托计划的区域大多集中于发达地区:保险资金投资的信托计划接近一半投资于北京、上海地区;保险资金区域投向偏好一线城市;区域投资偏好显著分化,华北及华东区域投资规模及增速显著高于其他区域。具体区域规模分布情况如图 4-25 所示。

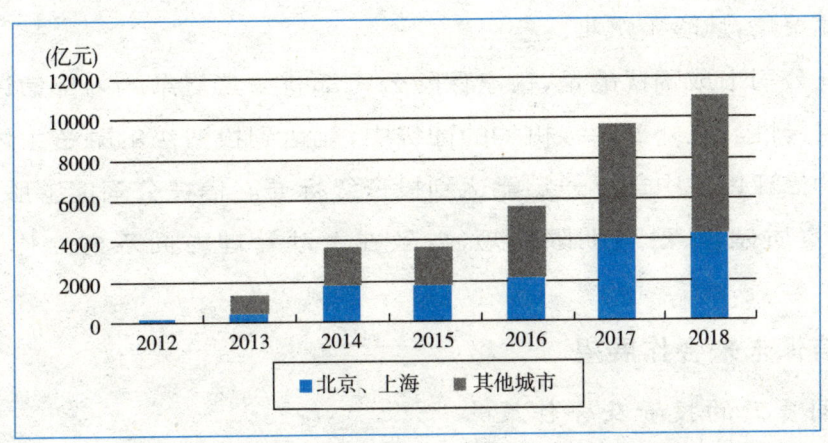

图 4-25　信托产品北京、上海地区投资规模分布

总之,目前保险资金投资看重的仍然是融资主体的资质,而非项目本身的质量。

2. 目前信保合作遇到的难点

(1) 近期受处罚的信托机构增多,可合作对接对象减少,合作成本增加

根据《关于保险资金投资集合资金信托计划有关事项的通知》的规定,保险资管只能跟"近三年公司及高级管理人员未发生重大刑事案件且未受监管机构行政处罚"的信托公司合作,限制了保险机构可以合作的信托对象。在目前多数信托普遍受到监管处罚的情况下,能够受托管理保险资金的信托机构凤毛麟角。截至 2018 年末,仅有 33 家信托未受过监管处罚。除此之外,保险机构一般还对受托人信托机构实行白名单管理,除监管要求的条件外,保险公司自身对信托公司通常还要求最好是国有股东背景,可选择的信托公司的范围进一步缩小。并且,由于监管严格限制或暂停部分信托公司的通道类业务,导致部分符合条件的信托机构或暂停险资业务、或抬高受托管理费水平。而险资对交易对手信用要求较高,通常能接受的受托管理费较低,最终也将影响险资通过信托对外投资的金额规模。

(2) 信评及风控标准有差异,资金资产双方较难匹配

虽然保险公司有各自的投资标准,但是保险资金投资的偏好整体趋同,喜欢信用资质高、融资期限长的融资主体。一般而言,保险公司有以下标准:偏好 3 ~ 5 年的产品期限,资质较好的主体可以考虑 7 ~ 10 年;对产品收益率的要求,通常对标同主体公开市场债券溢价 50 ~ 100 个基点;并且偏好于 AAA 级及以上主体或者强 AA + 主体,少数保险机构可接受 AA + 的融资主体。总体而言,保险资金

向头部主体聚集,风险下沉难。

给信托公司造成困扰的是,每家保险公司都有一套复杂的内部信评体系,且各家存在差异性。在外部评级机构的评级中,能达到投资级的融资主体,在保险公司内部的信评体系中却不一定能达到投资级标准。信托公司能够服务的融资主体,信用资质偏弱、融资期限偏短,导致在主动管理方面双方合作并不是很顺畅。

(三)信保未来合作展望

1. 不同资产的投资及合作策略

(1)不动产领域——考虑一定程度地下沉

有保险资管公司的相关负责人表示会考虑一定程度弱主体、强项目的资产,前提是信托公司通过交易结构的设计、有效的风控措施及投后管理提高项目的安全性。这给信托公司更大的发挥空间,信托公司可以充分发挥自身在项目获取、结构设计、风险及投后管理等方面的优势。有信托的相关负责人表示可以通过结构化设计,信托公司自己持有次级资金后,来保证优先级资金的安全性。有的信托公司股东有房地产开发商背景,或团队出身房地产开发商,或能联合实力较强的房地产开发商一起参与项目,所以有很强的兜底能力(投后管理及资产处置能力)。

(2)基础设施建设——或将迎来更大空间

如果说保险资金的不动产投资看重的是融资主体,且头部效应明显,险资对能做融资的为数不多的房地产开发商已经非常熟悉,需要信托发挥主动管理的空间小,更多的是需要信托作通道,那么基础设施则因为融资主体及项目分散,保险公司难以覆盖,更需要信托作为其"触角",主动提供投资机会。

如今保险公司对于基础设施的界定更加宽泛:从交通、市政、通信等传统产业到如今包括新能源、环保、智慧城市、5G升级等在内的新兴产业。这一定程度上拓宽了险资与信托合作的资产范围。在合作模式方面,除了传统的债权计划外,还可以考虑股权计划、资产支持计划、产业基金等方式,也可以根据双方资金及风控等要求选择。

(3)资产证券化及消费金融——未来配置比例有望提升

不动产领域的证券化业务2019年存在较大空间。以往房地产领域是卖方市场,但是如今形势正在向买方市场转变,开发商融资不便,谈判话语权降低,此时正是拿到能够产生稳定现金流的优质核心物业资产的好时机,并且有抵押品的保障,这种优质资产的证券化产品,符合追求长期限及固定收益的险资的偏好。

另外,部分保险资管已经给消费金融企业融资,且客户集中在第一梯队企业。但目前头部消费金融企业的融资成本低,投资收益率下降,且融资期限短,对跟保险资金的需求并不完全匹配。信托公司在消金资产上跟保险合作时,主要向三个方向拓展:①帮助保险公司做履约险产品,信托公司给保险公司提供系统和数据支持;②目前有信托公司将2019年消金业务的重心放在消金资产的证券化上,保险资金可以投资第一梯队消金资产的ABS的劣后级,以取得相对较高的收益;③目前给第二梯队的消金企业融资还能获得可观的投资收益,信托公司也在为第二梯队企业输出系统及风控等服务,扶植其成长。

2. 不同类型的险资合作需求存在差异性

(1) 规模不同的险资,存在差异化竞争策略

如上文所述,一般而言,大中型保险资管更偏好AAA级主体,并且可以凭借自身资金及机构优势得到跟同样优质的交易对手合作的机会,以此拿到优质资产及配置产品。

但是相比于大中型保险资管非3A级融资主体不做的原则,中小型保险机构要在市场上拼杀出自己的市场份额,都会适当下沉风险标准但同时守住自己的风控底线,其将自己服务的客户群体精准定位为:银行客户群大于中小型保险客户群大于大中型保险客户群。比如:有些中小保险机构可以投资2A+或C类征信产品,可以接受民营经营主体,但必须满足内审的债项评级要求,要求有优质城市的核心地块或其他抵押物;可以接受地市级的政信类业务,但同时要参考当地政府财政收入分布及税收等因素。

(2) 保费性质不同,对产品期限和收益的要求不同

寿险公司的资金来源是以人的年龄为判断基础的人寿险费,其一般金额大,风险分散,其资金来源特征决定了寿险公司更看重不同类型资产的配置,且需要期限为3~5年甚至更长、投资收益相对稳定的产品。

而财险公司的资金来源是财产险,一般投保期限较短,赔付率较高,因此财险公司能够接受期限相对较短的产品,对投资收益的要求也比寿险高,比如有些财险公司愿意用基金模式去投夹层项目。而且财险公司的资产配置一般相对灵活,主要根据资产的投资性价比来定本阶段资产配置的重心,对性价比高的资产可以顶格配置。不过中小财险公司需要面对的一个挑战是,偿二代征求意见稿

加强了对保险公司偿付能力的监管,这在一定程度上限制了中小财险公司的资金运用。

七、基金子公司:艰难发展、亟须转型

(一)基金子公司资管规模大幅缩水

根据基金业协会的数据,截至 2019 年 1 季度末,全部 79 家基金子公司的最新规模仅为 4.91 万亿元,较巅峰时期缩水超过 60%。具体规模变动情况如图 4-26 所示。

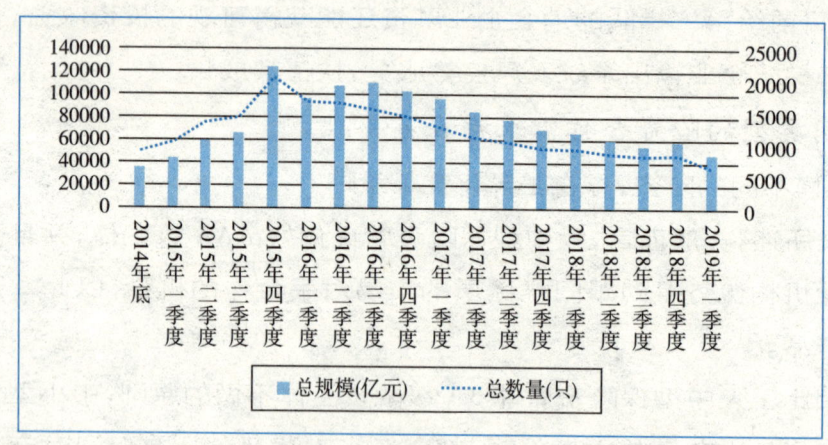

图 4-26 基金子公司规模

这样下滑的幅度与此前基金子公司规模扩张的速度形成鲜明对比,基金子公司从 2012 年底起步,2013 年大量成立,此后,规模在 2 年多时间内就数次翻番,在 2015 年底更是创下最高 12.6 万亿元的历史记录,相比之下,公募基金的规模用了近 20 年才达到这一水平,2019 年 1 季度末的数据显示公募基金最新管理规模才达到 13.94 万亿元。

另外,根据基金业协会数据,基金子公司最新的数量停留在了 79 家,而这数据是在 2015 年 9 月深圳英大资本管理有限公司成立之时就已经完成。具体数量变动如图 4-27 所示。

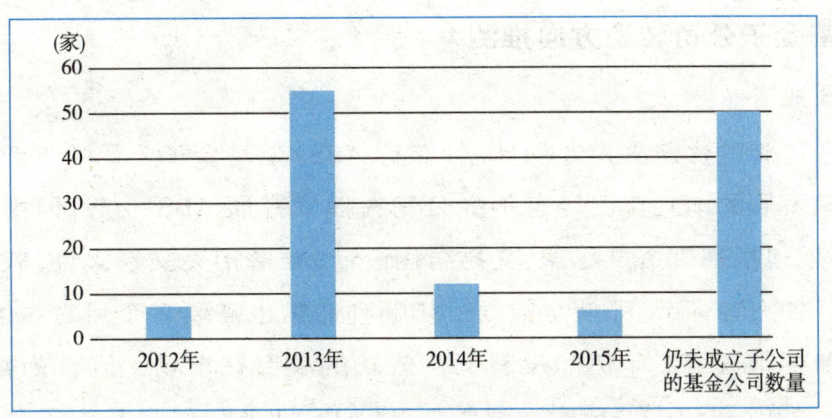

图 4-27 基金子公司成立数量

截至 2019 年 1 季度末仍有 50 家基金公司未成立子公司,既有博道、富荣、蜂巢等一些新成立的基金公司,也不乏国联安、汇丰晋信、华宝、摩根士丹利华鑫等老牌基金公司。

79 家基金子公司中有 73 家先后选择了不同程度的增资,仅国寿财富管理有限公司、中信信诚资产管理有限公司、诺安资产管理有限公司、上海财通资产管理有限公司、中海恒信资产管理(上海)有限公司和东海瑞京资产管理(上海)有限公司 6 家公司并未有任何动作,而这 6 家公司此前的注册资本金分别为 2 亿元、5000 万元、5000 万元、2000 万元、2000 万元和 2000 万元,除了国寿财富还能开展一些业务外,余下 5 家都不符合监管对于净资产≥1 亿元的要求。具体资本情况如图 4-28 所示。

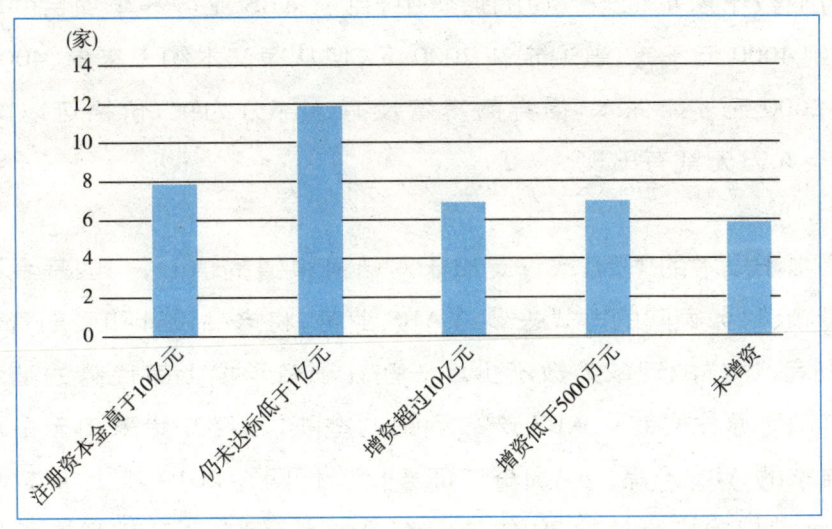

图 4-28 基金子公司数量

(二)基金子公司转型方向推测

1. ABS业务

交易所挂牌的资产支持专项计划(简称ABS)是基金子公司的牌照业务。在基金子公司发展的前几年已经有不少公司在摸索开展ABS业务,但由于运作周期较长,前期包括基础资产尽调、交易结构设计、准备相关交易文件、获取无异议函以及发行备案等环节,即使全流程一切顺利通常也需要2个月左右的时间,在发行期花费半年甚至1年仍然没有发行成功的项目在市场上同样为数不少,极为消耗公司的时间和人力成本。尽管如此,ABS业务仍然是基金子公司为数不多可以去探索的转型方向,因此越来越多的基金子公司试着冲进ABS的领域,蓝海也逐渐变为红海。

(1)业务难点

①ABS本身市场仍未成熟。

国内ABS仍然处于一个非常初始的阶段,主要集中在产品创设和投资过程中,没有交易流转过程,也就是没有真正的定价权,一个ABS产品的发行到最后的结束,价格是不会产生变化的,而没有价差发现的过程,是很难产生流动性的。

②人才较缺。

眼下的ABS业务尤其对项目资质、资金回笼周期、人力投入成本有着较高的要求,从而对管理者的要求也更高,也就是人才极贵。

③费率没有竞争力。

在对行业数十家基金子公司的调研中,目前ABS业务一单项目的收费标准在1000元到4000元不等,普遍定在2000元,但从净资本约束来看,4000元才能覆盖,一般2000元才能保本,但券商资管没有这部分约束,价格可以降至1000元以下,甚至6万元都有出现。

(2)转型探索

或许是出于成本的原因,或许是出于对自身渠道的信心,一些基金子公司开始选择以投顾、财务顾问的方式去参与ABS业务,将产品设计和后期管理都外包给其他子公司,这样的现象为数不少。一些在项目承揽上有优势的基金子公司更是直接打破了原先券商对ABS产品承销的垄断,已经开始采用无主承销商的模式发行自家的ABS产品。中国资产证券化分析网在2019年上半年ABS机构排行榜中,承销规模排行榜前20位依旧都是券商,但在分基础资产承销排行榜中的应收账款承销上,悄然出现了交银施罗德资产管理有限公司和上海瑞金资本管理有限公司,分别承销 9.12 亿元和 7 亿元的规模。企业 ABS 计划管理人排行榜中,深圳平安大华汇通财富管理有限公司、东方汇智资产管理有限公司、南方资本管理有限公司分列 14、16 和 18 位,分别参与 10 单、3 单和 6 单,参与规模分别达到 99.36 亿元、70 亿元和 69.39 亿元。

2. 私募 FOF 业务

2018 年 10 月底监管层发布了《证券期货经营机构私募资产管理业务管理办法》和《证券期货经营机构私募资产管理计划运作管理规定》,对非标资产的界定进行进一步明确,并确认了私募 FOF/MOM 业务模式的合规性,基金子公司正式大规模地进入这个市场。私募 FOF 业务成了目前基金子公司最容易去参与的模式,在基金业协会备案的名单中,已成立的由基金子公司发行的 FOF 产品已经达到 100 只,但主要集中在招商财富和鹏华资管两家基金子公司身上,分别发行 45 只和 30 只 FOF 资管计划,占比超过 7 成。与 ABS 类似,亦有少数机构在早些年已在私募 FOF 业务上做了一些布局。

(1) 业务难点

①发行规模较小。

券商资管在这块业务上的布局比基金子公司来得更早,同样借助券商本身的交易系统,私募也更愿意在券商平台上进行合作,依托于股东方的基金子公司还好,一单也能卖出数亿元,普通的私募 FOF 规模一般都在 1 亿元上下。

②逐渐沦为通道。

不少银行、券商希望借助基金子公司做一个通道再投向私募,基金子公司本身在与券商资管的直接竞争中并没有太大优势,一些银行、券商更多的是为了让基金子公司来填补产品的夹层、劣后,基金子公司在当中能够起到的话语权非常低。

(2) 转型探索

有不少基金子公司选择了通道私募 FOF 这一条路,据了解,有不少银行在基金子公司的路演过程中,都是直接打包好了私募产品,基金子公司只需要备案发行,连销售都不需要担心。但还是有几家基金子公司坚定认为私募 FOF 虽然难以起量,但还是要坚持主动管理能力,通道并不是可长期持续的发展,没有核心竞争力的基金子公司很容易被淘汰,耐心等待银行理财子公司的入局,可能会给私募 FOF 业务带来更多的机会。

3. 转型方向之其他业务

在基金子公司看来,除了 ABS 业务和私募 FOF 业务外,余下的业务虽偶有突破,但并不能形成真正的规模,不能称之为转型方向。这些业务大致可分为:①股权投资业务;②二级市场业务;③地产投融资业务;④海外投资业务等。但这些业务并不是突然出现的,早些年基金子公司也略有参与,但受制于一些不同的原因,均未能做大做强。

八、银行理财子公司:逐步发展、重塑格局

2018 年 12 月,银保监会下发《商业银行理财子公司管理办法》,银行理财进入新的转型期和发展阶段。银行理财子公司是指在境内设立的主要从事理财业务的非银行金融机构。业务范围主要是公私募理财产品、理财顾问和咨询,不能吸收存款和发放贷款。由境内商业银行作为控股股东发起设立,境内外金融机构、境内非金融企业可共同参股。理财子公司与银行理财业务相比,在投资范围、产品分级、合作机构、投资者适当性方面均有较大的放松。

(一)成立理财子公司的必要性

1. 银行理财业务转型需求

银行理财业务市场竞争发展需求。目前银行理财市场集中在大行,而新规实施后,要求银行理财"打破刚兑"、规范"资金池",将面临功能监管、同类产品更直接的竞争,而子公司可发行更广泛的产品类型,形成更加多元化的产品形态,以及合作机构范围也更广泛,有利于银行理财产品销售甚至有利于其扩大规模,而不因《资管新规》实施受到竞争影响。

个人理财市场普惠化,精细化需求。个人类理财是重要竞争市场,客户对资产配置需求更个性化、多样化,新规对销售起点放低可便于理财子公司把握,这将有助于银行理财产品更普惠化、覆盖和满足更多个人投资者需求;另外,子公司设立专业团队和自建系统等将更利于对基于客户需求的精细化服务。

2. 经营管理需求

规范银行资管规范,降低风险。相较于通道业务,子公司让银行资管业务更符合法律规范,通过表内外业务隔离有效防范化解主体风险,同时,独立性更强也便利于监管。

拓宽银行理财业务边界,降本增效。银行资管业务进一步拓宽到权益市场,

除标准化资产,也允许投向非标准化债权类资产、权益投资等,进一步允许子公司发行的公募理财产品直接投资股票,有助于降低理财业务的整体成本。

围绕客户权益提升投研能力,回归资管。子公司作为独立法人主体展业,将有利于强化投研能力的打造,为客户实现财富保值增值的功能将更加纯粹,回归客户作为资产受益主体的资管本源。

3. 社会市场需求与机会

人民财富管理需求。中国家庭财富总规模2018年以超过50万亿美元位居全球第二,城市家庭户均总资产规模超过160万元人民币,但中国金融资产占城市家庭总资产比重仅11.8%,且其中存款最多,其次才是理财产品,居民财富的积累将推动资产管理行业发展;社会老龄化加速,日益增长的居民个人养老金融需求和养老第二、第三支柱即企业年金、个人养老等快速发展也将成为理财子公司的重大机会。

社会融资需求。人民银行数据显示,2019年7月社会融资规模及增量中,人民币贷款占比分别为68%、80%,社会融资结构仍以间接融资为主,但直接融资占比从2007年初的10%增长到目前的25%,增长趋势明显。债券和股票是理财资金资产配置的重要组成部分,理财子公司业务经营要求符合直接融资发展趋势。

(二)对资管行业的潜在影响

综合来看,银行理财子公司牌照相较于其他资管牌照,具有明显的竞争优势。可发行公募产品、私募产品,可设立分级产品,可提供投资顾问服务。投资范围广泛,可参与股票、货币市场工具、固定收益、商品、衍生品、未上市股权、其他债权、非标资产。销售不设起点金额,销售渠道广泛,个人首次购买理财产品无需到银行柜台面签。

1. 影响信托、券商资管、基金子公司等通道业务

《资产新规》之前,银行理财投向非标面临一定的限制,且不能直接投资股票市场,因此大多借助信托、券商通道事先业务间投放。但《资管新规》规定:"金融机构不得为其他金融机构的自查管理产品提供规避投资范围、杠杆约束等监管要求的通道服务。"目前理财子公司经营范围除了ABS业务和贷款业务外,已基本涵盖了信托公司的全部经营范围。理财子公司在非标投资监管方面比券商资管更放松,目前券商资管投资非标存在"双25%"的限制,而理财子公司仅有

一项"不超过净资产35%"的限制。具体通道业务占比情况见图4-29。

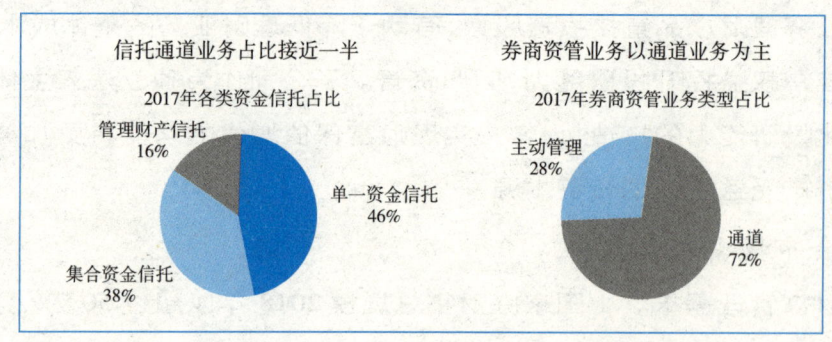

图4-29　信托资管(左)与券商资管(右)通道业务占比

2. 对公募基金——货币基金有一定压力,但股票型基金影响不大

产品方面,银行理财固定收益类产品优势明显。公募理财可投非标,杠杆率高于货币基金,且公募银行理财现金类产品T+0不设限,相较于基金有优势。权益性基金仍是公募基金领先优势所在。具体如表4-2及图4-30所示。

表4-2　理财子公司现金类产品与公募货币基金区别

	理财子公司现金类产品	公募货币基金
销售渠道	商业银行及第三方机构	
购买起点	取消销售起点限制	最低1元
资产投向	以货币工具为主	以货币工具为主;不得投资剩余期限在397天以上的债券及1年以上的银行存款、债券回购、央票及同业存单
组合期限	无具体要求	上限60/90/120天
杠杆水平	不高于140%	不高于120%
合作机构	金融机构及私募基金	无具体要求
税收	买卖债券价差需缴纳增值税 机构投资者投资收益需缴纳所得税	买卖债券价差免征增值税 机构投资者投资收益免征所得税

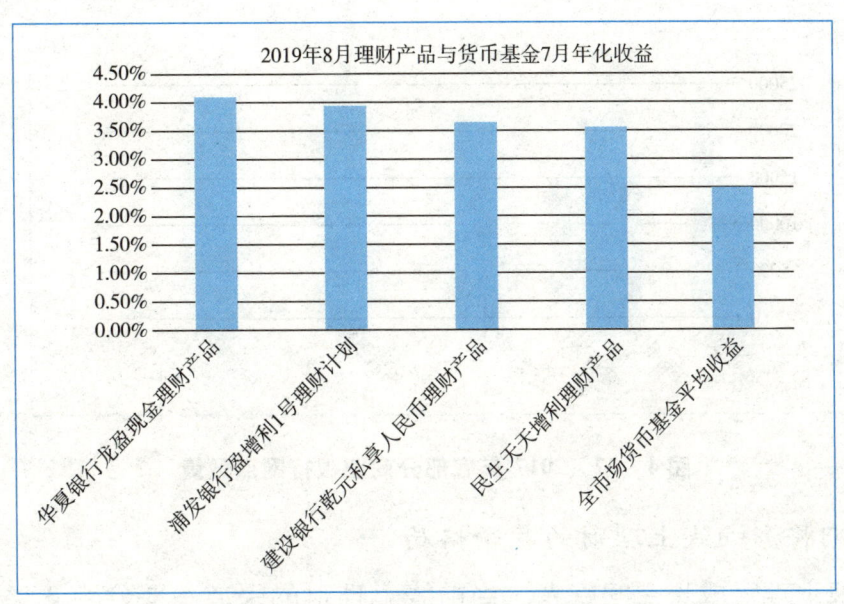

图4-30 银行"T+0"产品收益率高于货币基金

3. 将冲击理财业务基础薄弱的中小银行

对于开展理财业务的机构来说,最核心的两大因素是:产品和渠道。产品上,中小银行设立理财子公司成本支出较高,且自家理财产品与大行理财子公司产品相比在销售起点、销售方式上很难进行竞争。渠道上,大行在全国各地广泛的渠道布局远远领先中小银行。银行具体情况如图4-31及图4-32所示。

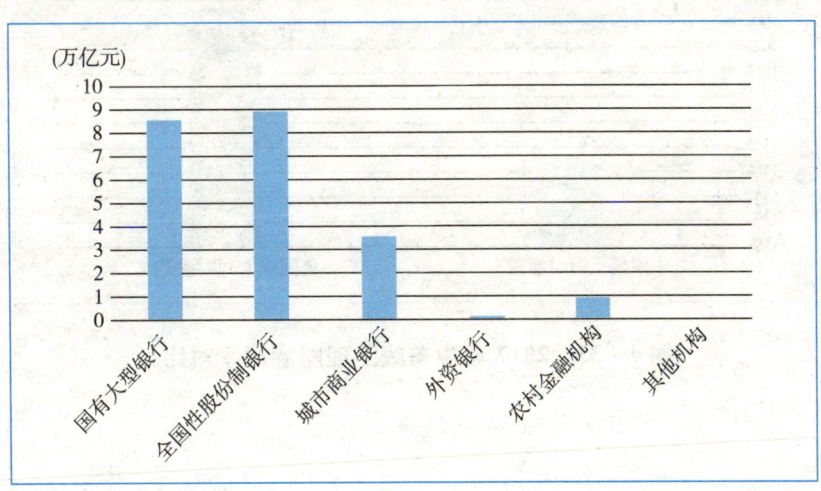

图4-31 2018年底不同类型银行理财产品存续余额

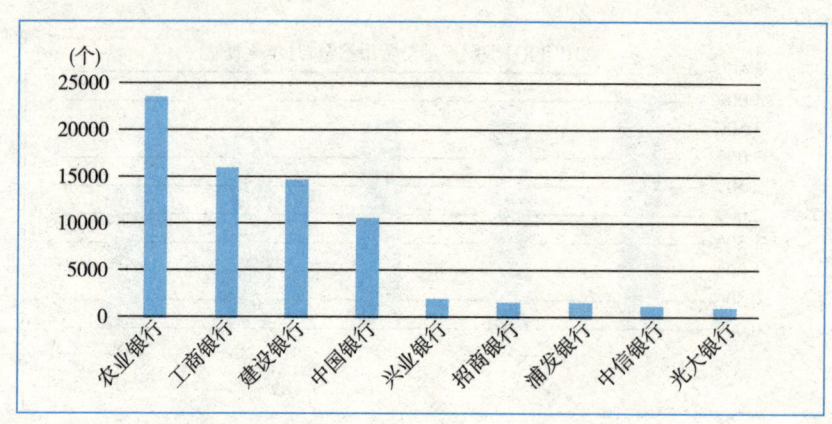

图4-32 2017年底部分商业银行网点数量

4. 长期将影响线上理财的竞争格局

我国线上理财成长空间巨大。当前线上理财的渠道主要分为3类：银行机构的线上渠道及互联网理财平台代销渠道。线上理财市场主要由蚂蚁金服、腾讯等互联网公司主导，而银行和非银理财线上渠道较弱。理财子公司成立后，无须面签的规定将可以进行互联网理财产品直销，再加上可提供比互联网理财平台更有竞争力的产品，长期来看将分流部分客群，挑战互联网理财平台在线上理财市场上的领导地位。具体如图4-33及图4-34所示。

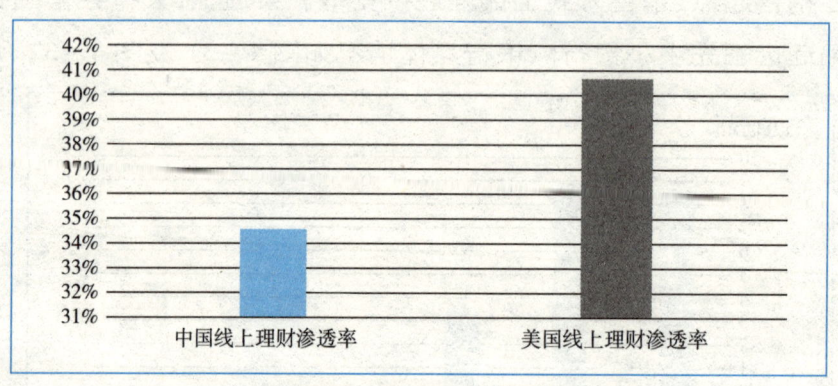

图4-33 2017年中美线上理财渗透率对比

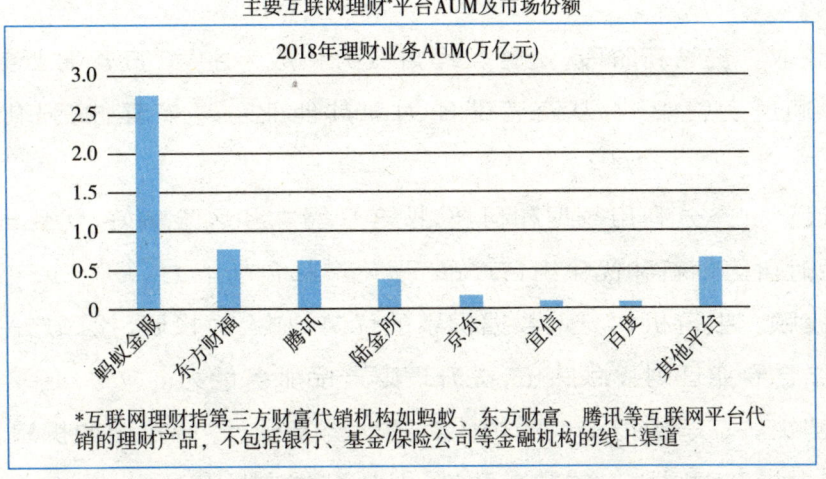

图 4-34 主要互联网理财平台 AUM 及市场份额

(三) 银行理财子公司发展展望

1. 子公司加速银行理财从组织到产品等要素的变革,重塑竞争格局

从竞争格局看。理财子公司与其他资管机构形成新竞争合作关系,一是利于壮大资本市场投资队伍,二是促进其业务模式、投研资源等合作、产品差异化竞争;并进一步推进银行业对外开放改革,鼓励境外金融机构参与设立、投资入股商业银行理财子公司。

从组织机制看。理财子公司运行,银行理财原有的依靠资金池运作的业务模式受到冲击,重塑理财业务主体关系,规范化运作强化银行理财业务风险隔离,推动银行理财回归资管业务本源,保障资本市场健康有序发展。

从产品体系看。产品是理财子公司立足市场的关键,提升投研能力,结合自身优势创新产品体系差异化竞争;产品净值化,利于市场化竞争。

从客户服务看。围绕客户资产及风险偏好、投资需求等提供资产配置服务;服务方式也从传统理财顾问向智能投顾、智能投研、智能推荐等方向转变。

2. 理财子公司将加快金融科技融合,提升业务价值链环节数字化能力

银行理财子公司依托总行数字化能力从价值链核心环节打造核心能力。银行近年加大金融科技投入和建设,加速数字化转型,为其在资产管理价值链的核心环节,提升智能化服务能力。银行理财从资产端到收益端的从募资获取资产、理财产品创新和设计、投研投顾能力以及面向客户的精准营销各个环节,理财子公司依托总行在这些领域的科技和数字化能力,加快数字化转型,打造其资管竞争能力。

资产获取。资管新阶段,资管类理财业务将成为主导,资管端业务能力强的银行,可以通过资管驱动,从资管端能力向其他业务环节延伸,强化资产获取能力。

产品设计。充分利用数据和科技,按客户需求和风险偏好,优化理财产品组合服务,适时自主创新和优化组合产品,强化产品创新能力。

投研投顾。银行机构庞大数据积累的优势,加大对投研、投顾产品平台的开发、升级,结合专业理财投顾队伍,提升理财产品服务能力。

精准营销。基于银行庞大的个人客户优势基础、零售转型的积累,以智能投顾驱动,大力提升理财服务的精准营销,提升C端市场竞争力。

3. 智能营销将助力子公司应对新资管时代渠道竞争

银行理财传统销售是基于"保本"信赖基础和"网点"渠道优势,新资管时代,银行理财销售从产品销售转向包括客户管理、按需定制化资产配置、客户服务等综合能力。一是基于智能手段,包括数据平台、智能投顾、投研等,支撑理财顾问提高为客户提供理财方案的决策效率;二是利用智能手段,面向全渠道、全触点的营销触达;三是基于数据的客户分析,制定满足客户需求、风险匹配合理的资产配置解决方案,即从客户需求分析到产品设计、与客户交互等客户旅程的智能服务。

4. 理财顾问从产品销售,转向资产配置一体化规划专家

资管新时代,对理财顾问的能力要求更高,从业务专业度到数字化工具应用。一是角色定位的转变,理财顾问从产品销售员,转变为基于客户投资需求和风险偏好的资产配置一体化规划师;二是服务工具的转变,从依靠顾问经验转变为依靠数据驱动,客户需求个性化、多元化,顾问获客、客户关系维护等,都更依赖数据分析、数据工具;三是顾问服务范围的扩大,个人客户也会成为理财子公司对理财市场竞争的客群,顾问的服务就不仅仅是维系高价值客群。这些转变,对理财顾问的专业能力要求进一步提升,也将加剧银行对顾问人才的竞争。

第二节 2019年泛资管市场政策解读

一、年度重点监管政策回顾

1月18日,证监会新闻发言人常德鹏在例行新闻发布会上表示,为维护资本市场安全稳定运行,保护投资者合法权益,丰富公募基金风险管理工具,满足公募基金风险管理需求,提升公募基金行业管理信用风险的能力,证监会已于近日发布《公开募集证券投资基金投资信用衍生品指引》(以下简称《指引》),自公布之日起施行。《指引》对基金投资信用衍生品作出规范,强调基金投资信用衍生品应以风险对冲为目的,并明确货基不得投资信用衍生品。

2月22日,证监会就《证券基金经营机构管理人中管理人(MOM)产品指引(征求意见稿)》向社会公开征求意见。在《资管新规》杜绝多层嵌套(公募基金除外)的大背景下,节约一层嵌套的MOM或将大有作为,与银行理财子公司的合作契合度相比FOF更高。

4月16日下午,上海证券交易所发布《上海证券交易所科创板股票发行与承销业务指引》。至此,上交所已经发布了16份科创板业务办法或指引文件,科创板的规则体系日渐丰满。指引对战略投资者、保荐机构跟投、超额配售选择权、发行程序、询价等要点做出了详细规定。从内容上看,指引共计7章67条,对战略投资者、保荐机构相关子公司跟投、新股配售经纪佣金、超额配售选择权、发行定价配售程序等做出了明确规定和安排。指引的制定,是为了规范科创板股票发行承销活动,促进各参与主体归位尽责,相关规定自发布之日起施行。

6月3日,中国证券投资基金业协会发布了《证券期货经营机构私募资产管理计划备案管理办法(试行)》,对证券公司、基金管理公司、期货公司等机构及其子公司的私募资管业务进行规定。新规将自2019年7月1日起实施。这是《资管新规》在落地过程中的又一实施细则,对于规范私募资管业务的发展,防范风险发生,保护投资者权益,具有重大意义。

6月6日,发改委印发《推动重点消费品更新升级 畅通资源循环利用实施方案(2019—2020年)》,鼓励银行等金融机构增加地级及以下城市和农村地区汽车金融服务的有效供给。

6月14日,央行宣布增加再贴现额度2000亿元、常备借贷便利额度1000亿元,加强对中小银行流动性支持,保持中小银行流动性充足。中小银行可使用合格债券、同业存单、票据等作为质押品,向人民银行申请流动性支持。

7月19日,为进一步疏通商业银行资本补充渠道,促进商业银行提升资本充足水平,增加信贷投放空间,更好地支持实体经济发展,银保监会、证监会发布实施《中国银保监会、中国证监会关于商业银行发行优先股补充一级资本的指导意见(修订)》。

8月7日,证监会发布消息,允许银行进入交易所债券市场。被允许进入的银行有政策性银行和国家开发银行、国有大型商业银行、股份制商业银行、城市商业银行、在华外资银行、境内上市的其他银行。村镇、农商(非上市)、农信则没有允许进入!通知中明确可参与债券竞价交易,但对于大宗、固收平台以及回购交易没有明示,但从交易所的债券交易规定看,后三者应该是允许的。债券市场的格局将再度改变!

8月27日,中华人民共和国中央人民政府在官网发布《国务院办公厅关于加快发展流通促进商业消费的意见》(国办发〔2019〕42号)。鼓励金融机构创新消费信贷产品和服务,推动专业化消费金融组织发展。鼓励金融机构对居民购买新能源汽车、绿色智能家电、智能家居、节水器具等绿色智能产品提供信贷支持,加大对新消费领域金融支持力度。

习近平总书记9月9日下午主持召开中央全面深化改革委员会第十次会议并发表重要讲话。会议审议通过了《统筹监管金融基础设施工作方案》。会议指出,金融基础设施是金融市场稳健高效运行的基础性保障,是实施宏观审慎管理和强化风险防控的重要抓手。要加强对重要金融基础设施的统筹监管,统一监管标准,健全准入管理,优化设施布局,健全治理结构,推动形成布局合理、治理有效、先进可靠、富有弹性的金融基础设施体系。

10月10日,银保监办印发《关于开展银行保险机构侵害消费者权益乱象整治工作的通知》,为了切实维护银行保险消费者合法权益,银保监会决定组织银行业保险业开展侵害消费者权益乱象整治工作。

11月22日,银保监会就《保险资产管理产品管理暂行办法(征求意见稿)》公开征求意见,监管层明确要求打破刚性兑付、消除多层嵌套、去通道、禁止资金池业务,不得承诺保本保收益,产品最低30万元起投、可投非标,最高占比35%。

11月25日,中国人民银行发布《中国金融稳定报告(2019)》,对2018年以来我国金融体系的稳健性状况进行了全面评估。在专题十二中,从改革历程、发展现状及存在问题、改革思路三个方面,表述了农村信用合作机构发展现状和改革思路。报告提出,要深化省联社改革,提升服务水平。坚持市场化、法治化、企业化改革方向,科学界定服务功能和业务范围,合理优化调整管理事项,制定依法管理履职清单,明确职责边界。无论采取何种省联社改革模式,省级人民政府都要建立服务县域经济、小法人分类治理、机构风险处置、行业服务以及监督约束等机制安排,并明确承担部门和责任。

11月26日,中国人民银行、发展改革委、财政部、证监会发布《信用评级业管理暂行办法》,规范信用评级业发展,人民银行、发展改革委、财政部、证监会将在统一监管规则的基础上,加强协调配合,强化监管合力,推动我国信用评级业高质量发展。

11月29日,为进一步完善资本工具创新和发行相关制度,中国银行保险监督管理委员会印发《关于商业银行资本工具创新的指导意见(修订)》。

12月2日,《商业银行理财子公司净资本管理办法(试行)》下发,将自2020年3月1日起施行。根据《净资本管理办法》,理财子公司净资本管理应当符合两方面标准:一是净资本不得低于5亿元人民币,且不得低于净资产的40%;二是净资本不得低于风险资本,确保理财子公司保持足够的净资本水平。

12月28日,新修改的《证券法》,历时4年多、历经4次审议后在第十三届全国人大常委会第十五次会议闭幕会上表决通过,修订后的《证券法》2020年3月1日施行。《证券法》是中国资本市场的"根本大法",它的修订关系到资本市场的改革发展大局,决定着资本市场未来很长时间的法治方向。

二、新修改的《证券投资基金法》通过

12月28日,闭幕的第十一届全国人大常委会第三十次会议,表决通过了修改后的《证券投资基金法》。

2009年开始《证券投资基金法》修订草案的起草工作,2019年6月26日在第十一届全国人大常委会第二十七次会议上修订草案第一次被提请审议。经过三次审议之后的15章155条新的《证券投资基金法》终于亮相。

《证券投资基金法》自2004年实施以来,对规范证券投资基金运作,保护基金投资者合法权益,促进基金业和证券市场的健康发展,发挥了重要作用。但随

着经济和金融体制改革的不断深化与资本市场的快速发展，我国基金业发生了很大变化，现行基金法的部分规定已不能完全适应市场发展新形势和基金监管的需要。为规范基金业，特别是非公开募集基金的设立与投资运作，遏制各种名目的非法集资，加强基金业监管，加大对投资者权益保护力度，促进基金业的健康发展，迫切需要对现行基金法进行修改。

（一）严防借私募基金"乱集资"

近年来，包括私募证券投资基金、私募股权投资基金在内的非公开募集基金快速发展，在推动经济结构调整、提高企业自主创新能力、缓解中小企业融资难等方面作用日益重要，也成为居民财富管理的重要工具。但是原来的基金法对非公开募集基金未做规定，使这类基金的设立与运作缺乏明确的法律依据，基金募集和投资行为不规范，容易损害投资者权益，更有少数违法犯罪分子借私募基金之名行"乱集资"之实，蕴含较大的金融风险和社会风险。

新法借鉴现行非公开募集基金实践和国外立法情况，将非公开募集基金纳入调整范围，规定"公开或者非公开募集资金设立证券投资基金，由基金管理人管理，基金托管人托管，为基金份额持有人的利益，进行证券投资活动，适用本法"。并设立专章对非公开募集基金做了原则规定。

新法规定了基金管理人的注册和登记制度。要求基金管理人按照规定向基金行业协会履行登记手续，报送基本情况。未经登记，任何单位或者个人不得使用"基金"或者"基金管理"字样或者近似名称进行证券投资活动。

新法确立了合格投资者制度。规定非公开募集基金只能向合格投资者募集，合格投资者应达到规定的收入水平或者资产规模，具备相关的风险识别能力和承担能力，合格投资者累计不得超过200人。

新法还规范了非公开募集基金的托管和基金合同必备条款。同时要求非公开募集基金，不得向合格投资者之外的单位和个人募集资金，不得通过报刊、电台、电视台、互联网等公众传播媒体或者讲座、报告会、分析会等方式向不特定对象宣传推介。

（二）禁止基金管理人内幕交易

原来的《证券投资基金法》缺乏对基金管理公司股东及其实际控制人的规定，对基金管理人及其从业人员的监管措施也不够严密，难以有效保护基金投资者权益，一些基金的"老鼠仓"、内幕交易等问题屡禁不止。新法根据目前公开募集基金运行情况和存在问题,对有关规定也做了相应调整。

新法参照《证券法》的规定,加强了基金监管,完善了基金治理结构,将基金管理人的股东及其实际控制人纳入监管范围。明确基金管理人及其从业人员禁止从事内幕交易、利益输送,禁止虚假出资或者为他人代持股权、抽逃出资等规定。

新法严格规定了对公开募集基金管理人的监管措施。法律规定,公开募集基金的基金管理人违法违规,或者其内部治理结构、稽核监控和风险控制管理不符合规定的,国务院证券监督管理机构应当责令其限期改正,并可视情节责令有关股东转让所持有或者限制有关股东行使股东权利。基金管理公司违法经营或者出现重大风险,严重危害证券市场秩序、损害基金份额持有人利益的,国务院证券监督管理机构可以对该基金管理人采取责令停业整顿、指定其他机构托管、接管、取消基金管理资格或者撤销等监管措施。

另外,新法还适当放宽了公开募集基金投资、运作的管制,包括将基金募集申请由"核准制"改为"注册制"。同时还修改了基金投资范围的规定,为基金投资于货币市场、股指期货等提供了依据。

(三)设专章规定基金服务机构

新法首次设立专章规定基金服务机构的相关内容。

随着基金行业的迅速发展,其专业程度不断提高,相关服务业务也得到快速发展。全国人大财经委副主任委员吴晓灵说,由于原来法律对基金销售机构、基金份额登记机构、基金估值服务机构等服务机构缺乏详细规定,难以适应基金业快速发展的需要。因此,新法设立专章规定基金服务机构很有必要。

着重对基金销售、基金销售支付、基金份额登记、基金估值服务、基金投资顾问、基金评价、信息技术系统服务等相关服务业务作明确规定。要求这些服务业务应当经国务院证券监督管理机构注册或者备案。并要求基金销售机构应当向投资人充分揭示投资风险,根据基金投资人的风险承受能力销售不同风险等级的基金产品。法律还规定了基金销售机构、基金销售支付机构、基金份额登记机构应当确保基金销售结算资金、资金份额的安全、独立,禁止任何单位或者个人以任何形式挪用基金销售结算资金和基金份额。

(四)保护基金份额持有人权益

为了更好地保护基金份额持有人的利益,防范金融风险,新法对基金管理人运作基金财产所遵循的规则及风险防范做出规定。

新法规定，基金管理人、基金托管人管理、运用基金财产，基金服务机构从事基金服务活动，应当恪尽职守，履行诚实信用、谨慎勤勉的义务。基金管理人运用基金财产进行证券投资，应当遵守审慎经营规则，制定科学合理的投资策略和风险管理制度，有效防范和控制风险。基金从业人员应当具备基金从业资格，遵守法律、行政法规，恪守职业道德和行为规范。

（五）发挥基金行业协会的作用

新法设立专章规定了基金行业协会的相关内容，对行业协会的性质和职责进行了详细的规定。

新法明确基金行业协会是证券投资基金行业的自律性组织，是社会团体法人。要求基金行业协会的权力机构为全体会员组成的会员大会，协会章程由大会指定，并报国务院证券监督管理机构备案。

新法规定了基金行业协会的八项职责。包括依法维护会员的合法权益，反映会员的建议和要求；制定和实施行业自律规则，监督、检查会员及其从业人员的执业行为，对违反自律规则和协会章程的，按照规定给予纪律处分；对会员之间、会员与客户之间发生的基金业务纠纷进行调解等。

三、《信用评级业管理暂行办法》发布

我国债券市场规模已居世界第二。作为重要的基础设施之一，信用评级在金融市场运行中发挥着揭示信用风险、辅助市场定价、提高市场效率、改善融资环境等积极作用。规范信用评级业发展是贯彻落实习近平总书记关于"优化结构，完善金融市场、金融机构、金融产品体系"重要讲话内容的重大举措。中国人民银行、国家发展和改革委员会、财政部、证监会联合发布《信用评级业管理暂行办法》（以下简称《办法》），自 2019 年 12 月 26 日正式实施。《办法》明确了行业规范发展的政策导向，建立健全统一监管的制度框架。这意味着，信用评级行业正式进入统一监管时代，将推动中国金融市场向高质量发展。第一，"防范和化解金融风险，更好地服务实体经济"是当前重要任务，《办法》的出台能够促进发挥信用评级在风险揭示和风险定价等方面的作用，有助于改善企业融资环境，防范金融风险，促进我国金融市场高质量发展。第二，《办法》的出台有助于弥补监管短板，推动我国评级业在新的历史时期规范发展，迈上新台阶。第三，《办法》的出台是在具体制度层面落实党中央、国务院关于扩大金融业对外开放的重要

部署,有助于构建公平有序的竞争环境,促进信用评级业高水平对外开放。

(一)健全制度,弥补短板

30年来,中国信用评级业发展取得长足进步,信用评级机构规模不断壮大,评级技术不断发展,评级结果更加趋于合理,社会认可度逐步提高,对促进中国金融市场健康发展发挥了积极作用。与此同时,中国信用评级业仍处于发展初期,还存在监管规则不统一、发展水平不高、独立性不足、商誉和公信力有待提升等问题,迫切需要建立健全行业制度规范,补齐监管短板,促进中国信用评级业高水平对外开放和健康发展。

债券市场一直处于相对分割状态,不同债券品种由不同监管部门核准或者注册,在不同的债券市场发行流通。这种状况一方面造成多头监管,另一方面也抬高了评级机构的成本。《办法》明确中国人民银行为信用评级行业主管部门,国家发展改革委、财政部、证监会为业务管理部门,依法实施具体监管。这改变了过去多头监管的格局,将发挥监管合力,形成统一监管。

目前评级行业有很强烈的市场需求,但是供应跟不上。大量高质量评级服务是进口的,国内很多债券、金融机构的评级由外资评级机构在做。因此对国内评级行业进行治理和提升改造,由此推动其加快发展,非常有必要。

(二)划出红线,提高罚款金额

《办法》划出红线,明确禁止篡改相关资料或者歪曲评级结果;禁止以挂靠、外包等形式允许其他机构使用其名义开展信用评级业务;禁止向受评经济主体提供顾问或者咨询服务等。

强调独立性。《办法》从执业独立性、机构独立性、人员独立性、部门独立性、薪酬独立性等五个方面专门对信用评级机构及从业人员的独立性做出规定。信用评级机构的职责在于独立、公正、客观地对信用风险做出评估,因此信用评级机构的独立性至关重要,信用评级机构独立性、利益冲突管理也是事中、事后管理的重点。

提高罚款金额。《办法》明确,信用评级机构未按规定办理备案且逾期不改正的,将面临评级业务收入1倍以上3倍以下的罚款;没有评级业务收入或者收入无法计算的,将面临200万元以上500万元以下的罚款。近年来,美国、欧盟等国家和地区的监管当局都对评级违规行为实施过严格处罚,罚款金额通常高达数十万、上百万美元或欧元。提高罚款金额符合国际惯例,有利于促进国内信用评级机构尽快适应国际标准。此外,还将对评级机构违规展业、恶性竞争、扰乱金融市场秩序等行为形成有效威慑,促进行业规范发展。

随着中国债券市场的国际化水平快速提高,信用评级将成为境外投资者进入中国市场的重要决策参考工具,从严监管有利于提高境内外投资者对人民币债券市场的信心。

(三)扩大金融开放,行业迈上新台阶

信用评级行业对外开放是稳步扩大金融市场对外开放的重要组成部分。2019年以来,中国债券市场开放步伐加快。1月28日,首家外商独资信用评级机构——标普信用评级(中国)有限公司正式进入中国市场;7月,金融业对外开放"新11条"发布,允许外资机构在华开展信用评级业务时,可以对银行间债券市场和交易所债券市场的所有种类债券评级。此次《办法》进一步明确,境外信用评级机构申请在中国展业,享受国民待遇,依照信用评级行业主管部门和业务管理部门的现行规定执行。

今后四部门将在统一监管规则的基础上,加强协调配合,强化监管合力,推动中国评级业发展迈上新台阶。具体来看,一是进一步改善行业竞争秩序,推动国内信用评级机构高质量发展。二是坚持开放对等原则,促进中国信用评级机构"走出去",支持和引导中国信用评级机构在"一带一路"倡议实施中发挥更大作用。三是促进评级市场资源整合,形成具有一定国际影响力的国内信用评级机构,发挥行业引领示范作用。四是加强国际评级监管合作,建立跨境评级监管协调机制。五是进一步健全自律机制,强化评级行业自我约束。

中国信托业发展报告
(2020)

第五章

2019 年信托法律法规评述

2019年9月11日，最高人民法院审判委员会民事行政专业委员会第319次会议原则通过《全国法院民商事审判工作会议纪要》（以下简称《会议纪要》），这是2019年度出台的和信托相关的最重要的规则。该规则虽然不是法律法规，甚至也不是司法解释，不能作为裁判依据进行援引，但《会议纪要》发布后，人民法院尚未审结的一审、二审案件，在裁判文书"本院认为"部分具体分析法律适用的理由时，可以根据《会议纪要》的相关规定进行说理，因此，该《会议纪要》将会对未来的营业信托审判实践和信托法原理的发展产生深远的影响。本评述重点对该《会议纪要》中的第七章"关于营业信托纠纷案件的审理"的部分进行逐条详尽分析，同时也涉及《会议纪要》其他章节中和营业信托实践密切相关的问题。值得注意的是，《证券法》在2019年完成修订，也会对信托法律产生重要影响，这里也会略有涉及。本次评述还对今年出台的其他规则进行简单的分析。

第一节　审理营业信托纠纷案件的新指引

一、引言

会议认为，从审判实践看，营业信托纠纷主要表现为事务管理信托纠纷和主动管理信托纠纷两种类型。在事务管理信托纠纷案件中，对信托公司开展和参与的多层嵌套、通道业务、回购承诺等融资活动，要以其实际构成的法律关系确定其效力，并在此基础上依法确定各方的权利义务。在主动管理信托纠纷案件中，应当重点审查受托人在"受人之托，忠人之事"的财产管理过程中，是否恪尽职守，履行了谨慎、有效管理等法定或者约定义务。

评述：

1. 引言中正确地指出了受托人的义务主要是法定义务，这对于清除司法实践中就信托纠纷只适用《合同法》而忽视《信托法》的错误做法有着非常重要的意义。

虽然信托关系主要是根据信托合同构建,很多信托合同也会重复《信托法》关于受托人义务的条款,这些都不能改变受托人的信义义务本质上是一种法定义务的事实。受托人信义义务是一种不管信托文件中是否有约定都存在的义务;是一种通过约定无法完全排除的义务。具体而言,可以从以下几个方面理解信义义务的内涵:

(1)受托人的义务包括约定义务和法定义务。其中信义义务本质上属于法定义务。受托人义务中法定义务和约定义务在互动中不断界定边界。

(2)受托人的义务中当然包括约定义务。《信托法》规定了信托文件遵守义务(第25条),例如,委托人在信托文件中明确约定信托财产的运用方法只限于贷款,受托人违反约定把信托财产进行股权投资,即构成违约。

(3)受托人的信义义务是当事人无法清晰地在信托文件中具体约定的义务。委托人可能不具备在信托文件中详尽约定受托人该如何行为的能力;即使委托人具备一定的专业能力(即使委托人是金融专家),也不能改变信托关系中委托人/受托人关系的失衡状态,受托人仍然处于专业、技能和信息等方面的优势;即使委托人再有能力,基于理性的有限性,也不可能对未来应采取什么行动做出准确的预测。而为了让受托人妥善处理信托事务,必须授予受托人裁量权。相应为了限制裁量权滥用,就得用法律规定受托人义务的方式加以限制。

(4)受托人义务的来源比较复杂,至少有当事人在信托文件中的约定、《信托法》等法律的规定、监管规范的规定、行业自律规范的规定、行业惯例等。信托文件把《信托法》等的规定照抄其中并不意味着把法定义务转变成了约定义务。比如多数信托文件都照抄《信托法》关于谨慎管理的条款,违反谨慎义务(尽职管理义务)似乎也违反了信托文件,但是仍然不能说受托人构成了违约。

(5)受托人信义义务的法定性意味着,不管信托合同等信托文件是否约定受托人的信义义务,他的信义义务依然存在。例如,信托文件中没有约定整体止损线,受托人没有及时止损,导致信托财产受损。此时不能说信托文件没有为受托人约定止损义务,受托人就没有违反义务。没有约定止损线本身就意味着对信义义务这样的法定义务的违反。再如,信托文件比较简略,没有约定受托人不得利用信托财产为其自身谋取利益的义务,受托人仍然有这些忠实义务。

(6)受托人信义义务的法定性还意味着,受托人通过约定可以对信义义务做出适当的裁剪,但是无法排除。在通道业务(消极信托)中,"当事人在信托文件中约定,委托人自主决定信托设立、信托财产运用对象、信托财产管理运用处分方式等事宜,自行承担信托资产的风险管理责任和相应风险损失,受托人仅提供必要的事务协助或者服务,不承担主动管理职责"的,并不意味着受托人对委托人就不存在信义义务。受托人至少还要提供必要的事务协助或者服务。更重要的是,受托人在通道业务中的忠实义务是不变的。

2. 区分主动信托和事务管理信托没有特别重要的意义。虽然在事务管理信托中似乎更容易出现多层嵌套、通道业务、回购承诺等,但是资管纠纷结构复杂,总体上都应适用《信托法》,某些资管项目涉及信托公司作为受托人的时候,既可能是消极信托,也可能涉及积极信托,至少"多层嵌套"和"回购承诺"并非消极信托中才有的,而是整个资产管理中的常见手法。积极信托和消极信托中受托人的义务只存在量的差别,没有质的差别。

3. 引言主要强调谨慎和有效管理义务,忽视了忠实义务。虽然还有一些争议,把受托人的义务归纳为忠实义务和谨慎义务(勤勉义务)两大类是被广为接受的。引言中的用语没有体现出对忠实义务的重视。如前例,在消极信托中,受托人的尽职管理义务(注意义务)可能有所降低,但是存在同样的忠实义务。

4. 在引言中,指出信托业务及其延伸交易中涉及多层嵌套、通道业务和回购承诺等问题的,按照其实际构成的法律关系确定其效力,这和"征求意见稿"相比,删除了很多简单化"一刀切"处理的意见,是一个巨大的进步。

《会议纪要》尝试给复杂繁复的商事行为建立统一的抽象规则,为营业信托的审判实践指明方向。仔细对比分析纪要的条文和之前的征求意见稿就可以看得非常清楚:征求意见稿被删除的部分大多是意图"一刀切"的内容,因此可以说正式稿是有进步的;正式稿中没有争议的多数内容都只是对《信托法》和信托法理的重复;正式稿中凡是试图建立统一可操作规则的条文,大多没有考虑复杂的商事交易模式。

司法的价值恰恰在于,它不是法律的机械适用者,它不试图发现能应用于所有类似案件的万应规则。司法应在尊重立法的前提下,在个案中关注每个案件的特殊性,让正义在最大程度上得以实现。

二、第88条"营业信托纠纷的认定"

信托公司根据法律法规以及金融监督管理部门的监管规定,以取得信托报酬为目的接受委托人的委托,以受托人身份处理信托事务的经营行为,属于营业信托。由此产生的信托当事人之间的纠纷,为营业信托纠纷。

根据《关于规范金融机构资产管理业务的指导意见》的规定,其他金融机构开展的资产管理业务构成信托关系的,当事人之间的纠纷适用《信托法》及其他有关规定处理。

评述:

1. 本条的积极意义在于,承认了其他金融机构开展的资产管理业务构成信托关系的,可适用《信托法》。笔者从 2014 年(赵廉慧,"资产管理:受托人及其法律适用",《财富管理》2014 年第九期)甚至更早开始一直论证资管业务本质上是信托业务(除了少数例外),法院在私法适用方面可以不受分业经营分业监管规则的影响,大胆适用《信托法》,而不是只能使用《合同法》。

私法法律关系的适用可以超越监管领域的划分,这本来是常识,但是事实证明,就常识达成共识并非易事。

之前监管机构发布的《资管新规》中虽然体现了这样的观念,但是还是删除了"信托法是资管领域的基本法"这样的表述。而《会议纪要》在本条中明确指出,非信托公司的金融机构开展资管业务构成信托关系的(资管业务也有可能采取信托以外的其他法律形式如有限合伙),也应适用《信托法》及其相关规定。这有正本清源的作用,可以说是《会议纪要》中关于营业信托部分做出最大贡献的规定。

2. 本条给营业信托纠纷作了定义。信托公司作为受托人,以取得信托报酬为目的接受委托人委托,以受托人身份经营信托业务的,为营业信托,营业信托当事人之间的纠纷,为营业信托纠纷。营业信托纠纷有以下几个特点:

——信托公司和其他金融机构作为受托人。也就是说,营业信托的受托人不仅仅是信托公司,其他的资管结构从事资管业务,其法律关系构成信托的,适用《信托法》的规定,该机构即为营业信托的受托人,不管该资管机构在监管上归属于哪个监管机构监管。

——以取得信托报酬为目的经营信托业务。不仅要取得报酬,而且还要经营业务。所谓经营业务,一般指长期、反复以取得报酬为目的从事某一方面业务。偶发性的从事受托业务,即使收取报酬,也不一定构成经营信托业务。

——在信托当事人之间发生的纠纷。委托人、受托人和受益人作为信托当事人,他们之间发生的纠纷属于信托纠纷。本《会议纪要》在第 89 条明确,信托受托人在信托财产运用端和非信托当事人的交易对手(如融资人、债务人)的关系并非信托关系。

3. 从概念上看,营业信托和非营业信托是按照受托人是否是营业性信托机构而做的划分。如此一来,信托公司所从事的商事信托(金融信托)、民事(家族)信托和慈善(公益)信托均为营业信托,因其受托人是营业性信托机构之故。

不过,目前,信托监管规则主要是针对商事金融信托制订,公益信托的监管适用不同的规则,家族信托也只需要很少的金融监管机构的监管。本会议纪要的调整重点是商事(金融)信托,如果信托公司从事的家族信托和慈善信托产生纠纷,虽然也算是营业信托,很显然不应适用本会议纪要的规定。

三、第89条"资产或者资产收益权转让及回购"

信托公司在资金信托成立后,以募集的信托资金受让特定资产或者特定资产收益权,属于信托公司在资金依法募集后的资金运用行为,由此引发的纠纷不应当认定为营业信托纠纷。如果合同中约定由转让方或者其指定的第三方在一定期间后以交易本金加上溢价款等固定价款无条件回购的,无论转让方所转让的标的物是否真实存在、是否实际交付或者过户,只要合同不存在法定无效事由,对信托公司提出的由转让方或者其指定的第三方按约定承担责任的诉讼请求,人民法院依法予以支持。

当事人在相关合同中同时约定采用信托公司受让目标公司股权、向目标公司增资方式并以相应股权担保债权实现的,应当认定在当事人之间成立让与担保法律关系。当事人之间的具体权利义务,根据本会议纪要第71条的规定加以确定。

评述:

1. 委托人、受托人和受益人属于信托当事人,信托当事人之间的关系才可能构成信托关系,受托人在资金运用端和第三人建立的交易关系("以募集的信托资金受让特定资产或者特定资产收益权")不是信托关系,其纠纷不是信托纠纷。这一点实际上是常识,还需要最高院以这种方式明确规定出来,有点悲哀。

不过,严格意义上,不能说受托人运用信托财产和第三人所进行的交易就一定不是信托关系。例如,受托人把信托财产的部分或者全部投入到另外一个受托人管理的信托,此时,本信托的受托人以委托人=受益人的身份出现。这是另外一个信托关系。

2. 本条第一款第二句有着非常重要的意味。受托人和第三人的这种交易虽然不是信托端的交易，但是，本条第二句实际上承认了受托人以信托财产受让特定资产收益权是一种合法的交易。其中甚至指出："如果合同中约定由转让方或者其指定的第三方在一定期间后以交易本金加上溢价款等固定价款无条件回购的，无论转让方所转让的标的物是否真实存在、是否实际交付或者过户，只要合同不存在法定无效事由，对信托公司提出的由转让方或者其指定的第三方按约定承担责任的诉讼请求，人民法院依法予以支持"，这传递出一种非常清晰的信息：即使交易对手的特定资产收益权可能无法真实地转让给受托人（"是否实际交付或者过户"），甚至这种基础资产（标的物）本身可能是不存在的（"标的物是否真实存在"），这种交易也是有效的。

从《信托法》原理上看，受托人运用信托财产受让资产收益权的行为并非信托行为，因此没有所谓信托财产确定性的要求。但是，值得思考的是，受托人以信托财产购买或者"投资"于第三人的特定资产收益权，在这个购买行为和"投资"交易完成的时候，受托人得到了什么？根据债法原理，买卖行为不以买卖的标的存在为条件，买卖合同签订当时即使标的物不存在，不影响买卖合同的效力，将来卖方无法提供标的物的交付，只是构成违约。所以，本条第二句似乎不违背债法原理。

不过，资产收益权毕竟太过虚幻。部分交易中受托人会采取措施将"物业收益权"和"股权收益权"中回收的现金流放入特定的账户，但不少资产收益权几乎不存在有效的现金流。因此，绝大多数资产收益权交易合同中都存在溢价回购条款，并在回购项下提供充分的担保。若不存在回购以及相应的增信措施，受托人将信托财产换来一个虚幻的"资产收益权"，构成对信托义务的严重违反。

3. 由于本条是关于资金信托的规定，没有涉及资产收益权作为信托财产设立信托的问题，这里延伸讨论一下。按照本条逻辑，即使把这种交易从信托财产运用端挪到信托设立端，委托人以资产收益权作为信托财产设立信托的，如果委托人或第三人有溢价回购该资产收益权的义务（如后文所述，这种回购义务可以是对受托人，也可以是对优先级投资者），并在回购项下附有担保等增信措施，此时，资产收益权的转让本身（哪怕是形式的转让）加上回购和相关增信措施，相当于把资产收益权这种虚幻的资产整体"打包"为一种可转让的真实的财产权利（类似债权）。因此，以资产收益权作为信托财产设立信托，某些情形下似乎并不违反信托财产的确定性要求，可以创设信托。不过，在这种结构中，受托人应确保打包入信托的是确定的财产,而且,即使是靠受益权转让(劣后级受益人＝融资人将其持有的优先级受益权转让给普通投资者)使劣后级受益人取得融资,受托人作为结构的设计者,仍然可能会对优先级受益人承担责任。

4. 伊索寓言中有一个广为人知的故事:一个暴风雨的日子,有一个穷人到富人家讨饭。"滚开!"仆人说:"不要来打搅我们。"穷人说:"只要让我进去,在你们的火炉上烤干衣服就行了。"仆人以为这不需要花费什么,就让他进去了。这个可怜人,这时请求厨娘给他一个小锅,以便他"煮石头汤喝"。"石头汤?"厨娘说:"我想看看你怎样用石头做成汤。"于是她就答应了。穷人于是到路上拣了块石头洗净后放在锅里煮。"可是,你总得放点盐吧。"厨娘说,她得给他一些盐,后来又给了豌豆、薄荷、香菜。最后,又把能收拾到的碎肉末都放在汤里。当然,你也许能猜到,这个可怜人后来把石头捞出来扔回路上,美美地喝了一锅肉汤。

之前在不少的被冠以"艺术品投资信托"的产品中,不管"艺术品"出现在信托设立端,还是在交易端,其所起的作用就相当于上面故事中的石头。在不少资产受益权信托当中,所谓的资产受益权所起的作用也相当于上面故事中的石头。

这种信托虽不排除"石头"是真的,例如以类似 ABS 的方式设立信托融资的情形,但是多数情况下,石头哪怕是假的,也不一定妨碍信托的设立。即使石头是假的,最终对普通投资者而言,按信托有效、让受托人承担违反信托的责任处理,相比而言是一种更合适的救济。

很多现实中不断演绎的"石头汤的故事"和其他的"讲故事"的操作,本质上是一种变相的债权融资,遵照实质监管的原则,按债权融资甚至贷款信托施加规制即可,法院没有必要宣告该交易结构无效。如果"石头"完全是假的,给投资者造成损失,似可按欺诈甚至诈骗处理。

5. 第二款关于股权让与担保的规定值得商榷。受托人向目标公司提供融资,以该公司的股权增信的,多数情况下不应按让与担保处理。

信托公司向目标公司提供融资的交易结构可能有数种,不可能完全列举,这里粗略列举几种:第一种情形,信托公司将信托财产借款给目标公司,目标公司的控股股东以其股权质押作为担保。第二种情形,目标公司对公司股权的得失非常重视,信托公司以信托财产投资于目标公司的股权收益权(避免股权实际转让),实际控制人回购股权收益权并以在公司的股权质押担保。第三种情形,信托公司以增资或者受让股权的方式进入目标公司,成为目标公司的控股股东,这是本条第二款规范的对象。

前两种情形当然不构成让与担保。最后一种情形实质上也不是让与担保，为何要按让与担保处理，令人费解。

6. 猜测起来，本条是意欲解决明股实债中受托人作为股东的责任问题，意欲把信托公司从作为真正股东承担股东责任的风险中解放出来。之前曾经有法院判决认为，信托公司作为受托人以信托财产入股目标公司，其目的在于担保，而非真正的入股投资。例如，最高人民法院在案[①]中指出，"信托公司虽通过增资扩股方式成为某公司股东，但其目的并不在于参与或者控制某公司的经营管理，而是为了获取固定投资回报"，信托公司并未实际参与目标公司的经营管理。本条是对类似判决逻辑的确认。

某地方法院在一个类似案件中也论证到："虽然采取了增资入股的方式，也明确地约定了可以采取分红、减资、处置资产（包括处分100%股权）等方式退出资金，但亦采取了抵押担保、股权信托等担保方式保障信托资金的安全退出，且从合同约定的权利义务来看，新华信托并不能按照其已经登记为博翔公司唯一股东的身份而全部获取公司利益，也即该投资行为并非《公司法》意义上典型的股权投资，新华信托与博翔公司、谢树镍、谢树峰、谢柳妹等均应依照信托计划约定及各方真实意思表示履行，新华信托并不能因此而实质获得博翔公司100%的股权，即使百年城项目获得重大利益，新华信托公司也不能依据其工商注册行为而完全自己享有。该交易的实质内容是新华信托为到期收取固定资金收益，而为博翔公司及其股东所为的一种融资借款行为，属于信托公司的正常经营活动。该信托投资关系的实质是新华信托与博翔公司及其股东谢树镍、谢树峰、谢柳妹之间形成债权债务关系，各方均应依约履行。所作增资注册为股东、股权转让等形式只能是法律并无明确规定的让与担保"。[②] 该判决似乎确立了这样的逻辑：信托公司根据约定不能因100%控股而实际享有该公司可能获得的重大利益（作为股东分红），因而信托公司也不应承担作为股东的责任，根据权益和风险相一致的原理，似乎有一点合理性。但是这种约定只能是受托人和融资人内部的约定，入股公司的债权人是无法知晓的。本案穿透交易的过程直接把当事人的关系看作贷款和股权让与担保，此种"透过现象看本质"的做法是不符合商业逻辑和法律逻辑的。本条第二款也是如此。

---

① 最高人民法院，〔2015〕民二终字第435号。
② 新华信托股份有限公司与姜秀华执行异议之诉纠纷一审民事判决书，松原市中级人民法院，〔2017〕吉07民初86号。

7. 之前有一些案件的判决，地方法院的说理是有一定的说服力的。例如，湖州市吴兴区人民法院在2016年的一个判决中指出①：

"在名实股东的问题上要区分内部关系和外部关系，对内部关系产生的股权权益争议纠纷，可以当事人之间的约定为依据，或是隐名股东，或是名股实债；而对外部关系上不适用内部约定，按照《中华人民共和国公司法》第32条第3款'公司应当将股东的姓名或者名称及其出资额向公司登记机关登记，登记事项发生变更的，应当办理变更登记，未经登记或者变更登记的，不得对抗第三人'之规定，第三人不受当事人之间的内部约定约束，而是以当事人之间对外的公示为信赖依据。应适用公司的外观主义原则"，对港城置业所有债权人而言，"对港城置业公司的股东名册记载、管理机关登记所公示的内容，即新华信托为持有港城置业80%股份的股东身份"产生信赖是合理的，法律应对这种合理的信赖提供保护。

而且，从禁反言法理来看，在对第三人的关系上，新华信托不能在两种法律效果——股和债当中自由选择。

8. 信托公司以何种方式向融资方提供融资，需要考虑不同法律形式的利益（收益）、风险和责任。

在前面列举的模式中，用信托贷款的方式是最简单的一种。此时，需要交易对手提供担保特别是物权担保，可以把交易对手公司的相关股权质押的方式实现，此时信托公司也不需要担心承担股东责任。但是其缺点也十分明显，信托贷款受额度管理限制。在向房地产企业放贷的时候还有特别的限制。

还有第二种所谓股权收益权投资模式，即实际控制人回购+股权质押。这更类似于一种信托贷款。在监管实践中，附回购的股权融资按照实质监管原则应按信托贷款对待。这种模式对信托公司而言和第一种类似，没有作为股东的额外风险，但是存在被监管部门按照信托贷款对待的风险。

第三种典型的股权融资的方式。受托人将信托财产注入项目公司等。此时，信托公司已经取得了项目公司的股权甚至是控股份额，信托公司以控制股权的方式实现自己的投资利益，原本也属于一种广义的担保。

当然需要承认，在这种模式中，大量存在的是明股实债的模式，信托公司的

---

① 新华信托股份有限公司与湖州港城置业有限公司破产债权确认纠纷一审民事判决书，湖州市吴兴区人民法院，[2016]浙0502民初1671号。

确很少以持有股权经营管理为目的进入项目公司的。

但是若要因此不让受托人承担其作为项目公司股东的风险和责任，是有问题的。

9. 明股实债作为一种融资模式要被认可，就是要以让受托人在作为股东期间承担作为股东的风险作为前提，否则有违商业逻辑，对保护目标公司的债权人不利。

在明股实债的模式中，不少信托公司的确没有把自己取得的股权当回事。很多情况下，信托财产注入资金的公司可能只是项目公司（壳公司），而项目公司的资金多数又被项目公司的实际控制人挪作他用（并不一定是用于开发项目，有的甚至用于归还上一个信托项目欠信托公司的费用，严重违背项目资金的使用目的），信托公司此时作为控制股东应当对目标公司进行适当的管理，而不能完全按照和控股股东的内部约定就对目标公司放任不管——不派驻董事，即使派驻董事也流于形式，任由实际控制人自由行动；不关心项目公司之前是否有负债，甚至不控制项目公司重新负债。

一个怪异的逻辑是，信托公司入主目标公司之后，没有实际参与管理，所以就证明其并不是以参与管理公司为目的，所以其就应该免除作为股东的责任和风险，而只把他当作只享有权利而没有风险的让与担保权人对待。入股公司之后，行使作为股东的职权（不仅仅是权利），是股东在公司法上的义务，也是信托公司作为受托人为受益人利益负责的谨慎管理义务的要求（这才是监管念念不忘的主动管理），即使和融资方有约定，作为资金提供方的信托公司享有磋商优势，应约定自己对公司的管理权限，至少要约定控制公司负债的条款。

对受托人和目标公司的控制人而言，明股实债的安排，实质上是借贷。但是，信托公司借用了股权增资的法律工具，增加了目标公司债权人的风险，当然也增加了本项目受益人的风险，是具有外部性的。所以不能完全按照信托公司和融资方之间约定的"实质"产生效力。

对目标公司的债权人而言，他也没有义务去区分信托公司是以持股为目的或者以增信为目的持有公司股权。

10. 可能会有观点认为，信托公司根据监管规章无法以固有资金投资非金融企业，所以只要信托公司以信托财产对外投资，都可以认为是信托财产投资，且不是以持有股权管理公司取得分红作为入股目的的。这种观点的前半部分是对的，后半部分是值得商榷的。虽然信托公司的对外实业股权投资都是信托财产投资,但即使是信托财产对外投资,既可以是以增信为目的,也可以是以(长期)持有为目的(现实中应该不乏这样的实例),不能自动得出信托财产入股就一定非以持股或者控股为目的,进而使受托人免于承担股东的义务和风险。

现实中信托公司以信托财产对外股权运用的方式非常复杂,可以有各种夹层、转换等,目的既可能是增信,也可能是投资,也可能是投资和增信兼而有之,无法做一律判断。

比较公允的做法可能是,如果构成明股实债的安排,监管部门可以按照债甚至是贷款信托进行监管。这样,在监管的压力下,明股实债的运用就会减少。在司法审判中,是股还是债,还是要根据个案判断,兼顾受托人、受益人和第三人利益之后,选择适当的处理方法。

作为担保的时候,股权原本可以用来质押。让与担保为非典型担保,因其欠缺法定的公示手段而在对抗第三人方面被质疑。舍法定的担保手段而采取有争议的让与担保来创设担保权益,看不出信托公司如此行事的合理性何在。股权进入目标公司的目的主要是规避监管对贷款信托的管制,而非主要在于担保。让与担保只有在对相关当事人都是合理的时候才能例外一用,不能当作处理这一问题的万应灵丹。

监管政策瞬间万变,而司法则应更重视规则的公平、稳定和可预测。司法不能过分紧跟监管的一时一地的需求。不能既让信托公司得到非贷款信托的待遇,又免于股权投资的风险。受托人既然想得到股权投资的利益,就要承担股权投资的风险。

如果目标公司不丧失偿债能力,不存在其他的债权人,信托公司是作为股东或是让与担保的担保人并无太大区分,关键是某些受托人自己一厢情愿把自己当作担保权人而融资人却把该公司当作融资的壳,此时该公司实际控制人行为带来的风险应该由信托公司承担,而非由公司的其他债权人承担。司法机关支持商业组织如此"两全其美"的设计,留下无辜的目标公司债权人独自受损,是不公平的。

四、第 90 条"劣后级受益人的责任承担"

信托文件及相关合同将受益人区分为优先级受益人和劣后级受益人等不同类别,约定优先级受益人以其财产认购信托计划份额,在信托到期后,劣后级受益人负有对优先级受益人从信托财产获得利益与其投资本金及约定收益之间的差额承担补足义务,优先级受益人请求劣后级受益人按照约定承担责任的,人民法院依法予以支持。

信托文件中关于不同类型受益人权利义务关系的约定,不影响受益人与受托人之间信托法律关系的认定。

评述:

1. 劣后级受益人对优先级受益人做出的保底承诺不违反刚兑禁令。

信托相关的监管规范规定,受托人不可对委托人＝受益人承诺不受损失或者固定收益,这和《会议纪要》中禁止保底条款(《会议纪要》第92条,后面探讨)的精神是一致的,人民法院可能会宣告受托人做出保本或者刚兑承诺的该条款无效。

如果由部分受益人(劣后级受益人)对另外一部分受益人(优先级受益人)做出类似补足或担保承诺,并不违反监管规范。原则上,只要不是受托人或者为了受托人对受益人做出类似承诺,从法律上并无问题。不过,这里还有一些细节的问题需要探讨。

劣后级受益人做出如此承诺的,客观上导致优先级的受益人成为固定收益人,但这并不违反信托在本质上属于权益型投资的属性。在某些分层的信托计划中,劣后级的受益人成为剩余索取权人,成为最终的风险承担者和剩余利益的获得者。信托作为权益型投资工具,并不要求全部受益人都是剩余索取权人,只要有部分受益人是剩余索取权人即可。

2. 一个被忽略的问题是:不同受益人之间的安排是否要通过受托人实现?

具体而言,我们要考虑劣后级受益人对优先级受益人的差额补足义务是如何产生的,要探讨如此约定让优先级受益人越过受托人直接取得对劣后级受益权的权利,在这样的结构中受托人的作用是什么,是不是形骸化了,形骸化可不可以等问题。

(1)通过受托人的优先劣后安排:

在信托的优先劣后安排中,让劣后级的受益人为优先级的受益人提供增信措施,是受托人为了优先级受益人的利益行事的一部分,或者说是受托人义务之所在。此时,若劣后级受益人不履行补足义务等,应当由受托人对劣后级受益人采取请求或诉讼等行动,而不需要优先级的受益人直接起诉劣后级受益人。劣后级受益人回购其原本转让的优先级受益权是对受托人(而非优先级受益人)承诺的义务,受托人有权确保其实现(信托文件没有约定亦未得到受益人同意,受托人不能把追究第三人责任的"权利"转让受益人）。受托人有权在该回购义务项下要求劣后级受益人提供担保等增信措施，而这一切都是受托人为确保信托财产不受损失应当采取的措施。

此时，优先级受益人和劣后级受益人之间原则上没有法律关系，除非受托人经过适当的程序把相关权利转让给优先级受益人（债权让与）。

典型的例子是加杠杆的证券投资基金。在这种结构中，劣后级的受益人仍然是投资者，不过，他有机会享有加杠杆投资的可能的巨大（剩余）收益，也有可能要承担其杠杆投资放大了的投资风险；他同时也对优先级的投资者提供一定的增信或者说保障。

这种结构如果投资者都是合格投资者，对各种投资者进行完全的知情告知，且杠杆率在合理的范围内，应是合法的结构。但是，《会议纪要》中遵照监管文件的精神，可能会把这种情形作为场外配资而宣告无效（《会议纪要》第86条）。在信托实务中，运用受益人的分层进行结构性融资是常见的操作手法。信托公司是持有金融牌照的金融机构，不违反其监管规范的投资操作应该不会给金融制度带来损害，所以笔者以为，似乎不宜简单地宣告信托公司参与的有配资实质的投资结构无效。

（2）越过受托人的保底安排。

有时，交易结构是通过劣后级的受益人向普通投资者转让优先级受益权的方式搭建优先劣后顺序的。受益权转让虽然要通过受托人，但是对于受益权转让协议以及之后的回购、补偿、增信协议，都是发生在优先级和劣后级受益人之间，似乎和受托人没有关系。受益人之间直接根据约定发生法律关系，可以相互起诉。

有时，不同类型受益人之间的法律关系的构建更为简单粗暴：没有受益权转让及回购，劣后级受益人进入信托的资产是某种收益权，然后直接约定自己向优先级受益人有补足义务。

两种模式都是在信托计划中做出的安排，形式上都通过受托人或者信托，而受托人的义务大为不同。

第二种交易结构产生一种非典型信托结构：信托完全成为融资工具，优先级和劣后级受益人之间是融资双方，不需要受托人将信托财产在运用端采取行动。这种信托就是完全的融资通道，应归类为典型的通道业务进行规制（参见笔者后文对《会议纪要》第93条的分析）。

3. 劣后级的受益人做出如此承诺的,并不改变信托受托人对受益人的信托关系和信义义务。

——劣后级受益人和受托人的关系。

有时,劣后级受益人实质上是纯粹的融资方,此时该如何考虑呢?受托人对劣后级受益人的义务和对优先级受益人的义务是否有区别呢?

一般而言,劣后级的受益人具有部分融资人的属性(要么加杠杆,要么直接取得优先级受益人投入的资金,因负有回购或者补足义务而负有债务),其在与受托人缔约的时候可能会放弃不少受益人的权利。例如,从法理上受托人不能要求全部受益人包括劣后级的受益人放弃剩余索取权,不过不少实务的信托文件中约定,劣后级的受益人承担收益为零的后果。

不过,即使如此,《信托法》上不存在放弃了所有权利的受益人,或者说,《信托法》上不存在不负任何义务的受托人。如笔者在评析"通道业务"之时所讨论的,即使说通道业务,受托人并非没有义务、责任或者风险。

因此,本条第二款的规定可以解释为,不管不同的受益人之间的关系如何,不会影响受托人对受益人的信托义务。或者说,受托人的义务有不可约定削减之核。

——优先级受益人和受托人的关系

虽然优先级受益人和劣后级受益人之间有约定的债权债务关系,但是,作为融资结构的设计者和受托人,信托公司对优先级的受益人仍然承担信托义务。即使是受益人之间进行直接的补足义务和担保义务的约定"越过"了受托人,但是,如果这个结构的设计是有瑕疵的,受托人仍然违反了对优先级受益人的尽职管理义务。更不用说受托人对优先级受益人还有忠实义务。

五、第 91 条"增信文件的性质"

信托合同之外的当事人提供第三方差额补足、代为履行到期回购义务、流动性支持等类似承诺文件作为增信措施,其内容符合法律关于保证的规定的,人民法院应当认定当事人之间成立保证合同关系。其内容不符合法律关于保证的规定的,依据承诺文件的具体内容确定相应的权利义务关系,并根据案件事实情况确定相应的民事责任。

评述:

之前本《会议纪要》的"征求意见稿"中主张,"当事人提供第三方差额补足、到期回购、流动性支持等类似承诺文件作为增信措施,其内容符合《担保法》第十七条、第十八条规定的,人民法院应当认定当事人之间成立保证合同法律关系,并根据《担保法》和《最高人民法院关于适用〈中华人民共和国担保法〉若干问题的解释》的相关规定,确定当事人的责任承担"。正式稿与之相比,多了一些灵活性,没有把所有的增信措施都作为保证对待。

在金融实践中,回购和第三方差额补足、流动性支持等类似承诺文件都是作为增信措施而存在。信用增强(Credit Enhancement),简称"增信",可以把民法上的诸多担保手段——如保证这样的人的担保和抵押、质押等物的担保包括在内的。但是,不能说所有的增信手段都是担保。

民法上所称"担保",都是对债的担保(《担保法》第2条),虽然可以说凡是能确保债权实现的方法都可以被称为债的担保,但是我们一般讨论的都是债的特殊担保。撤销权和代位权这种被称为"债的一般担保"的制度,不属于担保法探讨的范围。民事责任本身也有债的保全效力,但我们在谈担保的时候,一般也不谈民事责任。

增信措施中具有代表性的是回购。回购毫无疑问具有确保某种权利实现的功能,但不能把回购一律称之为担保权,更不能称之为保证合同。

所谓回购,指某一方当事人承诺在一定的条件下买回某些曾经属于自己的权益型的财产权利(股权、股票);在第三方回购的场合,"回购"中的"回"仅仅有象征含义。

民法很少探讨回购。回购安排构造了一种债的关系,这种债在不少场合直接属于民法上的主债,而非如保证仅仅是一种从债。

利用回购所强化的权利并不一定是债权(资产受益权可以被勉强理解为一种未来债权,信托受益权在日本和中国台湾地区也被认为属于债权),甚至可以说,回购的安排所确保的主要不是债权,而是权益型的权利。这和"担保是对债的担保"的定义不符。比如在类似对赌的关系中,原本不存在债权债务关系,某些股东对另外的一些股东的投资提供回购。此时回购所确保的并不是一种先在的债权,而是为股权持有人等构建了一个新的附条件债权,这个新的债权对某些权益型投资人构成了一种保障。在原股东承诺回购的场合,被保障的是股东的投资权益。这些当然都不符合担保是债权的担保的基本定义。

总言之,大部分的回购自身创设了一种新的债权,这种债权属于主债权,而不是保证这样的从债权。若无其他担保,回购类似一种无担保债权,不能令回购债权人安心。

在某些被称为"明股实债"的法律关系中,通过回购构造出一种债的关系是常见的。而且,为了确保这种回购之债(义务)的履行,当事人会在回购项下设立担保(包括保证、抵押、质押等)。把回购当作一种主债,似乎比把回购当做一种担保更为合理。

当然必须承认,在现实的金融安排中,不少情形下回购的确具有某种担保属性。由于法律就回购没有明文规定,在某些情况下参照保证的规定来适用法律解决纠纷有一定的合理性。但是,绝不能把回购和保证之间划等号。

所以,《会议纪要》最后指出:"其内容不符合法律关于保证的规定的,依据承诺文件的具体内容确定相应的权利义务关系,并根据案件事实情况确定相应的民事责任"。形式上看,比征求意见稿建立统一规则的尝试有了一定程度的改进。但是,据起草参与者称,这并不代表纪要正式稿和征求意见稿相比改变了立场。

本《会议纪要》采取一种强力"穿透"的立场,把很多融资的信托做借贷看待,特别是很多意欲规避监管的设计。因此在其自身逻辑上把非物权担保的增信手段都看成保证就是可以理解的了。

六、第92条"保底或者刚兑条款无效"

信托公司、商业银行等金融机构作为资产管理产品的受托人与受益人订立的含有保证本息固定回报、保证本金不受损失等保底或者刚兑条款的合同,人民法院应当认定该条款无效。受益人请求受托人对其损失承担与其过错相适应的赔偿责任的,人民法院依法予以支持。

实践中,保底或者刚兑条款通常不在资产管理产品合同中明确约定,而是以"抽屉协议"或者其他方式约定,不管形式如何,均应认定无效。

评述:

1. 刚兑条款无效而非信托无效。

作为对《资管新规》等监管文件的回应,本条宣布保底或刚兑条款无效。本条只是认定保底或刚兑条款无效,而非整个信托合同或者信托无效。

2. 什么是需要法律调整的刚兑?

关于打破刚兑,讨论了好多年,但我们首先要搞明白在资管领域的"刚兑"是什么含义。刚性兑付是我国资管实践创造出的一个很糟糕的术语,它的内涵是不清楚的,经常被混乱地运用到多种场景。很多讨论者既说不清刚兑是什么,又讲不清什么叫打破刚兑，更说不清如何打破刚兑。

受托管理人和投资者之间不是金钱储蓄和借贷这样的债权债务关系，信托财产虽然在法律上归属于受托人，信托财产上产生的风险和收益均由投资者承担和享有，所以，受托人对受益人并不负有还本付息的义务，更没有义务确保投资者能取得固定收益或本金不受损失。这就是说，受托人没有不像银行一样有"兑付"义务。

受托人接受委托管理信托事务，信托财产产生损失的情形可以进一步做以下区分：

——情形 A，受托人明确或者默示表示会兑付；由于监管规范不允许如此约定，就只有用"抽屉协议"的方法，这是本条调整的情形。鉴于很少有正规的受托机构敢直接在信托文件中承诺刚兑，抽屉协议可能成为该规范调整的重点。

——情形 B，受托人没有明示表示兑付，也无抽屉协议，如果受托人能证明自己尽职管理，信托财产产生损失是商业风险，受托人不应承担责任，以信托财产残值支付受益人。

——情形 C，虽然受托人没有明确表示兑付，也无抽屉协议，受托人无法证明自己尽职管理（根据本《会议纪要》规定，受托人有举证责任），对法院的判决没有信心，采取延期，关联人接盘，自己直接兑付等措施进行处理。这属于监管规范中比较常见的"刚兑"。

——情形 D，即使受托人没有明确或者默示表示兑付，但是，基于受托人较弱的管理能力，受托人就信托财产产生损失很可能是有过错的，因而损失＋过错＝损失，司法会判令受托人承担损害赔偿责任。

B 的情形被很多人充满期待地描述为"打破刚兑"。在司法上已经有很多这样的裁决，但坊间仍然说刚兑没有被打破，可能是因为很少检索法院案例。

D 的情形是受托人正常担责。

可能构成刚兑的，是情形 A 和情形 C。

3. 规章层面对刚兑的规范。

在规章层面禁止刚兑早已有之，《信托公司管理办法》和《集合资金信托计划管理办法》等都有明确规定。相比之下，2018 年的《资管新规》并没有太多新颖的规定。《资管新规》第十九条规定了三种刚兑的情形：

（一）资产管理产品的发行人或者管理人违反真实公允确定净值原则，对产品进行保本保收益。

（二）采取滚动发行等方式，使得资产管理产品的本金、收益、风险在不同投资者之间发生转移，实现产品保本保收益。

（三）资产管理产品不能如期兑付或者兑付困难时，发行或者管理该产品的金融机构自行筹集资金偿付或者委托其他机构代为偿付。

在该条列举的三种具体刚性兑付行为中，第（二）种"采取滚动发行等方式，使得资产管理产品的本金、收益、风险在不同投资者之间发生转移，实现产品保本保收益"之所以应被禁止不是因为刚兑，而是因为这些行为原本就违背了《信托法》关于信托财产分别管理和信托财产独立性的规定，违反了受托人对（"接盘"）受益人的忠实义务。如果恪守《信托法》的原则，对新发行资管计划的受益人进行了严格的、特别的知情告知，滚动发行本身似乎并不必然违法（适用《信托法》第28条但书）。

《资管新规》第（一）点和前面列举情形A基本一致，这是本《会议纪要》规范的核心。《资管新规》第（三）点规定和前面列举的情形C基本一致。

4.《会议纪要》中调整的刚兑。

本《会议纪要》只列举了"受托人与受益人订立的含有保证本息固定回报、保证本金不受损失等保底或者刚兑条款"，只涉及《资管新规》规定的第一点，也即本章前面列举的情形A。如前所述，很少有规范的资管机构会在信托文件中明确约定自己保本和固定收益，所以，规范的重点应该是抽屉协议。本条《会议纪要》直接认定抽屉协议无效。

《会议纪要》中没有规定《资管新规》中规定的第三点，也即前文列举的情形C。

情形C和情形A的区别在于，情形A是事前承诺"兑付"，情形C是在事后处置，被认为达到和"兑付"同样的效果。

5. 事后兑付≈损害赔偿。

刚兑的问题和营业信托司法领域中的两个难点有关：一个是受托人是否存在过错；另一个是即使认定受托人存在过错，损害赔偿也很难计算。

就受托人过错认定的问题，笔者认为只能建立基本的法律标准，在具体案件中交由法院裁量。这里重点关注损害赔偿的计算问题。特别是在受托人对信托财产进行债权式运用的场合，如果受托人存在严重过错，笔者赞同以预期收益等作为计算损害赔偿的标准。

本《会议纪要》似乎采取了类似立场。虽然不是直接针对受托人违反尽职管理义务，本《会议纪要》第 77 条就卖方机构未尽适当性义务导致金融消费者损失场景下的损害赔偿责任做出规定，以实际损失为准，"实际损失为损失的本金和利息，利息按照中国人民银行发布的同期同类存款基准利率计算"；在卖方机构存在欺诈的场合，虽然不支持《消费者权益保护法》第 55 条的惩罚性赔偿责任，但可以参照合同文本中载明的预期收益率、业绩比较基准或者类似约定计算。就投资管理人或者受托人因过错给投资者带来损害的，可以参照这个标准，对存在严重过错甚至欺诈的，可以按照预期收益计算收益损失，并迟延利息和合理的律师费。

如此，在受托人无法证明自己无过错的时候，情形 C 的刚兑和情形 D 的承担损害赔偿责任大致是等价的。只能说是"大致等价"是因为，有过错的受托人如此兑付避免了迟延利息的支付，最重要的是，避免了声誉损失。因此，兑付是符合理性的。

但是，一个悖论（paradox）是：如果没有法院的判决作为依据，信托公司和资管机构内部缺乏体系化的风险和责任的判断、承担机制，因此更有兑付的冲动。而放任兑付则不利于公司的内部风控和责任承担体制之改进。

6. 事后的处置不宜看作刚兑。

可以看出，情形 C 的所谓刚兑，是投资管理人（受托人）和投资者事后通过约定强化了受托人原本的法定义务（《信托法》第 34 条），以补足市场对受托人信用和管理能力的怀疑，有时甚至要掩盖管理人的义务违反。在资管业务的交易端主要是贷款和变相贷款的现状下，这可以说是管理人的理性选择。对于情形 C 的刚兑，即使《资管新规》把它作为刚兑对待，但是，这种情形下没有受害人（如果勉强说有的话，是《资管新规》的该条规定创设的"监管利益"受到损害），受益人没有动因去"举报"受托人的刚兑行为，因此不具有可操作性，目前甚至无法对其进行处罚。例如，一个仅仅是流动性出现问题的项目到期，如果不允许受托人采取必要的措施"刚兑"，对投资者、受托人和融资方而言都是不利的。

这种事后处置行为很少涉及是否有效的问题，《会议纪要》不对其进行规范是明智的。

7. 宣告事前刚兑条款无效的无用性。

在笔者看来，情形 A，也就是本《会议纪要》重点规范的事前允诺（通过信托合同或者抽屉协议）刚兑的条款无效，也未必有坚实的基础。反对刚兑的理由主要是基于经济学上的论证：刚性兑付抬高无风险收益率水平，扭曲市场资金价格,影响了实体经济融资成本,导致部分投资者冒险投机;资管业务偏离本质,市场难以真正发展和成熟,等等。这个观点正确至极,无法赞同更多。不过,经济学的语言能否转化为法律的规范语言,即,"刚性兑付的约定是否违反公共利益",并没有斩钉截铁的答案。毕竟,在法律和行政法规层面上,没有直接的禁止刚兑的规定。情形A违反监管规范,具有可处罚性无疑问,是否应在司法上否定其效力,笔者以为需要个案探讨。一律宣告无效是不合适的。在某些个案下,为了一个虚假的"公共利益",侵害了一个具体的私人利益,可能得不偿失。

一个值得警觉的趋势是,宣告刚性兑付条款无效是作为对《资管新规》所传递出的"强监管信号"的回应而存在的。《会议纪要》已经在多个方面证明了这一点。

不过,从法理上讲,仅仅以受托人允诺了刚兑,或虽没有允诺却进行了刚兑为由,宣告信托或资管计划中的刚兑条款无效,会极大地鼓励背信行为,让原本脆弱的信任建设变得更为岌岌可危。

如前所述,如果资管机构存在过错,即使宣告刚兑条款无效,法院又可以依照什么标准计算无过错的投资者的损害范围呢?如果刚兑条款无效,按照同期银行存款利息+本金进行损害赔偿,这无异于鼓励受托人背信弃义——只要监管部门的处罚低于预期收益率所决定信托收益,信托公司有动因通过抽屉协议约定刚兑条款。而按照前面的分析,如果兑付和损害赔偿大致等价,违反禁止刚兑的监管规范可以由监管部门进行处罚,法院宣告兑付条款无效的意义又在哪里呢?

8. 打错了板子:重点不是刚兑问题。

千万不要误解,笔者并非主张刚兑不可宣告无效,坚持"只有违反了法律和行政法规中的禁止性效力性规范才能无效"是一种新的法律形式主义。如果是机构投资者和受托机构通过约定或者抽屉协议的方式约定刚兑,法院宣告无效并无问题。似乎只有情形A才是提交到法院的宣告无效的有限应用场景。

很多人所讨论的所谓"刚兑"属于情形C,笔者以为并不能将其归属于《会议纪要》调整的范围,它只是受托机构对到期的信托项目的一种处置手法而已。尽量采取措施避免信托财产产生损失或者损失扩大,这甚至可以被理解为是受托人尽职管理义务的一部分——违反信托的责任尚可主动承担,对这种行为笔者看不出有任何违法性。如前所述,这种行为甚至不应被监管处罚。

按照经济学常识猜测,刚兑的部分成因是利率市场化程度不高、金融供给不足、金融工具不能满足各种类型的投资者和融资者。日本在1952年创设贷款信托制度,出台了作为《信托法》之特别法的《贷款信托法》,其中直接承认刚性兑付的信托,该法曾经为日本的重建复兴、促进经济复苏起到了非常重要的作用。从没听说过他们采取什么手段打破刚兑。随着日本经济的复苏,金融投资的多元化,贷款信托逐渐退出了历史舞台。

在受托人存在过错的场合,损害赔偿和刚兑是大致等价的,甚至超出刚兑。刚兑条款无效而非整个信托无效,此种无效很多时候起到判断受托人对受益人存在过错的证明的作用(虚假宣传和欺诈)。从保护投资者的角度看,刚兑似乎更为有利一些。宣告无效只能起到警告投资者的功能:不要对受托机构形成不正当的期待。

理解了这一点,就会懂得,不解决"影子银行"的成因,无论是通过严监管,还是通过严司法,都无法解决事实上的刚兑问题。

七、第93条"通道业务的效力"

当事人在信托文件中约定,委托人自主决定信托设立、信托财产运用对象、信托财产管理运用处分方式等事宜,自行承担信托资产的风险管理责任和相应风险损失,受托人仅提供必要的事务协助或者服务,不承担主动管理职责的,应当认定为通道业务。《中国人民银行、中国银行保险监督管理委员会、中国证券监督管理委员会、国家外汇管理局关于规范金融机构资产管理业务的指导意见》第22条在规定"金融机构不得为其他金融机构的资产管理产品提供规避投资范围、杠杆约束等监管要求的通道服务"的同时,也在第29条明确按照"新老划断"原则,将过渡期设置为截至2020年底,确保平稳过渡。在过渡期内,对通道业务中存在的利用信托通道掩盖风险,规避资金投向、资产分类、拨备计提和资本占用等监管规定,或者通过信托通道将表内资产虚假出表等信托业务,如果不存在其他无效事由,一方以信托目的违法违规为由请求确认无效的,人民法院不予支持。至于委托人和受托人之间的权利义务关系,应当依据信托文件的约定加以确定。

评述:

1. 本条重申了监管部门之前对通道业务的定义。通道业务,通常是利用信托规避"投资范围、杠杆约束等监管要求"的。监管规范对规避监管的信托给出了过渡期,在过渡期不会受到监管的处罚;法院在过渡期内更没有理由宣告无效。所以才有本条的规定。

监管给出的过渡期后法院是否会认定通道业务无效？过渡期后监管机关可能会对"存在的利用信托通道掩盖风险，规避资金投向、资产分类、拨备计提和资本占用等监管规定，或者通过信托通道将表内资产虚假出表等信托业务"的金融机构进行处罚。至于，法院能否宣告"不存在其他无效事由"相关信托无效，应根据个案判断。

2. 通道业务中，信托公司真的没有风险吗？

如前所述，信义义务是一种法定义务，虽然可以通过约定的方式削减，但是绝不可以通过约定排除。因而，即使是通道业务，受托人也并非对委托人＝受益人没有任何义务，否则就不是信托关系。

——例如，受托人对委托人＝受益人存在忠实义务是不可以通过约定排除的。

——受托人至少也保有最低的对信托事务的管理权限，例如开设账户、分配利益等等。受托人至少要有"提供必要的事务协助或者服务"的义务。

——受托人可能需要面对第三人以及第三人债权人的追责。如因委托人＝受益人的原因无法及时放款；信托财产以入股的方式进入融资主体后，受托人完全不对融资企业加以控制和管理，任由其实际控制人挪走资金，可能会导致融资企业的债权人要求信托公司承担责任。

而且，在对第三人（融资方）的关系上，信托公司就是和第三人交易的当事人，信托公司当然可以约定在第三人违约等情形下自己没有责任去追债，但是，一个没有精心设计的信托合同可能无法让委托人直接取得对第三人债权人地位。此时，信托公司显然不能拒绝诉讼，而一个不成功的诉讼会给信托公司带来巨大的声誉风险。

这些都是真实存在的风险和责任。

八、第 94 条"受托人的举证责任"

资产管理产品的委托人以受托人未履行勤勉尽责、公平对待客户等义务损害其合法权益为由，请求受托人承担损害赔偿责任的，应当由受托人举证证明其已经履行了义务。受托人不能举证证明，委托人请求其承担相应赔偿责任的，人民法院依法予以支持。

评述：

1. 在受托人的义务中，重要的是忠实义务和谨慎义务，二者均属于法定义务。

本条针对受托人勤勉尽责，公平对待客户义务。前者属于谨慎义务，后者和忠实义务有关（受托人对不同的受益人要公平对待，不能厚此薄彼，不能在不同的信托财产之间进行交易），但最多只能算是忠实义务的一部分（有观点认为受托人对受益人有不同于忠实义务的公平义务）。

本条确立了受托人在谨慎义务方面的过错责任和举证责任倒置的规则。该规则几乎不能适用于忠实义务（以及其中的公平对待义务）。《会议纪要》对忠实义务整体上是疏离的。

2. 忠实义务主要是要求受托人不作为的义务，其内容是受托人不得从事利益冲突（Conflict of Interests）的行为。忠实义务目前比较成熟的类型化有：自己交易、双方"代理"、利用信托财产为自己谋利、竞争行为（我国《信托法》对此没有规定，从法理）、收取回扣（我国《信托法》对此没有规定，从法理）、其他关联交易行为等。

违反忠实义务和违反善管注意义务不同，后者是过错责任，而违反忠实义务基本上是一种无过错责任。只要能够证明受托人从事了利益冲突的行为，不需要证明受托人存在过错，甚至受托人即使能证明自己是善意的、诚实的，也不能免除其违反忠实义务的责任。

而且，从法理上看，即使受托人没有给信托财产带来损害，受托人违背忠实义务亦应承担责任。利益冲突的行为是不可触碰的红线，受托人只要做了该种行为，即有可能承担责任。本条纪要只规定了损害赔偿责任，而忠实义务中有独特的返还义务和责任（参照《信托法》第26条）。

违反忠实义务的效果并非无效，一般是可撤销。违反忠实义务的责任方式除了一般民事责任的回复原状、损害赔偿之外，还有在信义法（Fiduciary Law）中所特有的归入权。归入权的救济可以牵强地和英美法上的返还救济（Restitutionary Remedy，吐出救济）类比。

这种严苛的责任只能通过类似《信托法》第28条但书的规定加以缓和：经过正当程序，经过委托人和受益人的知情同意（Informed Consent），受托人从事的形式上的利益冲突行为是允许的。

可能承担忠实义务的不仅仅是狭义的受托人，信托的律师、会计师，受托人的利益相关方(亲属、股东),受益人中的部分,监察人(保护人)等,因其地位和决策可能对信托财产有影响的人,都有可能受忠实义务约束。

在国外,违反忠实义务的责任非常严厉,多有刑责作为悬诸于受托人首上的达摩克利斯之剑,因受托人地位之险要、信任构建之脆弱故也。我国法律对于受托人的忠实义务违反的行为过分姑息,诚可叹矣。

3. 与忠实义务不同,受托人违反谨慎义务(尽职管理义务、注意义务、勤勉义务)的责任属于过错责任。

受托人管理信托事务过程中给信托财产带来损失(Loss)因受托人是否尽到尽职管理义务,是否有过错而产生不同:如果尽到尽职管理义务,则该损失变成委托人应当承担的风险(Risk);如果没有尽到职责,就成为应当由受托人承担的损害赔偿责任(Damages)。

——损失+过错=损害,受托人应损害赔偿。

——损失+无过错=风险,由委托人或受益人承担(风险自担)。

学理上,商事信托的受托人应享有一种类似公司董事所享有的经营判断规则(Business Judgement Rule)抗辩——损失有时是产生于不可避免的市场风险,不能由受托人承担。在这种意义上,受托人并无法律义务进行"刚性承兑"。

信托事务的处理具有专业性、复杂性,完全在受托人的控制下,投资者很难证明受托人的过错,《信托法》和相关监管规章才给受托人施加了非常严格的信托披露、报告、保存相关文件等法定义务,以弥补投资者监督能力之不足。除此,本条规定了受托人在诉讼中有证明自己不存在过错的义务,对于保护投资者具有重要意义。

九、第95条"信托财产的诉讼保全"

信托财产在信托存续期间独立于委托人、受托人、受益人各自的固有财产。委托人将其财产委托给受托人进行管理,在信托依法设立后,该信托财产即独立于委托人未设立信托的其他固有财产。受托人因承诺信托而取得的信托财产,以及通过对信托财产的管理、运用、处分等方式取得的财产,均独立于受托人的固有财产。受益人对信托财产享有的权利表现为信托受益权,信托财产并非受益人的责任财产。因此,当事人因其与委托人、受托人或者受益人之间的纠纷申请对存管银行或者信托公司专门账户中的信托资金采取保全措施的,除符合《信托法》第17条规定的情形外,人民法院不应当准许。已经采取保全措施的,存管银行或者信托公司能够提供证据证明该账户为信托账户的,应当立即解除保全措施。对信托公司管理的其他信托财产的保全,也应当根据前述规则办理。

当事人申请对受益人的受益权采取保全措施的,人民法院应当根据《信托法》第 47 条的规定进行审查,决定是否采取保全措施。决定采取保全措施的,应当将保全裁定送达受托人和受益人。

评述:

1. 该条被认为由司法确认了信托财产的独立性[①]。很多从业者的文案极力宣传该条,认为司法确认了信托财产的独立性,为家族信托财产的独立性提供了保障。有一点点的怪异。

其实,2001 年《信托法》早已经确立了信托财产的独立性,直接相关的条文至少有第 15、16、17 和 18 条四个条文之多,其他间接相关的条文还有一些。而且,之前已经有不少法院在审毕的案件中承认信托财产的独立性。本条只能算作是对《信托法》规定的重申而已。

严格说来,这算不上是"司法确认"。最高司法机关的这个《会议纪要》仍然具有抽象性,意图概括地适用于一切情况,和立法没有本质区别,需要根据具体的情况加以解释方能适用。而司法确认,应指在判决中的具体确认。

另外,《会议纪要》的本部分针对营业信托,而营业信托中的主要部分属于商事信托、金融信托、自益信托,并非作为民事信托、他益信托的家族信托。

《信托法》目前面临很多误解,很多人认为中国的《信托法》是没有牙齿的,无法操作的,目前从业者急于证明《信托法》在中国是能操作的、司法是承认信托财产独立性的,就此一点而言是可以理解的。

当然,司法机关对信托财产独立性的重申显然有利于提升民众对整个信托法的信心,这对于家族信托的发展也是有着重要意义的。毕竟本条还补充了一句:"对信托公司管理的其他信托财产的保全,也应当根据前述规则办理。"

2. 笔者虽然不完全赞同"自益信托当中的信托财产丧失独立性"的观点,但是,在自益信托中,设立信托在实质上并不能产生和委托人 = 受益人的固有财产债务和破产隔离的效果。

简单地说,信托财产在自益信托中仍保持了形式上的独立性,但是委托人 =

[①] "信托财产的独立性"是一种流行甚广但含义模糊的表述。之前笔者讨论过,信托财产的独立性让人产生和法人财产独立性一样的联想。《信托法》本身包括本纪要没有使用"信托财产独立性"的表述,是准确的。

受益人通过设立信托无法产生实质的破产隔离效果。委托人＝受益人拿特定财产设立信托之后,该财产只是从原来的财产形态转变成受益权形态,仍然属于委托人＝受益人的财产,并没有从委托人＝受益人的资产中隔离出去。

换句话说,信托财产的独立性和破产及债务隔离是两个不同的概念。信托存续期间,不分自益信托/他益信托,信托财产形式上独立,不是委托人、受托人和受益人的责任财产。但是在自益信托中,委托人＝受益人的责任财产只是发生了形式上的变化(例如,从所有权转化成受益权),并没有完全隔离出去。

正因为如此,本条在第二款要特别提及对受益权的保全措施问题,对受益权采取保全措施要区别于对信托财产采取保全措施。

3. 本条原本可以做出一个重要贡献。该条后半部分指出,"当事人因其与委托人、受托人或者受益人之间的纠纷申请对存管银行或者信托公司专门账户中的信托资金采取保全措施的,除符合《信托法》第17条规定的情形外,人民法院不应当准许。已经采取保全措施的,存管银行或者信托公司能够提供证据证明该账户为信托账户的,应当立即解除保全措施。"

在之前一个强制执行案件当中,广东高级人民法院指出:"本院在采取保全措施时依据表面证据原则,冻结以被保全人名义开立的涉案银行账户虽无不当,但经执行异议程序审查,发现冻结的账户资金不能证明是异议人的固有财产,应当解除冻结。解除冻结的行为实施后,本院(2019)粤民初11号民事裁定书仍应继续执行,但是应当通过保全异议人固有财产的方式实现。裁定解除对渤海国际信托股份有限公司在中国工商银行上海民生路支行×××账号、兴业银行石家庄分行营业部×××账号、平安银行石家庄分行营业部×××账号的冻结措施。"[1]

广东高级人民法院虽然在判决中支持了受托人对信托财产的执行异议,但是仍然认为根据"表面证据原则,冻结以被保全人名义开立的涉案银行账户"并无不当。之前笔者讨论过,从查封信托账户到受托人等提出异议乃至异议成功解冻,之间存在较长的时间差,可能会给信托财产带来损失。如果开户银行等拿出证据证明该账户是信托财产账户,仍然不能阻却法院的冻结等保全措施的话,这是对《信托法》规定的不尊重。

---

[1] 渤海国际信托股份有限公司、广州农村商业银行股份有限公司合同纠纷执行审查类执行裁定书,广东省高级人民法院,〔2019〕粤执异9号。

本条的规定如果能确立这样的原则——存管银行或者信托公司能够证明该账户是信托专门账户,法院即不能支持第三人对存管银行或者信托公司专门账户中的信托资金采取保全措施,而非先采取了保全措施(也属于强制执行措施)之后经当事人异议之诉之后才解除保全措施,功莫大焉。

但是本条的相关规定似乎仍然是可以先采取保全措施,根据信托公司和银行的证据解除保全措施。这比需要异议之诉才能解除保全等强制措施相比,有一定的进步,但是不彻底。

4. 本条第二款是对受益权采取强制措施的规定。

如前所述,受益人的受益权和其债权、股权、物权一样,都属于其责任财产范围,原则上可以被其债权人采取保全措施。

法院在对受益权强制执行的时候,要根据《信托法》第47条的规定对该受益人的受益权进行审查,即是否存在法律行政法规的限制性规定、信托文件是否有限制性规定。

不过,信托文件(一般是信托合同)对受益权转让的限制能否对抗第三人,值得探讨。合同一般只能在当事人之间产生法律效力,第三人期待商事信托受益权具有可转让性是正常的,委托人和受托人之间约定不应自动产生对善意第三人的约束力。

十、第96条"信托公司固有财产的诉讼保全"

除信托公司作为被告外,原告申请对信托公司固有资金账户的资金采取保全措施的,人民法院不应准许。信托公司作为被告,确有必要对其固有财产采取诉讼保全措施的,必须强化善意执行理念,防范发生金融风险。要严格遵守相应的适用条件与法定程序,坚决杜绝超标的执行。在采取具体保全措施时,要尽量寻求依法平等保护各方利益的平衡点,优先采取方便执行且对信托公司正常经营影响最小的执行措施,能采取"活封""活扣"措施的,尽量不进行"死封""死扣"。在条件允许的情况下,可以为信托公司预留必要的流动资金和往来账户,最大限度降低对信托公司正常经营活动的不利影响。信托公司申请解除财产保全符合法律、司法解释规定情形的,应当在法定期限内及时解除保全措施。

评述:

1. 信托公司需要以固有财产承担责任的情形大致有三种:

第一,信托公司从事固有业务及其他为其自身利益之行为所产生的义务和责任。

第二，信托公司从事信托业务对受益人＝委托人所承担的违反信托义务的责任。受托人没有违反信托义务，其只需要以信托财产为限对受益人履行支付信托利益的义务，不需要以固有财产承担责任(《信托法》第34条)。

第三，信托公司从事信托业务对第三人产生的义务和责任(第37条)。

前两种情形容易理解。第三种情形存在争议。如果信托财产的债权人请求对信托财产强制执行的，法院是否应予以支持呢？

2. 虽然信托财产负债的情形并不多见，目前在司法层面可能也很少遇到类似问题。但是仍然是《信托法》中的基本问题。

笔者之前多次讨论过，世界各国信托法的备用规则是，受托人对信托财产责任负担债务承担个人责任，除非

（A）对第三人的交易文件明确约定受托人只以信托财产为限对第三人承担有限责任；

（B）特别法有规定的(如美国的统一法定信托实体法，Uniform Statutory Trust Entity Act)；

（C）或者该信托为有限责任信托(日本信托法的创造)。

从我国《信托法》条文(主要指第37条及相关条文)上，如果信托财产的债权人主张对受托人的固有财产提出强制执行，找不到受托人可以提出抗辩的根据。简言之，我们在说信托财产的独立性的时候，指的是固有财产的债权人不得强制执行信托财产，而不能反过来说信托财产的债权人不能强制执行固有财产，这不是很多人头脑中所理解的信托财产的独立性！

3. 当然，从信托公司的实务来看，这个问题似乎是不重要的。根据《信托公司管理办法》第十九条第二款的规定，"信托公司不得以卖出回购方式管理运用信托财产"，根据周小明博士的解释，这一条实质上是禁止信托公司以负债的方式运用信托财产，因此为资金信托负债(加杠杆)经营，增加了投资者的风险。如此一来，信托公司作为受托人是不可能对第三人有积极负债的，信托公司承担对第三人的责任的情形目前几乎不可能出现。

不过，由于我国不同的资管机构处于不同的监管框架之内，例如基金公司在从事基金管理的过程中并不受《信托公司管理办法》的调整，而《证券投资基金法》第五条规定，"基金财产的债务由基金财产本身承担，基金份额持有人以其出资为限对基金财产的债务承担责任。但基金合同依照本法另有约定的，从其约

定"。可以认为,《证券投资基金法》作为《信托法》的特别法,在证券投资基金这种特别的信托业务中授予了管理人用基金财产负债的能力。基金业的监管规范中也似乎不存在对信托财产进行负债运用的禁止性规定。既然基金财产可以负债,基金管理人是否为基金财产的负债承担个人责任就变成了一个现实的问题。上引《基金法》的规定和《信托法》类似,就基金财产负债规定该债务由基金财产承担,但没有说"以基金财产为限"承担,债务超出了基金财产,基金管理人是否承担个人责任,仍然没有明确的规定。

4. 笔者曾经被咨询过这样的纠纷:某契约型基金(本质是信托)参与信托计划,成为劣后级受益人,其合同义务为保障优先级受益人的保底资金与固定收益。后来,股票大跌,契约型基金根本偿还不了负债,优先级受益人起诉基金管理人要求履行债务。这里的问题是,优先级受益人起诉基金管理人,能否执行基金管理人的固有财产(特别是在本项基金财产已经损失殆尽的情况下)?

从基金管理人的委托人=受益人的角度看,如果基金合同中没有对基金的运用方式做出特别的限制性约定的,基金管理人把基金作为劣后级投资者并负补足、保底之义务并无问题。这也只是说明基金管理人让基金财产负债并不违反基金合同。而对(基金投资于此的)信托的优先级受益人而言,如果基金管理人没有在信托合同中特别申明自己以信托财产承担有限责任,其并没有义务区分基金管理人是以固有财产还是基金财产负所负债务,即使知道是以基金财产负担义务,其债务人仍然是基金管理人,基金管理人根据《信托法》对第三人债务理应承担个人责任。

这看起来可能非常不公平,对于如本案的基金公司而言更是如此,受托管理人的职责中竟然隐藏如此巨大风险!但是,在《信托法》或者《证券投资基金法》没有修改其备用性规则(Default Rule)之前,恐怕让基金公司承担基金财产负债的个人责任是符合现行法律规定和传统信托法原理的。原本,基金管理人有机会在对第三人(上述案例中的信托计划及信托计划的优先级受益人)的合同中约定排除自己的个人责任的。

至于是否要在商事信托或者资管领域确立受托人(基金管理人)的有限责任,这是一个立法论的问题,值得进一步探讨。但目前,受托人特别是基金管理人要给予《信托法》第37条以足够的重视。

5. 不仅是信托公司,所有的民事主体都应该享受类似待遇——法院在采取诉讼保全措施的时候应遵循"善意执行理念"。

6. 上面探讨了受托人对第三人以固有财产对信托债务承担个人责任,下面是几个具有代表性的质疑观点。

"最后的案例,有一点不同意见。信托财产独立于管理人固有财产,自营业务与资产管理业务是目前金融市场、金融产品的基本模式、基本规范。是该产品作为委托人参与认购劣后级,不是产品管理人作为委托人。产品管理人并未与后续投资产品建立法律关系,也没有与优先级构建任何法律关系,被投资的产品亦是知晓的,且在投资者名单中会明确写明是产品投资,不是产品的管理人投资,那优先级请求劣后的管理人承担责任的请求权基础是什么呢?"

"赵老师认为信托法理的 Default Rule 是信托受托人对执行信托事务所负债务承担责任,所以因为我们的基金法没有特别规定,基金公司除非与他人特别约定,否则应当对基金债务承担责任。但是这个所谓的 Default Rule,是几百年前民事信托,根本看不出信托财产独立外观情景下的规则。我们国家的大资产管理业务,是高度发达的商事信托,强监管、强公示,这种信托能用一样的法理吗,赵老师起码要找到成熟市场有这样实际操作的,才能在自己也承认'不公平'的情况下,(才能)如此主张吧。"

"如此解释 37 条需要解决一个逻辑问题:如此解释,基本上等于,受托人对信托债务承担连带责任;而受托人以其固有财产先行支付信托债务的(形成垫付债权),对信托财产享有优先受偿的权利。这么一来,这个优先受偿的权利是不是就形骸化了?因为如果受托人本身就是信托一般债务的连带债务人,受托人对信托的垫付债权亦是需要被执行用以清偿信托一般债务的财产,其优先于信托的一般债务的规定,会不会丧失意义。"

7. 对以上质疑,笔者做出以下回应:

(1)《信托法》原理上看,信托财产的独立性是不彻底的,至少不像法人一样独立。信托财产独立于受托人的固有财产,可以说是《信托法》的基本规则,但是,无法反过来说受托人的固有财产独立于信托财产。信托财产的债权人可以对固有财产强制执行,是《信托法》的一般规则,按上面网友的说法,这是"几百年前的民事信托"的基本规则。

不过这不仅仅是几百年前的民事信托的规则,现代的民事信托、慈善信托,大多依然坚持这个古老的规则。据笔者有限的研究,日本 2006 年的《信托法》(作为调整民事、商事和公益信托基本法的《信托法》)也仍然坚持了这样的备用规则(日本《信托法》规定了有限责任信托并没有改变这一备用规则)。目前只有美国的《信托法》出现了改变的迹象,而这些改变也都仅仅是示范法的改变,各州立法以及司法是否采取了这种立场,笔者没有经过仔细的统计,不敢断言。

（2）综合我国《信托法》第37条、第32条第一句和《信托法》第34条的措辞以及立法背景,可以认为《信托法》确立了类似传统信托法的规则,受托人的固有财产的确是和信托财产对第三人债权人承担连带责任的。

至于受托人以其固有财产先行支付信托债务之后对信托财产的优先受偿权,这个权利优先于受益人对信托财产的权利,这里不探讨。笔者关心的是,这个优先受偿权优先于其他的信托债权人具体而言是什么含义。根据《信托法》第37条,当信托财产对第三人有负债的时候,债务人是受托人,受托人可以以信托财产偿还债务,也可以以固有财产垫付,之后向信托财产求偿,从债权人的角度看,债权人既可以扣押信托财产,也可以扣押受托人的固有财产,这一条恰恰证明,第三人债权人有权请求受托人以个人财产清偿债务,受托人无法仅仅以该债务是信托债务进行抗辩。第32条第一句在涉及共同受托人对第三人责任的时候表述得更明确,共同受托人对信托债务承担连带责任,这只可能是个人连带责任。

受托人对信托财产优先的求偿权是有前提的,求偿权的行使以信托财产没有破产为前提,信托财产的破产风险由受托人承担,这和受托人对第三人承担个人无限责任在结果上是一样的。而且,受托人求偿权还要求受托人就信托财产对第三人之负债是合理的。如果未经受益人知情同意而给信托财产施加了过大风险的受托人并不一定能向信托财产求偿。

（3）在探讨这个古老的规则在商事领域中是否应该改变之前,先简单探讨一下其背后的正当性所在:

——按英美信托法的基本原理,在第三人债权人眼中,信托财产形式上的财产权人是受托人(Legalowner),对信托财产债权人而言,信托财产和固有财产都是受托人的责任财产,可以扣押(固有财产的债权人只能索及固有财产是信托法特别安排)是很自然的。

——受托人原本有机会向第三人申明或者约定,自己是以信托财产为限承担责任的。受托人在以信托财产对第三人主动负债的时候,自己是有选择权的。

——使受托人的信用加入信托财产之中,若非如此,有一些第三人可能不愿意单独和信托财产交易,更不用说成为信托财产的债权人。

——在信托关系中,原本委托人、受益人和受托人之间是一种失衡的关系,受托人有比较多的动因和机会去滥用受托人的裁量权,例如,让信托财产主动负债。作为一种对受托人激进行为的限制,让他对第三人承担个人责任具有一定的合理性。这样,受托人对信托财产采取的过分冒险的负债行为(我国狭义信托业中不允许受托人从事这种行为),只能通过和相对人约定自己的有限责任,有时谨慎的交易对手是不会和信托财产交易的,从而客观上阻止或者减少了这种行为。

古老的规则,有其古老的道理;如果讲不出新的道理,古老的规则自然取胜。

(4)下面我们探讨在商事领域是否有必要坚持这样的规则。

网友说,"我们国家的大资产管理业务,是高度发达的商事信托,强监管、强公示",这种信托不能和民事信托适用一样的法理,而且,实践中的确产生了把信托当作一个实体对待的做法:比如基金财产投资的,股东名称为基金名称。这些观点是有一定说服力的。

不过,在解释规则的时候,首先应当找到规范的依据。目前,按照《信托法》《基金法》甚至基金行业的监管规范,并无法找到受托人可对第三人承担有限责任的规范。《证券投资基金法》立法虽然比《信托法》晚一些,不过基金法似乎没有注意到商事领域的特殊性,相关规定几乎和《信托法》的没有区别。是不是要修改《基金法》或者制订《信托业法》,如笔者在上文中所说,是立法论的问题。

如果一个规范未经合理解释而严格适用会产生违反法律基本精神的结果,那么,司法有权通过变通解释来消除其错误影响。例如,关于《信托法》中第11条第4款的禁止诉讼和讨债信托的规定,虽然信托公司在受让应受账款债权作为信托财产的场合在形式上符合该规定,法院通过合理解释认为信托公司通过诉讼向债务人收债并不违反该条规定之精神实质(有不少司法裁判已经这样做了)。

问题是,《信托法》和《基金法》的相关规范是否丧失存在基础,至少,《基金法》是否需要改变?司法能否对《信托法》和《基金法》的相关规范进行变通解释?

从合理性上看,笔者不认为在基金公司做受托人的场景下上面所列受托人对第三人承担个人责任的理由就消失了。《证券投资基金法》第五条规定,"基金财产的债务由基金财产本身承担,基金份额持有人以其出资为限对基金财产的债务承担责任。但基金合同依照本法另有约定的,从其约定。"该条和《信托法》第37条类似,虽然说基金财产的债务由基金财产本身承担,但是并没有排除基金财产的债权人对管理人的固有财产强制执行，因此可以得出和《信托法》类似的结论。或有批评这条规定给基金管理人施加了太多的责任，但是需要注意，该条是任意性条款（备用性条款），作为专业的受托人，基金管理人应能对《基金法》的相关规定有清楚的认识，进而通过约定改变备用性规则来降低自己的风险。如上文中的例子，资管机构为资管计划的财产加杠杆进行证券投资的时候，为资管投资者带来极大风险，如果资管机构知道自己对外需要承担的个人无限责任的话，他可能会和第三人协商把自己的责任限制在基金财产，此时第三人很难同意此种交易，资管机构可能会放弃此种交易，信托受益人也得以从受托人过分冒险的管理行为中摆脱。

以受托人个人责任规则作为备用性规则，有利于打破当事人之间的信息不对称，鼓励参与主体对风险的分配进行更详尽的协商。

一般的投资者应享有有限责任特权，无论是权益投资者（Equity Investors）还是债权投资者（Debt Investors）都是以自己的投资额为限承担投资风险，无须约定。而上文案例的特殊性在于（其实在我国这种交易才是正常的），基金管理人作为投资者以基金财产投资于信托计划中，并不是一般意义上的投资，他是一个刚兑者、兜底者，他除了投入的资金之外，还额外地承担了债务，若只让信托财产作为履行该债务的责任财产，除了已经投入的资金之外，信托财产已经别无所有，对信托的普通投资者（优先级受益人）是不公平的，信托的普通投资者没有义务去辨认用来兜底的责任财产是基金财产还是管理人的财产。另外的角度看，如果信托的受托人不是理解到我国的基金管理人要对外承担个人责任而设计了该信托计划的话，他是有严重过错的。他应该知道兜底者是无法靠基金财产为限成功兜底的。在复杂的商业法律设计中，对法律规则理解不足的风险不能让普通的投资者承担。所以笔者仍然认为，受托人的个人责任的备用性规则是有必要的。

两种备用性规则——受托人个人责任和受托人有限责任，无论选择哪一种，都会有一些中间的制度安排。例如，美国《信托法》第三次重述似乎选择了受托人有限责任，但是其第106条规定，受托人和第三人缔结契约存在违约的，受托人没有向第三人披露其受托人地位且对方不知其受托人地位的，都对第三人承担个人责任。再如，日本《信托法》虽然选择了受托人无限个人责任的备用性规则，但其《信托法》同时规定了有限责任信托制度让当事人选择。两种备用性规则在某种边际上达到一种平衡，或可互相替代。

美国的信托立法的备用性规则之所以做出如此激进之改变，或许是立法受商业界(受托人)游说的结果。正如美国的多数州都废弃了反永续规则是基于立法竞争一样,并非基于压倒性正当性。

英美澳法、德日法法,谁家的法都不能自动提供不言而喻的正当性。

第二节 信托受益权的标准化和"信托转标"

一、信托受益权的标准化

2017年9月1日,原中国银监会颁发实施的《信托登记管理办法》(简称《登记办法》)正式生效,其中明确了"信托受益权账户是信托登记公司为受益人开立的记载其信托受益权及其变动情况的簿记账户""信托受益权账户由信托登记公司集中管理"的要求。2019年7月9日,《信托受益权账户管理细则》(简称《账户细则》)经中国银保监会批准施行,标志由中信登集中管理的信托受益权账户体系建设正式启动。《账户细则》包括总则、信托受益权账户类型、代理开户机构管理、账户业务和附则五个章节,旨在进一步满足《登记办法》对信托受益权信息登记的要求,增强信托受益权账户业务管理工作的规范性,提高信托受益权账户业务的可操作性。

根据上述两个规则的要求,中信登将依法合规评估确定代理开户机构,本着自愿开户、账户实名、一人一户和信息保密的原则,对自然人账户、金融机构账户、金融产品账户和其他机构账户等信托受益权账户实施集中管理,忠实准确记录信托受益人的信托受益权及其变动情况;同时,将强化自身及代理开户机构责任,切实保障受益人身份信息、账户信息、联系信息的安全,保障市场规范运营。至此,信托受益权账户的管理有了明确的规范依据,结合中信登的其他规则,信托受益权进行标准化转让具备了初步的基础设施。本次评述对受益权账户的具体操作流程不再重复,只探讨受益权账户制度在促进受益权流转方面的功能。

(一)信托受益权的转让基本原理

信托受益权的核心为财产权,原则上具有可转让性,所以《信托法》规定受益权原则上可以转让,可以用来清偿受益人债务,可以成为受益人的遗产或者清算财产,在我国的信托实务中,由于基本上都是资金信托,集合资金信托计划又按

基金化管理,所以受益权应具有较好的可转让性。但是,受益权的转让仍然受到一定限制:

(1)性质上不得转让及法律法规限制转让的受益权。例如,以抚养受益人为目的的信托(残疾人抚养信托、养老金信托等)是为了保护特定的人而授予的受益权,在原则上属于专属权,是不能转让的。再如,法律法规在确认受益权可以转让原则的前提下,对受益权拆分转让施加明确的限制。《信托公司集合资金信托计划管理办法》第29条明确要求,信托计划存续期间,受益人只可以向合格投资者转让其持有的信托单位;而且,信托受益权进行拆分转让的,受让人不得为自然人。机构所持有的信托受益权,也不得向自然人转让或拆分转让。

(2)当事人约定不得转让的效力。在信托文件中,当事人限制受益权的转让是契约自由的具体体现(《信托法》第48条但书)。但是,受益人违反委托人的限制,将受益权转让给他人,此转让行为的效力如何?

在民事信托中,委托人或可以通过限制受益权转让的方式来保护受益人的利益。但是,目前大量存在的营业信托中的受益权,是一种纯粹的经济利益,是一种财产,若当事人能通过约定限制受益权的转让,有违第三人的信赖,不利于财产的流通性和对交易安全的保护。申言之,约定不允许转让的当事人是委托人(兼受益人)和受托人,受益权转让是在委托人(兼受益人)和受让人之间进行,受让人一般并无从得知委托人和受托人就受益权转让有约定的限制,因此善意的受让人不应受该约定的限制。因此,似应参考日本《信托法》第93条但书,增加"信托行为中的约定不得对抗善意第三人"的规定。

(3)当事人约定不得转让和"反挥霍信托""裁量信托"及"保护信托"的关系(第47条但书、第48条但书)。可以认为,《信托法》第47条但书和第48条但书为承认英美法上的反挥霍信托等信托类型提供了制度空间。委托人可能愿意授予受益人信托利益,但是如果受益人破产,或者产生某种恣意的、挥霍性的运用其受益权的时候,受益人可能被迫用信托受益权偿还债权人的话,这可能违背委托人的初衷。因此,英美法上就出现了反挥霍信托、保护信托和教养信托等形态。

(4)受益权转让的事实上的限制。在受益权并非专属权利的时候,例如营业信托的受益权,只要委托人和受托人之间没有约定的限制,一般是可以转让的。不过要注意,即使在法律上可以转让,但如果没有受益权转让的成熟的市场,事实上是不可能进行转让的。目前受益权转让受制的最大制度欠缺即属于此。一个典型的例子,信托受益权质押也属于受益权转让的一种特殊的形态。信托受益权类似于股权或者基金份额上的权利,原则上应能转让,亦能设立质权融资。但是,根据《物权法》第226条:"以基金份额、证券登记结算机构登记的股权出质的,质权自证券登记结算机构办理出质登记时设立;以其他股权出质的,质权自工商行政管理部分办理出质登记时设立。"在操作的层面上,信托受益权登记结算工作可以由中信登担当。

(二)受益权流转的适用范围

根据2017年的《信托登记管理办法》(以下简称《办法》),受益权流转在机构和产品方面都有一定的适用范围。

——机构方面的适用范围。《办法》第二条第二款规定,"本办法所称信托机构,是指依法设立的信托公司和国务院银行业监督管理机构认可的其他机构"。这里采取了一种广义的信托机构概念,尝试把信托公司之外的其他资管机构也包括在内。这样也保留一种可能性:其他机构的资管产品之受益权也可以在中信登登记转让,以实现流转。

——产品方面的适用范围。

《办法》第三条规定:"信托机构开展信托业务,应当办理信托登记,但法律、行政法规或者国务院银行业监督管理机构另有规定的除外。"根据该条,凡是作为信托业务而存在的信托项目,不论家族信托、商事信托或者慈善信托,均需要在中信登登记,登记是对信托机构所有信托业务的强制性要求。

但是实际上,只有商事信托才有登记之必要,家族信托和慈善信托均无在中信登登记的必要性。

(A)商事信托。以投融资为目的的信托。目前信托公司所从事的大部分业务均属此。根据《信托公司集合资金信托计划管理办法》的规定,集合资金信托是进行类基金化管理的信托产品,受益人所享有的受益权是一种同质化程度很高的类似股权的权利。这种权利如果能够便捷地转让,可以解决受益权的流动性或者信托产品作为高端私募产品的流动性问题。

《信托公司集合资金信托计划管理办法》第29条对信托受益权转让施加了限制,该条规定:信托计划存续期间,受益人可以向合格投资者转让其持有的信托单位。信托公司应为受益人办理受益权转让的有关手续(1款)。信托受益权进行拆分转让的,受让人不得为自然人(2款)。机构所持有的信托受益权,不得向自然人转让或拆分转让(3款)。第1款重申了《信托法》上的受益权原则上可以转让的原则,只要受让人是合格投资者即可。后两款构成了对信托受益权转让的法定限制。重点在后两款。后两款分解开来,涉及如下几种情形:

表5-1 信托受益权转让限制情形

情形	转让人	拆分或整体转让	受让人	是否允许
A	自然人	拆分	自然人	否
B	自然人	拆分	机构	可
C	机构	拆分	自然人	否
D	机构	拆分	机构	可
E	自然人	整体	自然人	可
F	自然人	整体	机构	可
G	机构	整体	自然人	否
H	机构	整体	机构	可

从表5-1可以看出对机构投资者是更为信任的。猜测该条的立法意图,这种转让限制的目的是防止信托受益权转让给合格投资者以外的人,但是,只要受让的对象是合格投资者,限制把受益权拆分转让缺乏合理性。

《集合资金信托计划管理办法》第29条构成了对于信托受益权转让的一个极大的限制。这种限制既有规则制定的不合理(或许,规则制定当时谨慎一些是合理的)的原因,也产生于实务当中对某些基本概念的理解偏差。第29条如果把受让人限制在合格投资者的范围之内,将会极大地释放受益权转让的供给与需求。

(B)家族信托或民事信托。家族信托非标准信托,很难被基金化,几乎没有可以标准化转让的信托受益权。家族信托的主要目的是家族财富的传承和分配,虽然兼具投融资和理财的需求,但是本质上并没有一般性的要把受益权向家族以外的人进行转让的需求。个别受益人转让受益权的需求可以通过单独契约转让的方式完成。

家族信托还有更强的私密性的要求,更多地要靠信托文件保护委托人的利益,监管部门在此介入的必要性不大。强制家族信托实行此种登记,可能会给家族信托客户增加不小的困扰,既不合理,又不必要。

(C)慈善信托。慈善信托中不存在特定的受益人,因此不存在可以转让的受益权。目前,《慈善信托管理办法》第22条要求慈善信托应在中信登登记,实践中也已经存在慈善信托在中信登登记的实践。但是如上所述,家族信托和慈善信托在中信登登记只有数据统计的意义。

(三)信托受益权转让需要统一平台

信托受益权被认为是属于非标资产,其原因在于受益权的内容复杂,有的受益权的内容是取得动产,有的是取得不动产,有的是取得信托财产的收益,有的是取得信托财产的本金等全部剩余财产。即便是在以资金信托为主的信托公司实践中,不同信托项目的信托受益权也因信托财产的运用对象、运用方式和运用领域而有所不同。但是这都不是主要的理由。信托受益权流通的主要障碍是缺乏一个统一、高效的转让市场,该市场能对受益权背后的信托产品和信托项目的相关信息做充分披露,该市场能产生交易者汇集功能和受益权转让价格的形成机制。中国信托登记中心的成立,为实现这一目标的重要一步。

中国信托登记公司的核心使命是变成信托受益权这样一种金融商品的交易平台(交易所),解决受益权转让的供方和需方信息不对称问题,发现受益权的价格。为了解决受益权流转的问题,首先要考虑放松《集合资金信托计划管理办法》第29条过分严格的转让限制,对这一条进行修改的必要性就变得紧迫起来。单一资金信托,如果能拆分转让给多个受益人,因属自愿的交易,对增加信托项目的流动性有着重要的意义,而并无其他风险,只需要求受益人属于合格投资者即可。受益权账户开立的办法也要求一个受益人只能有一个信托账户,能够在中信登开设受益权账户的人,都符合合格投资者的要求,即使分拆转让给多个受益人,并不增加信托项目风险,受让人无论受让额度多少,都属于合格投资者(当然,还需要考虑《集合资金信托计划管理办法》对受益人人数的要求)。所以《集合资金信托计划管理办法》第29条属于管制过度,可以删除。

(四)信托受益权的证券化?——以日本法为参考

在商事信托中,其受益权在事实上已经具备证券的属性。2019年12月28日,全国人大常委会第十五次会议通过了《证券法》的修改。《证券法》适用范围的第二条规定"资产支持证券和资产管理产品发行、交易的管理办法,由国务院依照本法的原则规定",这个授权肯定了资产支持证券和资产管理产品的证券性质,为信托受益权的证券化提供了坚实的法律支撑。

在日本旧信托法中,没有预先考虑受益权转让的情形,只限于在特别法(《投资信托法》和《贷款信托法》等)有规定的情况下才允许受益权的证券化。信托受益权基本上和民法上的指名债权(债权人特定的债权)受到同样的对待,虽说原则上可以转让,不过,可以通过特别的约定限制其转让。而作为转让对抗要件的转让人通知受托人、受托人的承诺等要求和《日本民法典》第466条以下关于债权让与的规定是同样的。按照指名债权的方式转让受益权十分烦琐不便。欲使受益权成为投资对象,受益权应能频繁且便捷地转让,所以需要法律提供更为简单可行的转让方法。在投资信托中,受益人有时会产生中途把受益权向别人转让的需求,而且,投资信托等商事信托在财产运用方法等诸多方面其实际形态和公司很接近,因此要求把信托受益权像公司股份一样进行快捷的流转是很自然的。为了应对这种需求,应把受益权有价证券化。

在日本旧法下的投资信托和贷款信托中的受益权已经被有价证券化。但这些信托类型都需要根据个别的法律明文认可受益权的有价证券化(投资信托及投资法人相关法律第5条1项49条之5第1项,《贷款信托法》第8条等)。有力的见解认为必须要为受益权证券化提供法律的根据。

顺应这种要求,《日本信托法》第185条以下设定了"受益证券发行信托的特例",明文规定了受益权可以成为有价证券,共涉及31个条文。该法第185条第1项规定"在信托行为中,可依本章之规定,规定发行表示一个或两个以上的受益权的证券(以下称'受益证券')",相应地,这样的信托被称为"受益证券发行信托"。

在受益证券发行信托中,受益证券的交付产生受益权转让的效力(同法第194条)。除了在受托人处的信托受益权原簿上进行记载和记录作为对抗的要件之外(同法第195条),取得受益证券交付的人就取得了该受益证券上记载的受益权(同法第196条2项本文)。可以看出,这里适用的是有价证券法原理。而且,在受益证券发行信托中,由于其预想的是向社会投资者转让受益权,受托人不得通过特别的约定减轻其注意义务标准(同法第212条1项)。

未来,中国信托登记公司应当研究并制订信托受益权证券化的相关规则。长期以来,最主要的理论障碍可能是《证券法》关于证券的定义过于狭窄。2019年《证券法》的修订扫清了这个障碍。

(五)新型的金融商品交易所?

金融监管机构设立中国信托登记公司、搭建转让平台的实质是建立一个新的金融产品交易所。目前的信托公司实务中,主要是资金信托,其中不少的比重是集合资金信托,单一资金信托分拆转让的时候也适用《信托公司集合资金信托计划管理办法》按集合项目调整(第53条),而集合资金信托计划基本上是基金化结构,每一元代表的是一个信托单位(第5条),因此,具有极强的标准化权利凭证的特点,这为信托受益权解决流动性提供了很好的制度基础。但是,长期以来信托受益权转让缺乏像证券交易所等统一的交易市场,信托项目信息、转让需求和受让需求等无法有效传递,信托受益权无法高效流通。而第三方交易平台不规范、缺乏公信力;信托公司自己的转让平台作用亦有限;现有的金融交易所也具有地域性,且并非专门针对信托受益权转让而设置,其参与主体受限,所以不能实现受益权的高效转让。

有了全国统一的信托登记公司,可以发挥其交易所的交易平台、交易者聚集功能和受益权价格发现功能。

不过,即使建立统一的登记公司或信托受益权交易所,该登记也不会起到为信托收益担保的作用。投资者风险自负仍然是不变的市场法则。

信托受益权作为一种财产权,如果能比较顺畅地转让,将会最大化其价值,增加信托财产的流动性。这样也会减少受托人所谓兑付的压力,对受益人而言也增加了信托产品的吸引力。

上面两个规则的确立将为信托在金融服务领域的健康发展提供重要的基础设施;为逐步健全和完善信托产品登记制度,改善信托市场的微观结构,保障信托各方当事人的权益,提高信托金融产品的公信力和影响力奠定坚实的基础。这些规则对信托业发展和监管具有积极意义,能够促进信托业务更加规范开展,完善行业信息披露,提升监管力度;能够降低信托产品被"冒用"等风险,有助于减少金融乱象,规范金融秩序;有助于提高信托业公信力,保护信托当事人的合法权益,推动信托市场深化发展。

二、《标准化债权类资产认定规则》(征求意见稿)和"信托转标"

所谓标准化资产和非标准化资产,其区分标准在于标准化和转让的便利性。该文件提出的标准化债权类资产/非标准化债权类资产的划分,使这个问题复杂化了。

所谓标准化债权类资产的提法,在英语中找不到对应的术语,流动性和标准化程度高的投资对象可能都应归属于证券,因此标准化资产乃至标准化债权类资产的表述可能属于我国实务部门的独创。作为资产管理投资的标的,这些资产当然可以划分为标准化与非标准化的资产,但是这些资产还可以按照债权类资产和权益型资产进行划分,如此,就可以划分出标准化债权类资产、标准化权益资产、非标准化债权类资产和非标准化权益资产,另外还有一些混合型或者中间型的资产形态。"征求意见稿"中特意强调债权类资产,似乎是把权益型资产排除在外。

由于信托是不兑付的(狭义的债要还本付息,即兑付),信托受益权是一种权益型投资,如此,信托受益权能否构成债权类资产就成为问题。

不过,"征求意见稿"似乎并没有严格遵循债权类资产和权益型资产的划分,例如,文件中提及的标准化债权类资产当中的证券交易所挂牌交易的资产支持证券以及固定收益类公开募集证券投资基金,很难理直气壮地认为其属于债权类资产。

总体的感觉是,"征求意见稿"更强调标准与非标准的区分,并没有严格区分债权类和权益类资产。这样,信托受益权能否转标的问题才有探讨的可能。

如前所述,信托受益权一直被认为是属于非标资产,其原因在于受益权内容非常复杂,例如有的信托文件会约定原状归还于受益人。即便是在以资金信托为主的信托公司实践中,不同信托项目的信托受益权也因信托财产的运用对象、运用方式和运用领域而有所不同。当然这都不是主要的理由。信托受益权流通的主要障碍是缺乏一个统一、高效的转让市场,该市场能对受益权背后的信托产品和信托项目的相关信息做充分披露,该市场能产生交易者汇集功能和受益权转让价格的形成机制。

中国信托登记中心的成立,为实现这一目标的重要一步。中信登在成立之后,在功能定位上存在一定的偏差。中信登作为银监会设立的公司,无论如何也无法履行《信托法》上所规定的信托登记功能。但是,至少可以把中信登改造为信托受益权转让的平台。该平台按照"征求意见稿"的转标要求逐一对照,逐渐完善信托受益权流通机制,信托受益权转标并非没有可能:

第一,关于"等分化可交易"。目前的信托公司实务中,主要是资金信托,其中较大比重是集合资金信托,单一资金信托分拆转让的时候也适用《信托公司集合资金信托计划管理办法》按集合项目调整(第53条),而集合资金信托计划基本上是基金化结构,每一元代表的是一个信托单位(第5条),因此,具有极强的标准化权利凭证的特点,这为信托受益权解决流动性提供了很好的制度基础。

第二,关于信息披露充分。银保监部门对信托产品制定了严格详尽的信息披露制度。

第三,关于"集中登记,独立托管"。原本集合资金信托的信托财产已经建立独立托管制度,中信登公布了《中国信托登记有限责任公司信托受益权账户管理细则》,标志着信托受益权登记也逐渐符合集中登记的要求。

第四,关于"公允定价,流动性机制完善"。中信登成立之后,解决了原来无法解决的一系列问题:受益权转让缺乏像证券交易所等统一的交易市场,信托项目信息、转让需求和受让需求等无法有效传递,信托受益权无法高效流通;第三方交易平台不规范、缺乏公信力;信托公司自己的转让平台作用亦有限;现有的金融交易所也具有地域性,且并非专门针对信托受益权转让而设置,其参与主体受限,所以不能实现受益权的高效转让等。中信登逐渐形成交易者聚集功能和受益权价格发现功能。

第五,关于"在银行间市场、证券交易所市场等国务院同意设立的交易市场交易"。中信登是经国务院同意、由原中国银监会批准设立并由其实施监督管理,现由中国银保监会实施监督管理、提供信托业基础服务的非银行金融机构,其功能中就包括信托产品转让。如果中信登能逐渐完善信托产品(受益权)转让机制,实际上完成信托产品交易,部分信托产品转标是有可能的。

第三节 我国信托立法的展望

一、概述

由于信托法为英美法制度,立法当时坚持"宜粗不宜细"的原则,再加上对"法律移植"和"本土化"如何进行衔接客观上有难度,18年前我国制定的《信托法》虽然引入了成熟信托法律制度中的大部分原理和规则,但因配套制度的欠缺,整体上操作性较差,仅仅依靠出台行政法规和其他规范性法律文件,无法从根本上解决信托法律制度的完整性问题,更不能满足社会发展对民事信托、营业信托及公益信托的多样化需求。现行《信托法》除了大量细节性条款需要修订外,还有三个制度性问题亟须解决:

一是信托登记制度。《信托法》第10条规定的信托登记制度,与我国现行法律规定的特定财产或财产权的设立、变更或终止的登记或注册制度之间缺少衔接和配套的法律制度。目前,我国尚未形成统一规范的信托登记制度,但在信托实践中,涉及信托登记的领域越来越多。《信托法》对于信托的登记机构、登记主体、登记内容、登记程序等问题均没有明确规定,现行财产登记机构一般以没有相关规定为由,对于相关信托活动的财产登记均不予办理,导致许多需要登记才能设立信托的财产和财产权,被排除在信托活动之外。国务院在2014年出台了《不动产登记暂行条例》及其实施细则没有解决信托登记的问题;之后的中国信托登记公司的成立没有、也不能解决信托财产特别是不动产的登记问题。这些都严重抑制了信托功能的发挥和信托活动的开展。

二是信托税收制度。信托本身原则上没有法人地位,在国外也有立法赋予商业信托以一定的实体地位以方便税收征缴。信托涉及委托人、受托人和受益人三方主体,存在信托设立、信托财产运营和信托利益分配三个环节,在征税的对象和征税的环节方面都需要一些特殊的规则。但是,由于配套的税收制度不健全,可能导致重复征税或者少征税的后果。信托税制的不完善是制约我国信托业发展的第二大瓶颈。

三是信托业法制度。现行《信托法》没有对信托业做出具体规定,仅在第四条中授权国务院制定具体管理办法,但是国务院至今尚未出台信托业的管理办法。信托是国际上资产管理活动的基础制度安排,信托业是我国发挥信托功能、从事资产管理活动的主要组织,《信托法》对于信托业规定的长期缺位,一方面,导致资产管理行业"政出多门",目前各金融部门均在从事信托或者类似信托的资产管理业务,但在市场准入、监管规则等方面,极其不统一,致使行业竞争环境不公平,不利于行业的健康发展;另一方面,也不利于投资者保护。具有信托本质的各类资产管理产品,由于缺乏统一的法律标准,导致实践中对于管理人的责任机制、投资者的权利保护机制具有巨大的差异性,宽严不一,极不利于投资者的保护。目前,我国资产管理市场"乱象丛生",与信托业立法内容的欠缺,有着直接关系。根据全国人大五年立法规划,信托法和信托业法的修改和制定工作均没有提上日程,但据称有关部门在推动制定信托公司条例,希望该条例的制订能为规范信托公司的经营活动和监管提供更明晰的行为指南。

信托法为资产管理基本法的观念逐渐确立起来。如前所述,我国目前从事营业信托活动的机构有三大类:第一类是信托公司,被称为"信托综合店",根据《信托法》和《信托公司管理办法》等法律法规开展各种形式的营业信托活动。第二类是基金管理公司等,属于"信托专营店",根据《信托法》《证券投资基金法》和《基金管理公司管理办法》等法律法规开展公募的证券投资基金信托业务。第三类，保险公司、银行等也可以成为企业年金信托的受托人，也可以兼营部分信托业务，被称为"信托兼营店"。事实上，保险公司从事的资产管理业务以及商业银行从事的理财活动在本质上也属于信托关系。但是，值得关注的是，基金公司、资产管理公司、基金子公司、保险公司、银行甚至信托公司在现实中适用的基本上是监管部门制定的相关行政规范和部门规章，《信托法》基本上被闲置。

资产管理行业整体上属于广义上的信托业，其各个行业在功能划分、监管体制、监管规则上应有一个统一的、高阶位的规划，否则法出多门，无法保证规则的统一和体系的协调，也会导致业界适用规则方面的混乱，无助于整个行业的健康有序发展。

事实证明，《资管新规》作为临时性的监管文件，虽然被期待承担统一资管市场规则和监管的功能，但是实际上无法胜任，它只能承担政策宣示功能，不能提供可操作的规则。因此，应修改和完善《信托法》的规则，确立《信托法》作为资产管理领域的基本法地位，并在时机成熟之时制定《信托业法》，统一规划资产管理行业的业务类型、市场划分、监管模式等，完善资产管理行业的顶层设计。

为此，应在行业内外澄清以下基本观念：

（1）应逐步确立《信托法》作为资产管理领域的基本法地位。并在时机成熟之时制定《信托业法》，统一规划资产管理行业的业务类型、市场划分、监管模式等，完善资产管理行业的顶层设计。

（2）应确立资产管理行业整体上遵守的法理为信托法理。信托关系多是根据合同关系设立，但是并非合同债权债务关系，而是一种财产管理关系，资产管理行业从业者的责任为受托人责任，而非简单约定的合同责任。

（3）受益人原则上为资产的剩余受益人；资产管理者（受托人）原则上仅能取得固定报酬。

（4）相应地，根据权责一致原则，除非受托人违反义务，受益人也是资产最终风险的承担者，此即"买者自负"原则；受托人亦无所谓"刚性兑付"责任。

为了适应社会对信托制度的急迫需求，充分挖掘和发挥信托制度的经济和社会促进功能，促进信托业的健康发展，充分保护资产管理产品投资者权益，防范金融风险，法学理论界、实务界和监管部门应在民众特别是投资者中普及《信托法》的原理和观念，《信托法》修改和《信托业法》制订工作也应尽早提上日程。

二、即将出台的《民法典》对《信托法》的影响

《信托法》是民法的特别法。2020年全国人大有望通过《民法典》,势必会对《信托法》的运作产生深远的影响。

虽然不能直接把信托等同于合同,信托合同是一种特殊的合同类型是没有争议的。在《信托法》就信托合同的成立、履行、效力、变更、终止、无效、可撤销等没有详尽规定的场合,仍然可以合理参照《民法典》中《合同法》乃至总则中关于法律行为的规定。

《信托法》创设了一种新型的财产权形态——信托受益权。《物权法》关于财产权的规定可能会对《信托法》产生一定的影响。

根据《信托法》的规定,就遗嘱信托等家事信托《信托法》没有规定的,要遵照民法中关于遗嘱继承的规定。其实,不仅仅是《继承法》,《民法典》的总则中关于自然人的规定,另外如《婚姻法》《收养法》都会对信托法产生重要的影响。

对于信托公司而言,未来从事家族信托,出现了一些和传统的金融业务不同的特点,其中最重要的变化就是需要重视民商事特别是家事法律的规定。从事家族信托业务需要研究深入《民法典》。

就目前的《民法典》征求意见稿而言,整体上是没有考虑和《信托法》制度的衔接和互动的,这是一件令人遗憾的事情。至少就信托业而言,信托业务的开展无法完全脱离民法。

三、继续期待《信托公司条例》的出台

《信托法》第4条规定"受托人采取信托机构形式从事信托活动,其组织和管理由国务院制定具体办法",授权国务院制定《信托机构条例》。但是《信托法》实施后的14年间,《信托机构条例》并没有出台,信托公司作为狭义的信托业一直由央行和银监会先后制定的《信托投资公司管理办法》和《信托公司管理办法》调整,抱怨调整信托业的规范层级较低的声音一直不绝于耳。如果能尽快出台《信托公司条例》,可以认为是对《信托法》第4条的一个姗姗来迟的回应。

虽然业界对条例的制订充满期待,但是,条例似乎无力解决制约信托业发展的几个瓶颈问题。

第一,信托财产登记制度和信托税制问题。根据现有的立法和规则制订程序,从银监会的层面无法实质推动信托财产登记和信托税制的建立和完善。银

监会在2016年推动设立中国信托业登记公司，2017年出台的《信托登记管理办法》主要规范信托产品及其受益权的集中登记、统一发行交易、信息披露与行业监测等，仍然解决不了信托财产登记特别是不动产作为信托财产登记的问题。由于《信托法》的修改和《信托业法》的制订遥遥无期，人们期待这些问题可以在国务院的层面得以推动解决。但《信托公司条例》似乎并没有特别关注这些问题。

关于信托财产登记中的不动产登记，本可以在国务院早些时候颁行的《不动产登记暂行条例》中加以规定，但是《不动产登记暂行条例》中没有相关规定，其实施细则中也没有解决这一问题；在《信托业条例》（征求意见稿）中只有两个条文的原则性规定，并且仍然有混淆信托财产登记和信托产品登记之嫌。

关于信托税制，即使考虑到税收法定的原则，由于信托税制几乎无关"税种的设立、税率的确定和税收征收管理等税收基本制度"（《立法法》第8条第6项），似可由国务院推动解决，但是在本条例的草案中并无任何相关迹象。

第二，信托业的分业经营和分业监管体制的重新梳理问题。银行、证券、保险、基金等金融行业从事的资管业务，和信托公司的信托业务并无本质区别，各监管部门出台的监管规则亦和信托监管的规则暗合。基于此，由国务院出台条例，按照"行为监管"的原则，把包括信托公司在内的广义的从事信托行为（信托业务）的金融机构纳入统一监管范围，把本条例（改称为"信托机构条例"）和《信托法》作为资管行业的上位法，是非常值得期待的。但是，本条例很显然不想也没有能力解决这一复杂的、涉及监管政策选择和监管权力分配的问题。在没有理顺现有的金融监管格局、没有理顺现有的立法（规则制定）体制之前，《信托公司条例》在短期内很难出台；即便出台，也无法解决上述信托业的核心关切。

从之前银监会一系列的监管规范的出台来看，显示出对信托业有从严监管的迹象。严格监管对于维护金融稳定、维护交易秩序和保护投资者均属必要之举，不过，立法者更应注意基本制度设施的完善，为市场主体提供便捷的、可预期的制度工具，让信托制度以其灵活性为社会、经济的发展提供动力。

中国信托业发展报告
(2020)

第六章

焦点探析:2019—2020年大资管行业政策框架与导向[①]

[①] 文章来源于守门看客,作者任涛。

2019年是理财子公司元年以及真资管元年,这一年理财子公司及相关产品体系已正式问世,大资管行业政策框架也已基本搭建完毕,因此从这一年开始,大资管行业的新格局、新生态将逐步确立,其在金融行业中的地位也将日益突出。

第一节 大资管行业基本政策框架梳理

截至目前,大资管行业的政策框架已基本搭建完毕。

一、已发布政策文件梳理

(1) 106号文、标准化债权资产认定规则(征求意见稿)以及央行的720补丁文件作为大资管行业的引领性文件。

(2) 银保监会2018年的6号令与7号令、2019年的204号文和理财子公司净资本管理办法(征求意见稿)分别对银行理财业务、理财子公司、结构性存款业务以及理财子公司的净资本的运作进行了规范。

(3) 证监会的2017年12号公告、151号令、2018年31号公告和39号公告分别对公募基金(含货币基金)的流动性风险(其流动性风险管理方法同样也被银行理财等资管行业所借鉴)、私募资管以及公募资管的运作进行规范。

(4) 中基协、中银协、中债中心等在整体一致原则的基础上发布了大资管行业的产品估值指引,甚至引入了侧袋机制,为资管行业估值体系的一致性奠定了基础。

(5) 发改委联合一行两会、财政部、外管局发布了1638号文,对资管产品投资私募股权创投基金的运作模式提出了规范原则,加上9月20日银保监会发布的理财子公司净资本管理办法以及10月12日发布一行两会一局发布的标准化债券类资产认定规则,目前关于《资管新规》中未明确的事项均大部分得到落实,并将很快得到实践。

二、待发布政策文件梳理

目前仍有9类大资管行业相关细则待发布,但考虑到已发布的政策文件,这些细则无碍大资管政策框架的基本确定。

(1)《资管新规》(银发〔2018〕106号文)明确了后续的五大配套细则,目前已经发布3个,尚有2份细则待出台,分别为商业银行信贷资产受(收)益权的投资限制和资产管理产品统计的具体制度。

(2)《商业银行理财子公司流动性管理办法》《大额风险暴露管理办法》《投资管理办法》等细则。

(3)《信托计划细则》(可能会有比较大的变动)及《保险资管细则》《期货资管细则》《私募投资基金运作细则》等。

(4)《理财子公司公募理财产品投资境内上市交易的股票的相关规定》(银保监会负责)。

(5)证券期货经营机构设立管理人中管理人(MOM)资产管理计划的具体规则(证监会负责)。目前仅部分基金公司专户、基金子公司涉及MOM业务。

(6)证监体系下私募资产管理产品向投资者提供信息披露文件的内容与格式指引(证监会或中基协负责)。

(7)非公开募集资金开展资产证券化业务的具体规则(证监会负责)。

(8)商业银行理财产品的金融市场开户问题(银保监会、央行与证监会负责)。

(9)大资管行业各类市场主体的牌照管理情况。

三、21部原资管相关政策文件被废除

新的大资管行业生态下,银保监和证监体系合计共有21部资管相关政策文件被废除,具体如表6-1所示。

表6-1 已废除的资管相关政策文件

(1)《商业银行个人理财业务管理暂行办法》(银监会令2005年第2号);(2)《商业银行个人理财业务风险管理指引》(银监发〔2005〕63号);(3)《关于商业银行开展个人理财业务风险提示的通知》(银监办发〔2006〕157号);(4)《关于调整商业银行个人理财业务管理有关规定的通知》(银监办发〔2007〕241号);(5)《关于进一步规范商业银行个人理财业务有关问题的通知》(银监办发〔2008〕47号);(6)《关于进一步规范商业银行个人理财业务报告管理有关问题的通知》(银监办发〔2009〕172号);(7)《关于进一步规范商业银行个人理财业务投资管理有关问题的通知》(银监发〔2009〕65号);(8)《关于规范信贷资产转让及信贷资产类理财业务有关事项的通知》(银监发〔2009〕113号);(9)《商业银行理财产品销售管理办法》(银监会令2011年第5号);(10)《关于进一步加强商业银行理财业务风险管理有关问题的通知》(银监发〔2011〕91号);(11)《关于规范商业银行理财业务投资运作有关问题的通知》(银监办发〔2013〕8号);(12)《关于完善银行理财业务组织管理体系有关事项的通知》(银监发〔2014〕35号)	(1)《证券公司客户资产管理业务管理办法》(证监会令第93号);(2)《基金管理公司特定客户资产管理业务试点办法》(证监会令第83号);(3)《期货公司资产管理业务试点办法》(证监会令第81号);(4)《证券公司集合资产管理业务实施细则》(证监会公告〔2013〕28号);(5)《证券公司定向资产管理业务实施细则》(证监会公告〔2012〕30号);(6)《关于实施有关问题的规定》(证监会公告〔2012〕23号);(7)《基金管理公司单一客户资产管理合同内容与格式准则》(证监会公告〔2012〕24号);(8)《基金管理公司特定多个客户资产管理合同内容与格式准则》(证监会公告〔2012〕25号);(9)《证券期货经营机构私募资产管理业务的规定》(证监会公告〔2016〕13号)

四、大资管行业政策框架图

图6-1为目前大资管行业的政策框架图,其中最为紧缺且必要的可能是上位法的明确。

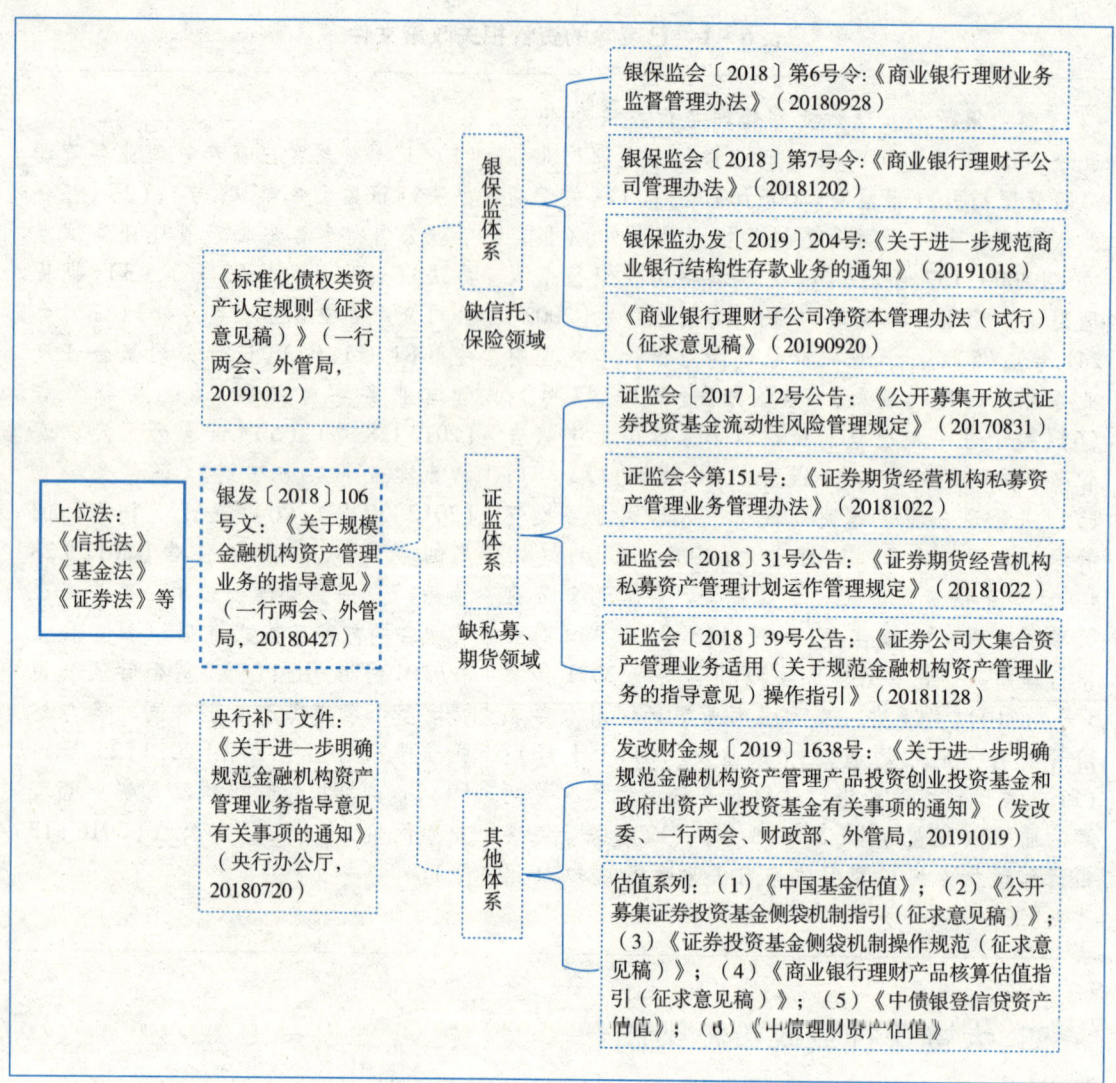

图6-1　大资管行业政策框架

第二节　大资管行业主体框架

一、基本构成及对应规模

大资管行业目前的构成主要包括商业银行理财(非保本)、信托公司(单一与集合)、公募基金(一对一与一对多)、基金子公司、证券公司及其资管子公司(定向集合与专项)、私募基金(证券股权创投)、保险资管、期货资管及子公司等领域,其中银保监会体系规模达到44.71万亿元(不含非保本等),证监会体系规模达到51.67万亿元。

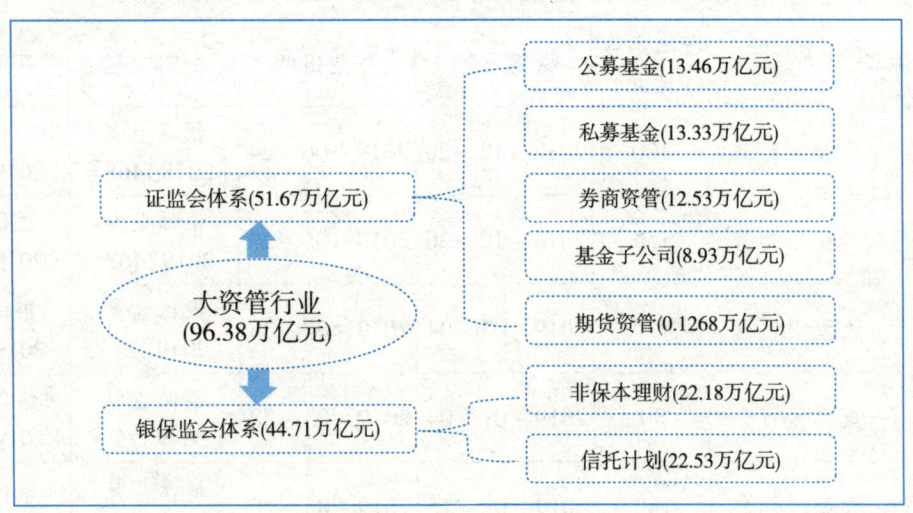

图6-2 大资管行业构成

二、大资管行业的新成员(12家已获批筹、7家已获开业,另有18家银行公告表示设立理财子公司)

(1)12家银行的理财子公司已经批筹,分别为全部国有六大行,股份行中的光大银行、招商银行、兴业银行等3家股份行以及宁波银行、杭州银行和徽商银行等3家城商行。其中,中行、农行、交行、工行、建行、光大银行与招商银行等7家银行的理财子公司的开业申请也已获批准。

(2)除以上12家银行的理财子公司外,另有18家银行也已公告表示要设立理财子公司,分别为股份行中的民生银行、浦发银行、中信银行、平安银行、华夏银行、广发银行,以及城商行中的北京银行、江苏银行、上海银行、南京银行、青岛银行、重庆银行、长沙银行、成都银行、威海市商业银行和朝阳银行。目前中信银行在其2019年业绩发布会上已明确表示预计年内理财子公司将获批。

(3)还包括顺德农商行、广告农商行等2家农商行。目前为止尚无1家农商行的理财子公司获批,我们预计前五大农商行,即重庆农商行、北京农商行、上海农商行、广州农商行以及成都农商行的理财子公司获批的希望最大。

(4)目前3家城商行的理财子公司设立地点均在母行所在地,即宁波银行、杭州银行与徽商银行,因此从目前来看地方性银行想要把理财子公司注册地点放到母行注册地以外的可能性非常低。

表6-2 理财子公司获批情况

12家理财子公司已经获批筹、7家理财子公司已获开业批复						
银行名称	发文部门	注册资本（亿元）	批筹日期	开业日期	批筹文号	开业文号
中国银行	大型银行部	100	2018-12-26	2019-06-24	银保监复〔2018〕468号	银保监发〔2019〕624号
建设银行	大型银行部	150	2018-12-26	2019-05-20	银保监复〔2019〕467号	银保监复〔2019〕524号
农业银行	大型银行部	120	2019-01-04	2019-07-22	银保监复〔2019〕24号	银保监复〔2019〕699号
交通银行	大型银行部	80	2019-01-04	2019-05-28	银保监复〔2019〕25号	银保监复〔2019〕544号
工商银行	大型银行部	160	2019-02-15	2019-05-20	银保监复〔2019〕203号	银保监复〔2019〕523号
光大银行	股份制银行部	50	2019-04-16	2019-09-25	银保监复〔2019〕440号	
招商银行	股份制银行部	50	2019-04-16		银保监复〔2019〕441号	
邮储银行	大型制银行部	80	2019-05-28		银保监复〔2019〕540号	
兴业银行	股份制银行部	50	2019-06-06		银保监复〔2019〕569号	
杭州银行	城市银行部	10	2019-06-24		银保监复〔2019〕622号	
宁波银行	城市银行部	10	2019-06-26		银保监复〔2019〕637号	
徽商银行	城市银行部	20	2019-08-21		银保监复〔2019〕784号	

表6-3 申请设立的理财子公司情况

银行	公告时间	实际批设时间	注册资本（亿元）	信息来源	控股	是否引入战略投资者	设立地点	简称	是否通过股东会决议
民生银行	2018-06-30		50	董事会决议	全资	—	—	—	—
浦发银行	2018-08-30		100	董事会决议	全资	—	上海	浦银资管	是

续表

银行	公告时间	实际批设时间	注册资本（亿元）	信息来源	控股	是否引入战略投资者	设立地点	简称	是否通过股东会决议
中信银行	2018-12-14		20	董事会决议	—	—		信银理财	—
平安银行	2018-06-07		50	董事会决议	全资	根据需要		平银资管	无
华夏银行	2018-04-20		50	董事会决议	全资	根据需要			
广发银行	2018-07		50						
北京银行	2018-04-27		50	董事会决议	—	—		—	—
江苏银行	2018-11-09		—	董事会决议					
南京银行	2018-06-08		20	董事会决议	全资				无
青岛银行	2018-12-07		10					青银理财	
顺德农商行	2018-12-07		10						
重庆银行	2018-12-14		10	董事会决议	不低于51%	后续引入		渝银理财	—
广州农商行	2018-12-14		20	董事会决议	不低于51%	计划引入		珠江理财	
长沙银行	2018-12-21		10	董事会决议	全资	—	长沙	长银理财	是
成都银行	2019-01-10		10	董事会决议	全资		成都	成银理财	无
上海银行	2019-01-18		30	董事会决议	全资	根据需要	上海	上银理财	—
威海市商业银行	2019-04			董事会决议					
朝阳银行	2019-04			董事会决议					

三、上市银行非保本理财规模具体情况（截至2019年6月底）

在是否成立理财子公司以及评估未来的发展前景来说，存量非保本理财规模的重要性不言而喻。我们统计了截至2019年6月底38家上市银行的非保本理财规模情况。

（1）可以发现超过2万亿元的银行只有2家，分别为工商银行与招商银行。另有7家银行的非保本理财规模位于1万亿~2万亿元之间，分别为建设银行、农业银行、浦发银行、兴业银行、中信银行、中国银行、交通银行。

（2）5000亿元~1万亿元之间的银行有5家，分别为民生银行、邮储银行、光大银行、平安银行与华夏银行。

（3）城商行的非保本理财规模在1000亿元以上的银行有7家，分别为江苏银行、北京银行、上海银行、南京银行、宁波银行、杭州银行与徽商银行。

（4）农商行的非保本理财规模仅重庆农商行1家超过1000亿元。这里的非保本理财规模并没有囊括私人银行等高净值理财。而我们列示这些数据的原因在于，对于很多银行而言，除传统的表内业务外，非保本理财等表外业务业已干得风生水起。特别是对于多数主流银行而言，表外业务规模多已占表内业务的40%左右（即便是城商行也有20%～30%），这一比例应该能够给商业银行的发展带来一些思考。

表6-4 上市银行非保本理财规模

银行名称	非保本理财规模（亿元）	较2018年12月	银行名称	非保本理财规模（亿元）	较2018年12月
工商银行	23318.14	-9.47%	宁波银行	2498.29	6.44%
招商银行	21098.49	2.81%	杭州银行	2144.01	14.36%
建设银行	18061.23	-1.90%	徽商银行	1474.64	45.45%
农业银行	15378.97	-9.88%	重庆农商行	1269.43	15.36%
浦发银行	13650.63	-0.77%	广州农商行	841.46	8.39%
兴业银行	11947.64	-1.72%	青岛银行	821.61	14.86%
中信银行	10991.80	3.80%	贵阳银行	789.71	5.02%
中国银行	10580.89	-8.56%	哈尔滨银行	658.76	-2.19%
交通银行	10081.06	5.01%	盛京银行	571.86	9.37%
民生银行	8621.28	1.34%	苏州银行	535.25	7.24%
邮储银行	8078.00	6.64%	中原银行	471.36	11.99%
光大银行	7045.06	2.25%	长沙银行	470.49	4.73%
平安银行	5748.53	6.89%	郑州银行	423.60	16.45%
华夏银行	5045.46	7.51%	九江银行	350.95	-1.03%
浙商银行	3420.97	0.52%	江西银行	328.34	0.62%
江苏银行	3187.00	8.29%	成都银行	238.82	7.73%
北京银行	3128.85	-3.87%	青岛农商行	234.06	6.75%
上海银行	2764.00	9.38%	西安银行	144.46	1.04%
南京银行	2752.63	-9.34%	江阴银行	86.86	50.02%

第三节 大资管行业具体政策导向对比

一、维度1:产品端(资管产品分类)

《资管新规》之前,各行业资管产品的分类比较繁杂。仅以银行理财为例,其分类方式包括按发行对象划分(即一般个人理财、高净值理财、私人银行理财、机构理财、同业理财);按是否保本划分(保本理财和非保本理财);按申购特征分为开放式与封闭式;按发行方式分为公募和私募;按设计特征分为分级与非分级;按投资对象分为固定类、权益类、混合类等等。

(一)资管产品的本质应为信托与证券

按现有资管产品的分类方式,既有集合类,亦有单一类,也有专项类。同时,如果按照法律关系,还有债权关系的资管产品(如存贷款、债券、资产支持证券、保险等);权益关系的资管产品(如股权、债权、权益凭证等);信托关系(如集合资管、集合信托、信托受益凭证);保险关系(万能险、投联险)等等。因此大资管行业的最主要任务是将各类资管产品的本质统一进行定性或梳理,目前将其归为信托类、证券类是常态要求。

(二)按募集方式和投资性质两个维度分为两大类

2018年4月27日发布的《资管新规》(106号文)统一了资管产品的分类方式,和之前相比仅有两种产品分类方式。

(1)按募集方式的不同,分为公募产品和私募产品,前者是指面向不特定社会公众公开发行(人数超过200人,且投资范围较窄),后者是指面向合格投资者非公开方式发行。

(2)按投资性质的不同,分为固定收益类产品(投资债权类资产的比例不低于80%)、权益类产品(投资权益类资产的比例不低于80%)、商品及金融衍生品类产品(投资商品及金融衍生品的比例不低于80%)和混合类产品(未达到前面三类标准的产品)。

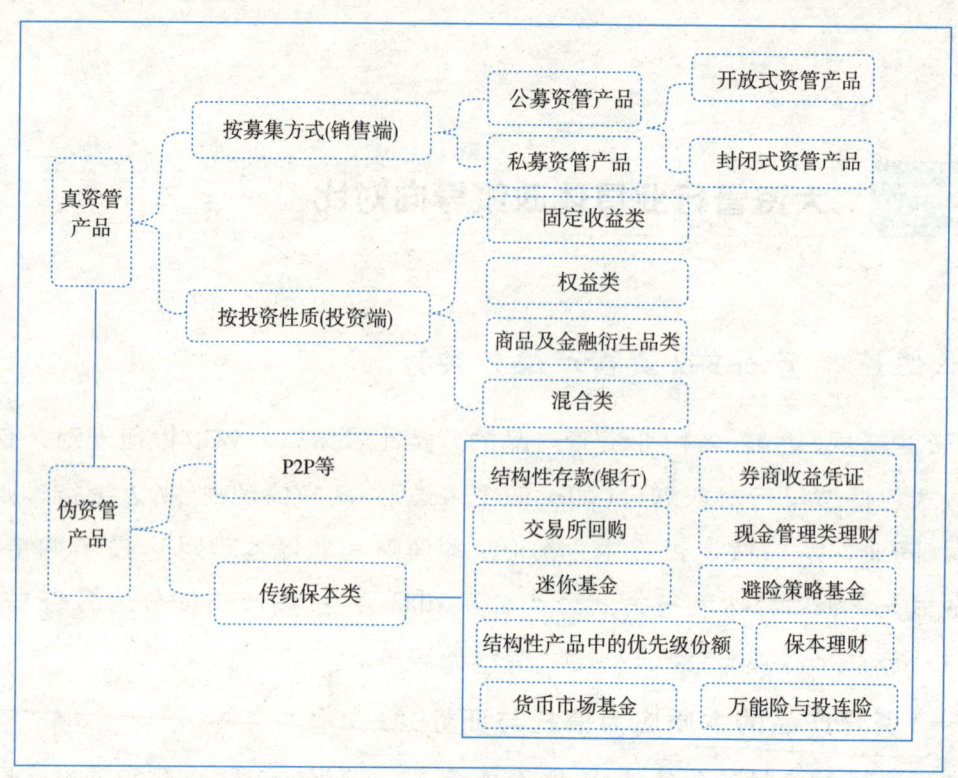

图 6-3 资管产品的分类

(三)其他细分资管产品

上述分类方式较为传统,事实上还可以进一步细分,如公募资管产品可以分为开放式和封闭式(期限最短不得少于 90 天),而开放式还可以进一步分为定期开放式、不定期开放式。按发行方是否自行认购还可分为发起式资管产品和其他资管产品(目前仅理财子公司、公募基金等被允许发行发起式资管产品),且发起式资管产品的存在目的往往只是为了便于销售,吸引投资者。其中对封闭式资管产品而言,期限最短不少于 90 天,且仅有封闭式资管产品可以投资于未上市企业股权及其受(收)益权的,未上市企业股权及其受(收)益权的退出日不得晚于封闭式资产管理产品的到期日。

(四)伪资管产品(传统保本类)

需要指出的是,除以上资管产品外,还存在一些伪资管产品,主要是传统保本类,目前这些产品基本均面临整改,要么存量有序压缩,要么纳入表内。如银行体系的结构性存款、保本理财、现金管理产品;保险体系的万能险与投连险;基金体系的避险基金、货币市场基金、迷你基金;证券体系的交易所回购、券商收益凭证、大集合资产管理产品(目前正要求对照公募基金管理,否则将转为私募);等等。

(五)公募与私募资管产品的区分

公募与私募资管产品的分类主要基于风险承受能力的差异,由于投资者的不同,其他方面的规定也存在一定区别,特别是公募资管产品主要靠政策约束,私募资管产品则主要靠合同约束(遵从双方意愿)。

(1)公募资管产品主要参照《证券法》来进行运作,面向社会公众公开发行(风险承受能力较弱),人数在200人以上,而私募资管产品主要面向合格投资者发行。

(2)公募资管产品的投资范围更窄,只能投资标准化资产,不得投资未上市企业股权,而私募资管产品的投资范围由合同约定、受约束较小、遵从自愿原则。

(3)公募资管产品的信息披露更严,开放式产品按照开放频率披露,封闭式产品至少每周披露一次,私募资管产品按合同约定但至少每季度披露。

(4)公募资管产品的受托机构必须为金融机构,私募资管产品的受托机构可以为私募基金管理人。

(5)公募和开放式私募资管产品不能分级,只有封闭式私募资管产品才可以进行分级。

(6)公募资管产品往往仅存在于银行、基金等领域,也即银行、理财子公司与公募基金(含货币基金)可以发行公募资管产品,而保险、期货、信托、私募基金所发行的资管产品主要为私募。但是信托也有自己的特别之处,那就是信托所发行的产品投资端是按照私募的规定动作、销售端则按照公募的模式发行,因此比较占便宜,后续的信托管理办法预计会在这方面的约束有所加强。

(7)公募和私募资管产品可以投资各类公募,且投资公募后可以不再穿透至底层资产,私募资管产品的委托方为公募的也无须向上穿透最底层投资者。

二、维度2:销售端(针对社会大众的公募资管产品)

公募资管产品的销售端是最受瞩目的,销售起点低意味着投资者范围可以足够广,代销机构范围大意味着拓客空间可以深入挖掘。

(1)和商业银行理财相比,理财子公司不设销售起点(商业银行公募理财的销售起点为1万元人民币),可以通过其他机构渠道(商业银行理财只能通过本行与其他银行业金融机构)进行代销。

(2)这意味着理财子公司的销售不一定必须通过营业场所进行,可以通过第三方理财、线上渠道等进行销售,也意味着不强制要求个人投资者首次购买理财产品进行面签,允许投资者在首次购买理财产品前,通过理财子公司或其代销机构渠道(含营业场所和电子渠道)进行风险承受能力评估。

(3)这对于销售能力本就薄弱、零售业务基础较差的中小银行而言,无疑是最大利好,特别是在发行货币类产品、现金管理类产品方面。因此销售端的大利好一定程度上还可能帮助发行端,丰富产品类型,二者相互促进。

表6-5 公募资管产品销售渠道对比

公募基金(含货币基金)	理财子公司公募理财	银行公募理财
不设销售起点	1. 不设起点金额	1. 销售起点金额不得低于1万元人民币
既可以通过互联网渠道发售,亦可以通过各类金融机构进行代售	2. 银行业金融机构代销外,也可以通过银保监会认可的其他机构代销(含第三方理财、线上渠道)	2. 只能通过本行营业网点和电子渠道销售,或者通过其他商业银行、农村合作银行、村镇银行、农村信用合作社等吸收公众存款的银行业金融机构代理销售理财产品

三、维度3:销售端(针对合格投资者的私募资管产品)

私募资管产品的销售可以自行推广,也可以委托具有基金销售资格的机构销售或者推介资产管理计划。同时对于私募资管产品而言,最关键的问题就在于合格投资者资格的确定。

(一)合格投资者认定的重要性

合格投资者标准的制定是一项非常复杂的工作,其重要性就在于可以基于普通投资者与合格投资者的划分,在投资标的等约束方面采取差异化政策,按照承受的风险能力匹配相应的资产配置形态。但是如何认定合格投资则显得更为具体和重要,其重要性在于,在产品分类的基础上,需要避免认定的标准过低而将风险识别能力和承受能力较低的公众投资者纳入合格投资者,从而引发非法集资的风险。这应是合格投资者认定的最基本考虑。

(二)《资管新规》前,合格投资者的认定自成体系

《资管新规》前,资管行业对于合格投资者的认定基本是自成体系的,银行、信托、券商、基金等均有自己的规定,但相互之间的认定标准存在一定差异,例如在证监体系下常常为合格投资者,但在银监体系下,则往往会被称为私人银行客户、高资产净值客户,并且不同银行还有自己的分类标准。整体上看,在合格投资者认定方面,集合资金信托计划的自然人、商业银行理财中的高资产净值客户需要提供收入或财产证明,其他类型的资管产品均不需要提供收入或财产证明,

仅需要做出承诺即可。而目前也只有集合资金信托计划和一对多基金声望规定单笔委托金额在 300 万元以上的投资者数量不受限制，其他类型的资管产品未有此规定。

表 6-6 合格投资者认定条件

		合格投资者认定（《资管新规》前）
信托公司	集合资金信托	（1）最低金额不低于 100 万元人民币，单笔委托金额 300 万元以上的投资者数量不受限制； （2）个人或家庭金融资产总计超过 100 万元人民币，且能提供相关财产证明的自然人； （3）个人收入在最近三年内每年收入超过 20 万元人民币或夫妻双方合计收入在最近三年内每年超过 30 万元人民币且能提供相关收入证明的自然人
证券公司	集合资产管理计划	（1）个人或家庭金融资产合计不低于 100 万元人民币，不需要提供证明； （2）公司、企业等机构净资产不低于 1000 万元人民币； （3）依法设立并受监管的各类集合投资产品； （4）自然人不得用筹集的他人资金参与集合计划； （5）法人或依法成立的其他组织用筹集的资金参与集合计划的，应当提供筹集资金的证明文件； （6）集合资管计划规模上限为 50 亿元
	定向资产管理计划	（1）单个客户的资产净值不得低于人民币 100 万元，各证券公司可在该最低限额的基础上，提高最低限额，注意这里是指资产，而非资金； （2）证券公司董事、监事、从业人员及其配偶不得作为本公司定向资产管理业务的客户
保险资管	定向产品	单一投资人初始认购资金不得低于 3000 万元
	集合产品	投资人总数不得超过 200 人，单一投资人初始认购资金不得低于 100 万元
基金专户	一对一	为单一客户办理特定资产管理业务的，客户委托的初始资产不得低于 3000 万元，中国证监会另有规定的除外
	一对多	（1）初始金额不低于 100 万元人民币，且能够识别、判断和承担相应投资风险的自然人、法人、依法成立的组织或中国证监会认可的其他特定客户； （2）初始资产合计不得低于 3000 万元人民币，但不得超过 50 亿元，中国证监会另有规定的除外，单笔委托金额在 300 万元以上的投资者数量不受限制

续表

合格投资者认定（《资管新规》前）	
私募基金	具备相应风险识别能力和风险承担能力，投资于单只私募基金的金额不低于100万元且符合下列相关标准的单位和个人： (1) 净资产不低于1000万元的单位； (2) 金融资产不低于300万元或者最近三年年均收入不低于50万元的个人； (3) 社会保障基金、企业年金等养老基金，慈善基金等社会公益基金； (4) 依法设立并在基金业协会备案的投资计划； (5) 投资于所管理私募基金的私募基金管理人及其从业人员； (6) 中国证监会规定的其他投资者； (7) 以合伙企业、契约等非法人形式，通过汇集多数投资者的资金直接或者间接投资于私募基金的，私募基金管理人或者私募基金销售机构应当穿透核查最终投资者是否为合格投资者，并合并计算投资者人数
资产支持证券	按照《私募投资基金监督管理暂行办法》来认定。资产支持证券应当面向合格投资者发行，对象不超过200人，单笔认购不少于100万元人民币发行面值或等值份额

（三）《资管新规》后，合格投资者的认定标准归于统一

《资管新规》之后，将合格投资者的认定标准归于统一，从认定原则上沿用了2014年8月颁布的《私募投资基金监督管理暂行办法》，即采用资产规模或收入水平和单只资管产品的最低认购金额这一双重标准进行认定。

第一，目前《资管新规》及配套细则对合格投资者的定义和两个认定标准也基本明确。当然在具体细节上还存在一些差异，例如，资产规模或收入水平是否需要提供资产或收入证明等资料没有明确，这在具体执行和操作时会遇到较大麻烦。

第二，监管体系下私募资产管理计划投资于非标准化资产的，接受单个合格投资者委托资金的金额不低于100万元。

第三，2017年6月，中基协、中证协、中期协相继发布《基金募集机构投资者适当性管理实施指引（试行）》《证券经营机构投资者适当性管理实施指引（试行）》和《期货经营机构投资者适当性管理实施指引（试行）》三部文件，引导对投资者适当性进行管理。

表 6-7 各监管政策对合格投资者的认定标准

	定义	资产规模或收入水平标准	最低认购金额标准
《资管新规》	具备相应风险识别能力和风险承担能力，投资于单只资产管理产品不低于一定金额且符合下列条件的自然人和法人或者其他组织	(1) 具有2年以上投资经历，且满足以下条件之一：家庭金融净资产不低于300万元，家庭金融资产不低于500万元，或者近3年本人年均收入不低于40万元； (2) 最近1年末净资产不低于1000万元的法人单位； (3) 金融管理部门视为合格投资者的其他情形	合格投资者投资于单只固定收益类产品的金额不低于30万元，投资于单只混合类产品的金额不低于40万元，投资于单只权益类产品、单只商品及金融衍生品类产品的金额不低于100万元； 投资者不得使用贷款、发行债券等筹集的非自有资金投资资产管理产品
《商业银行理财业务（征求意见稿）》		(1) 具有两年以上投资经历，且满足下列条件之一的自然人：家庭金融净资产不低于300万元人民币，家庭金融资产不低于500万元人民币，或者近3年本人年均收入不低于40万元人民币； (2) 最近1年末净资产不低于1000万元人民币的法人或者依法成立的其他组织； (3) 国务院银行业监督管理机构规定的其他情形	商业银行发行私募理财产品的，合格投资者投资于单只固定收益类理财产品的金额不得低于30万元人民币，投资于单只混合类理财产品的金额不得低于40万元人民币，投资于单只权益类理财产品、单只商品及金融衍生品类理财产品的金额不得低于100万元人民币
《证券期货私募经营机构私募资产管理业务（征求意见稿）》		(1) 具有二年以上投资经历，且满足下列条件之一的自然人：家庭金融净资产不低于300万元，家庭金融资产不低于500万元，或者近三年本人年均收入不低于40万元； (2) 最近一年末净资产不低于1000万元的法人单位； (3) 依法设立并接受国务院金融监督管理机构监督的机构，包括证券公司及其子公司、基金管理公司及其子公司、期货公司及其子公司、在基金业协会登记的私募基金管理人、商业银行、金融资产投资公司、信托公司、保险公司、保险资产管理公司、财务公司及中国证监会认定的其他机构； (4) 接受国务院金融监督管理机构监管的机构发行的资产管理产品； (5) 基本养老金、社会保障基金、企业年金等养老基金，慈善基金等社会公益基金，合格境外机构投资者（QFII）、人民币合格境外机构投资者（RQFII）； (6) 中国证监会视为合格投资者的其他情形	合格投资者投资于单只固定收益类资产管理计划的金额不低于30万元，投资于单只混合类资产管理计划的金额不低于40万元，投资于单只权益类、商品及金融衍生品类资产管理计划的金额不低于100万元。资产管理计划接受其他资产管理产品参与的，不合并计算其他资产管理产品的投资者人数。资产管理计划接受其他私募资产管理产品参与的，证券期货经营机构应当有效识别资产管理计划的实际投资者与最终资金来源

四、维度4：投资端（理财子公司最松）

关于投资端的整体限制，《资管新规》没有规定得特别具体，主要有相关细则明确。但为避免金融机构突破人数限制，《资管新规》明确同一金融机构发行多只资管产品投资同一资产的资金总规模不得超过300亿元，如果超出该规模，需经金融监督管理部门批准。其他关于自有资金以及资管产品的投资端政策约束如下：

（一）关于自有资金的投资规定

目前仅有商业银行理财、理财子公司、证券期货经营机构的私募资管产品对自有资金的投资进行了规定。

第一，商业银行不得用自有资金购买本行发行的理财产品，不得为理财产品投资的非标准化债权类资产或权益类资产提供任何直接或间接、显性或隐性的担保或回购承诺，不得用本行信贷资金为本行理财产品提供融资和担保。

第二，理财子公司自有资金持有现金、银行存款、国债、中央银行票据、政策性金融债券等具有较高流动性资产的比例不得低于50%。理财子公司投资于其发行的理财产品，不得超过其自有资金的20%，不得超过单只理财产品净资产的10%，不得投资于分级理财产品的劣后级份额。

第三，证券期货经营机构（私募）自有资金参与单个集合资产管理计划的份额不得超过该计划总份额的20%。证券期货经营机构及其附属机构以自有资金参与单个集合资产管理计划的份额合计不得超过该计划总份额的50%。

（二）资管产品的投资端政策对比（理财子公司最松）

和《资管新规》《商业银行理财办法》相比，理财子公司在投资端的约束要更少一些，主要体现在以下几点：

第一，理财子公司发行的理财产品可以投资于其他银行业金融机构发行的理财产品。

第二，虽然均限定投资非标资产的余额不超过理财产品净资产的35%，但没有要求不得超过上一年总资产的4%。

第三，理财子公司没有对单一债务人及其关联企业的非标债权资产投资余额进行限制（商业银行理财业务明确对单一债务人及其关联企业的非标债权投资余额不得超过资本净额的10%）。

第四,在股权投资方面,理财子公司仅限定其全部开放式公募理财产品持有单一上市公司股票的最高比例不超过可流通股票的15%,明显更为宽松。而商业银行理财业务则限定全部公募理财持有比例不超过单只证券或基金市值(包括可流通市值)的30%,且全部理财产品持有单只证券或基金的市值不得超过资本净额的10%。

这意味着商业银行理财子公司发行的理财产品可以投资同业理财,且在权益性投资方面也是大幅放松。同时,理财子公司发行的理财产品在投资端还取消了资本净额的10%和总资产的4%这两个比例约束。

表6-8 资管产品投资端监管政策对比

	《商业银行理财子公司管理办法》	《资管新规》	《商业银行理财业务监督管理办法》
同业投资	不得直接投资于信贷资产,不得直接或间接投资于主要股东的信贷资产及其受(收)益权,不得直接或间接投资于主要股东发行的次级档资产支持证券,零售理财不得直接或间接投资于不良资产受(收)益权	不得直接投资于商业银行信贷资产。商业银行信贷资产受(收)益权的投资限制由金融特定部门另行制定	不得直接投资于信贷资产,不得直接或间接投资于本行信贷资产,不得直接或间接投资于同业理财,不得直接或间接投资于本行发行的次级档信贷资产支持证券(规定更严)
非标投资	全部理财产品投资于非标准化债权类资产的余额在任何时点均不得超过理财产品净资产的35%	公募资管产品不得投资于非标资产,且只有封闭式私募资管产品方可投资于非上市企业股权	(1)全部理财产品投资于单一债务人及其关联企业的非标准化债权类资产余额,不得超过本行资本净额的10%;(2)全部理财产品投资于非标准化债权类资产的余额在任何时点均不得超过理财产品净资产的35%,也不得超过本行上一年度审计报告披露总资产的4%
股票投资	银行理财子公司全部开放式公募理财产品持有单一上市公司发行的股票,不得超过该上市公司可流通股票的15%		(1)单只公募资管产品投资单只证券或者单只证券投资基金的市值不得超过该资管产品净资产的10%;(2)同一金融机构发行的全部公募资管产品投资单只证券或者单只证券投资基金的市值不得超过该证券市值或者证券投资基金市值的30%,其中,同一金融机构全部开放式公募资产管理产品投资单一上市公司发行的股票不得超过该上市公司可流通股票的15%;(3)同一金融机构全部资产管理产品投资单一上市公司发行的股票不要超过该上市公司可流通股票的30%

五、维度5：关于分级产品和杠杆的规定

《资管新规》《理财新规》《私募资管新规》以及《理财子公司管理办法》对分级产品的发行以及杠杆的设定均进行了明确。

（一）分级产品的定义及政策规定：银行不得发行（理财子公司可以）、证监体系下的封闭式集合资管可以分级

第一，资管新规定明确分级资产管理产品的定义为"存在一级份额以上的份额为其他级份额提供一定的风险补偿，收益分配不按份额比例计算，由资产管理合同另行约定的产品"。

第二，《商业银行理财业务监督管理办法》对分级理财产品的定义更为具体，即"按照本金和收益受偿顺序的不同，将理财产品划分为不同等级的份额，不同等级份额的收益分配不按份额比例计算，而是由合同另行约定、按照优先与劣后份额安排进行收益分配的理财产品"。

第三，根据目前的政策规定，商业银行不得发行分级理财产品（没有明确封闭式私募是否可以），但是理财子公司可以发行分级理财产品，这也是理财子公司的优势之一。

第四，证监体系下的开放式集合资产管理计划、单一资管计划均不得发行分级产品，仅封闭式集合资管可以发行。

（二）杠杆水平的定义及政策规定（包括负债杠杆和分级杠杆两个部分）

大资管行业的杠杆分为负债杠杆和分级杠杆两类，前者是指资管产品投资的总资产/资管产品的净资产（这类杠杆的产生主要是因为金融机构会通过同业融资等行为增加杠杆水平），后者是指分级产品中的优先级（含中间级）/劣后级（即分级比例）。我们可以看下《商业银行理财业务监督管理办法》对杠杆水平的定义。

即所谓的杠杆水平，是指理财产品总资产/理财产品净资产，计算理财产品总资产时，应当按照穿透原则合并计算理财产品所投资的底层资产。理财产品投资资产管理产品的，应当按照理财产品持有资产管理产品的比例计算底层资产。《资管新规》《理财新规》等对相应资管产品的杠杆水平设定如下所示。

（1）关于负债杠杆，《资管新规》《理财新规》等政策文件的规定为，开放式公

募、封闭式公募、分级私募和其他私募资管产品的杠杆率分别不得高于140%、200%、140%和200%（即总资产/净资产），也即四类资管产品的资产负债率分别不得高于2/7、50%、2/7和50%，同时禁止对资管产品进行质押。

（2）关于分级杠杆，固定收益类产品、权益类产品、商品及金融衍生类产品、混合类产品的分级比例（优先级份额/劣后级份额）分别不得超过300%、100%、200%和200%，也即优先级份额的比例分别不得高于75%、50%、2/3和2/3。

六、维度6：净资本、风险资本、风险准备与流动性风险监管

净资本、风险资本、风险准备对大资管行业的重要性不言而喻，几乎各类监管指标的计算基础（可以参照商业银行资本充足率来思考）均源于此。目前理财子公司、信托公司、券商、基金等均已引入净资本监管理念，可以基于净资本、风险资本细项权重的设计来引导大资管行业朝着规范的方向发展。

（一）关于净资本（理财子公司与基金子公司类似、相对较宽松）

（1）虽然各类资管行业的净资本与注册资本起点要求不同（理财子公司最高），但均要求净资本与净资产的比例、净资本与风险资本的比例均分别不得低于40%和100%。

（2）整体上看和券商、公募基金等相比，理财子公司的净资本监管仍处于相对宽松的境地，鉴于公平性考虑，我们认为理财子公司管理办法最终以什么版本呈现还需要看银保监会体系与证监会体系之间的博弈。

表6-9 资管行业对不同类型金融机构的监管指标

	银保监体系		证监会体系	
	理财子公司	信托公司	证券公司	基金子公司
注册资本（亿元）	≥10.00	≥3.00	≥0.50	≥0.20
净资本（亿元）	≥5.00	≥2.00	≥0.50	≥1.00
净资本/净资产	≥40%			
净资本/风险资本	≥100%			

续表

	银保监体系		证监会体系	
	理财子公司	信托公司	证券公司	基金子公司
其他监管指标		(1)不得开展除同业拆入业务以外的其他负债业务；(2)同业拆入余额不得超过其净资产的20%、对外担保余额不得超过其净资产的50%；(3)向他人提供贷款不得超过其管理的所有信托计划实收余额的30%	(1)核心净资本/表内外资产总额≥8%；(2)流动性覆盖率不得低于100%；(3)净稳定资金比率不得低于100%；(4)净资本/负债不得低于8%；(5)自营权益类证券及证券衍生品/净资本不得高于100%；(6)自营固定收益类证券/净资本≤500%；(7)持有一种权益类证券的成本与净资本的比例≤30%；(8)持有一种权益类证券的市值与其总市值的比例≤5%；(9)证券公司对客户融资融券最长期限不得高于6个月；(10)对单一客户的融资或融券规模/净资本不得高于5%；(11)接受单只担保股票市值与该股票总市值比例前五名	净资产/负债≥20%

表6-10 不同类型金融机构净资本、风险资本计算方法

	银保监体系		证监会体系	
	理财子公司	信托公司	证券公司	基金子公司
净资本计算公式	净资本=净资产-∑(应收账款余额×扣减比例)-∑(其他资产余额×扣减比例)-或有负债调整项目+/-国务院银行业监督管理机构认定的其他调整项目	净资本=净资产-各类资产的风险扣除项-或有负债的风险扣除项-中国银行业监督管理委员会认定的其他风险扣除项	净资本=核心净资本+附属净资本。其中,核心净资本=净资产-资产项目的风险调整-或有负债的风险调整+其他调整项目；附属净资本=长期次级债×规定比例+其他调整项目	净资本=净资产-相关资产余额×扣减比例-或有负债调整项目+或-中国证监会认定或核准的其他调整项目

续表

	银保监体系		证监会体系	
	理财子公司	信托公司	证券公司	基金子公司
风险资本计算公式	风险资本＝∑(自有资金投资的各类资产余额×风险系数)＋∑(理财资金投资的各类资产余额×风险系数)＋∑(其他各项业务余额×风险系数)	风险资本＝固有业务风险资本＋信托业务风险资本＋其他业务风险资本	—	各类业务风险资本准备＝该类业务规模×风险资本准备计算系数

（二）关于风险资本（鼓励投向标准化资产、理财子公司相对最宽松）

（1）鼓励投向标准化，不鼓励自有资金投资信用债和理财产品

如果仅以风险系数来衡量，则可以看出标准化债权类资产、标准化股权类资产、标准化衍生品资产、公募基金以及现金等高流动性资产是监管最为鼓励的，其风险系数均设定为0，但对其他类投向均设定不同的风险系数，导向上各有侧重。从自有资金来看，受限更多，但相对而言理财子公司自有资金能够投资的品种要广泛大于信托公司和基金子公司，但在风险系数设定上基本和基金子公司一致，且显著不鼓励投向信用债以及自身发行的理财产品，明确鼓励投向现金、利率债等、同业资金（主要指商业银行及政策性银行）等高流动性的资产。

（2）理财子公司与基金子公司的风险系数设置的对比

从具体风险系数的设计来看，理财子公司与基金子公司（一对多）最为接近，如标准化债权和标准化股权类资产的风险系数均为0，非标准化债权类资产均按照评级、担保方式分别设定1.50%、2.00%和3%的风险系数进行设定，而在附加风险资本的系数设定上也均考虑跨境投资资产和结构化产品两类进行设定（均为0.5%和1%）。当然，二者也有不同，如自有资金投资政策性金融债的风险系数（理财子公司与基金子公司分别为0%和2%）、自有资金投资本公司发行的理财产品（理财子公司针对不同理财产品设定了具体的风险系数）、针对未上市企业股权的风险系数（理财子公司与基金子公司分别为1.50%和0.60%）等等。

需要说明的是，这里对未上市企业股权的风险系数设定理财子公司主要参照了信托公司（二者均为1.50%）。

表 6-11 自有资金投资风险资本的风险系数

项目	风险资本的风险系数对比		
	理财子公司	信托公司（集合）	基金子公司（一对多）
一、自有资金投资风险资本			
（一）现金及银行存款	0%		
（二）拆放同业等			
1. 开发银行、政策性银行及商业银行	0%		
2. 其他金融机构	10%		
（三）固定收益类证券			
1. 国债	0%		0%
2. 地方政府债券	5%		5%
3. 中央银行票据	0%		0%
4. 政府机构债券	2%		2%
5. 政策性金融债券	0%		2%
6. 外部信用评级 AAA 级的信用债券	10%		10%
7. 外部信用评级 AAA 级以下、AA 级以上的信用债券	15%		15%
8. 外部信用评级 AA 级（含）以下、BBB 级以上的信用债券	50%		50%
9. 外部信用评级 BBB 级（含）以下及未评级、出现违约风险的信用债券、流通受限的信用债券	80%		80%
（四）本公司发行的理财产品			有区别
1. 现金管理类理财产品	5%		
2. 其他固定收益类理财产品	10%		
3. 权益类理财产品	15%		
4. 商品及金融衍生品类理财产品	20%		
5. 混合类理财产品	20%		

表 6-12 理财资金投资风险资本的风险系数

二、理财业务对应的资本			
（一）理财资金投资对应的资本			
1. 现金及银行存款、拆放同业等	0%		
2. 固定收益类证券	0%		0%
3. 其他标准化债权类资产	0%	0.2%	0%
4. 非标准化债权类资产			
（1）融资主体外部信用评级 AA+（含）以上	1.5%		1.5%
（2）融资主体外部信用评级 AA+ 以下及未评级			
其中：抵押、质押类	1.5%		1.5%
保证类	2%		2%
信用类	3%		3%
5. 股票	0%		0%
6. 未上市企业股权	1.5%	1.5%	0.60%
7. 衍生产品			
（1）符合标准化金融工具特征的衍生产品	0%		0%
（2）其他衍生产品	1%		
8. 商品类资产	1%		
9. 另类资产	1%		
10. 公募证券投资基金	0%		
11. 其他	3%		
（二）附加风险资本			
1. 跨境投资资产	0.5%		0.5%
2. 本公司分级理财产品投资资产	1%		1%
三、其他业务对应的资本			
四、各项风险资本合计			

（三）关于风险准备金（按照管理费收入的 10% 计提）

之前各行业资管产品的风险准备金计提要求不同，《资管新规》对此进行了统一规定：①按照资管产品管理费收入的 10% 计提风险准备金，或者按照规定计量操作风险资本或相应风险资本准备。风险准备金余额达到产品余额的 1% 时可以不再提取。②风险准备金主要用于弥补因金融机构违法违规、违反资管产品协议、操作错误或技术故障等给资管产品财产或者投资者造成的损失。③对于目前不适用风险准备金计提或资本计量的金融机构,如信托公司(按照税后利润的5%计提信托赔偿准备金),后续会在具体细则中进行规范。

(四)流动性风险管理(七种工具)

流动性风险管理办法由各资管细分行业监管部门制定(目前还未发布),我们预计商业银行理财业务和理财子公司的流动性风险管理办法应该会参照证监会 2017 年 8 月 31 日发布的《公开募集开放式证券投资基金流动性风险管理规定》(证监会〔2017〕12 号公告)来制定,该文件明确了 6 种流动性风险管理工具,分别为:①延期办理巨额赎回申请;②暂停接受赎回申请;③延续支付赎回款项;④收取短期赎回费;⑤暂停基金估值;⑥摆动定价等。当然如果加上侧袋估值,则流动性风险管理工具实际上有 7 种。

七、维度 7:非标债权认定

2019 年 10 月 12 日,一行两会一局发布了《标准化债权类资产认定规则(征求意见稿)》(以下简称《认定规则》),在 106 号文的基础上对标准与非标债权进行了界定。

(一)106 号文提出了标准化债权类资产的条件、《认定规则》明确了具体细则

106 号文提出标准化债权类资产的条件,即:①等分化、可交易;②信息披露充分;③集中登记、独立托管;④公允定价、流动性机制完善;⑤在银行间市场、证券交易所市场等经国务院同意设立的交易市场交易。在 106 号文的基础上,《认定规则》对上面 5 个条件进一步给予了具体解释。

表 6-13 认定为标准化债权资产的条件及细则

	认定为标准化债权资产的条件及细则
等分化、可交易	以簿记建档或招标方式非公开发行,发行与存续期间有 2 个(含)以上合格投资者,以票面金额或其整数倍作为最小交易单位,具有标准化的交易合同文本

续表

认定为标准化债权资产的条件及细则	
信息披露充分	投资者和发行人在发行文件中约定信息披露方式、内容、频率等具体安排,信息披露责任主体确保信息披露真实、准确、完整、及时。发行文件中明确发行人有义务通过提供现金或金融工具等偿付投资者,或以破产隔离的基础资产所产生的现金流偿付投资者,并至少包含发行金额、票面金额、发行价格或利率确定方式、期限、发行方式、承销方式等要素
集中登记、独立托管	在人民银行和金融监督管理部门认可的债券市场登记托管机构集中登记、独立托管
公允定价、流动性机制完善	采用询价、双边报价、竞价撮合等交易方式,有做市机构、承销商等积极提供做市、估值等服务。买卖双方优先依据历史成交价格或做市机构、承销商报价确定交易价格。若该资产无历史成交价格或报价,可参考其他第三方估值 提供估值服务的其他第三方估值机构具备完善的公司治理结构,能够有效处理利益冲突,同时通过合理的质量控制手段确保估值质量,并公开估值方法、估值流程,确保估值透明
在国务院同意设立的交易市场交易	为其提供登记托管、清算结算等基础设施服务的机构,已纳入银行间、交易所债券市场基础设施统筹监管,按照分层有序、有机互补、服务多元的原则与债券市场其他基础设施协调配合,相关业务遵循债券和资产支持证券统一规范安排

(二)现有标准化债权类资产的范围(基本和证监会的口径一致)

标准化债权类资产主要包括债券、资产支持证券等固定收益证券、固定收益类公开募集证券投资基金以及由存款(包括大额存单)、债券逆回购、同业拆借等形成的资产。具体包括国债、央票、地方政府债券、政府支持机构债券、金融债券、非金融企业债务融资工具、公司债券、企业债券、国际机构债券、同业存单、信贷资产支持证券、资产支持票据、证券交易所挂牌交易的资产支持证券、票交所的相关产品,以及固定收益类公开募集证券投资基金等。事实上这一口径基本和证监会相一致。

表 6-14 标准化资产和非标准化资产的认定范围对比

证监会已清晰界定了标准化资产和非标准化资产	
标准化资产	非标准化资产
(1)银行存款、同业存单	(1)非标准化债权类资产、股权类资产、商品及金融衍生品类资产
(2)符合《指导意见》规定的标准化债权类资产,包括但不限于在证券交易所、银行间市场等国务院同意设立的交易场所交易的具有合理公允价值和完善流动性机制的债券、央行票据、短期融资券、中期票据、资产支持证券、非金融企业债务融资工具等	
(3)上市公司股票,以及中国证监会认可的其他标准化股权类资产	(2)除公募基金外,其他受国务院金融监督管理机构监管的机构发行的资产管理产品
(4)在证券期货交易所等国务院同意设立的交易场所交易的期货期权合约	
(5)公开募集证券投资基金	

(三)现有非标准化债权类资产的范围(口径较为严格,银登、北金所、报价系统、保交所等均被视为非标)

对于直接存在一些争议或侥幸心理的资产,目前多已被列入非标准化债权类资产,且口径上较为严格,如理财直接融资工具(银行业理财登记托管中心)、信贷资产流转和收益权转让相关产品(银行业信贷资产登记流转中心)、债权融资计划(北金所)、收益凭证(中证报价系统)、债权投资计划和资产支持计划(上海保交所)以及其他为单一企业提供债权融资的各类金融产品等均被列入非标。

八、维度8:大资管行业估值

资管产品包括的类别很多,如银行理财、私人银行、信托计划(单一和集合)、私募基金、券商资管(含集合定向与专项)、期货资管、保险资管、保险受托资管计划等等。由于产品种类众多,之前很长时间并没有统一的估值标准,不过这一现状目前正在被改变。整体上看,证监会体系正在掌握着大资管行业估值的主动权,事实上证监会体系于2005年便已成立了货币基金影子定价小组,2007年成立了估值小组,2012年之后,中基协开始在基金估值的问题上发力,并已尝试解决了多种投资品种的估值方法。同时中基协还自2017年开始每年发布《中国基金估值标准》,以期作为行业统一标准指引。

(一)关于估值的一些政策规定

《资管新规》和《理财新规》以及中基协的《估值指引》是目前资管产品估值

最权威和最基本的政策文件,均鼓励对资管产品以公允价值(含市价)方法进行估值。当然也允许符合一定的封闭式产品采取摊余成本法。

表 6-15 对资管产品估值的相关规定

文件	具体估值规定
《资管新规》 (20180427): 银发〔2018〕 106 号文	(1)资管产品投资的金融资产坚持公允价值计量原则,鼓励使用市值计量 (2)允许符合以下条件之一的部分资产以摊余成本计量: 第一,产品封闭式运作,且所投金融资产以收取合同现金流量为目的并持有到期; 第二,产品封闭式运作,且所投金融资产暂不具备活跃交易市场,或者在活跃市场中没有报价也不能采用估值技术可靠计量公允价值
《资管新规 补丁文件》 (20180720)	对于封闭期在半年以上的定期开放式资产管理产品,投资以收取合同现金流量为目的并持有到期的债券,可使用摊余成本计量,但定期开放式产品持有资产组合的久期不得长于封闭期的 1.5 倍;银行的现金管理类产品在严格监管的前提下,暂参照货币市场基金的"摊余成本+影子定价"方法进行估值
《理财新规》 (20180928): 银保监会 〔2018〕6 号令	(1)实行净值化管理,坚持公允价值计量原则,鼓励以市值计量所投资资产,允许符合条件的封闭式理财产品采用摊余成本计量 (2)过渡期内,允许现金管理类理财产品在严格监管的前提下,暂参照货币市场基金的"摊余成本+影子定价"方法进行估值,确认和计量理财产品的净值

(二)标准化投资品种的估值方法基本一致

由于中基协在估值方面具有丰富的经验,因此中银协发布的估值指引基本充分借鉴了中基协的模式,在绝大多数投资品种(以标准化为主)估值方法上基本保持一致。①对于权益类证券和固定收益类证券主要以公允价值为主,这里的估值方法要么参照估值日收盘价、最近交易日收盘价、估值技术或直接使用第三方估值结果(如中债登和中证登),其中基金主要采取份额净值或日基金收益等标准。②对于长期停牌股票,均明确了指数收益法、可比公司法、市场价格模型法、现金流折现法、市场乘数法等传统估值方法。③对于限售股票,均引入了流动性折扣,或引入看跌期权法。④对非上市股权,中基协和中银协的估值方法也比较一致,均采用市场法(参考最近融资价格法、市场乘数法、行业指标法)、收益法(现金流折现法和股利折现法)、成本法(净资产法)等常用的估值方法。

(三)中银协对结构性理财有更明确的估值指引

和中基协估值指引不同的是,中银协针对结构性理财还专门明确了估值指引,即采用蒙特卡洛模拟的方法对风险因子进行模拟,在模拟出标的资产未来价值后,根据合同中收益的分配规则确定在不同情况下可获得的收益。重复以上步骤来生成大量的随机路径并计算出每条路径可能对应的收入现金流的折现值,这些现金流折现值的平均值即为该产品在估值日的公允价值。

(四)关于非标债权资产的估值虽然中基协未提,但和中银协是一致的

虽然中银协有而中基协没有提及非标债权资产的估值,但参照《资管新规》,中基协对非标债权资产的估值基本是默认的。即三种情况下可使用摊余成本法进行估值,这也是银行理财最大的优势。

(1)资产管理产品为封闭式产品,且所投金融资产以收取合同现金流量为目的并持有到期。

(2)资产管理产品为封闭式产品,且所投金融资产暂不具备活跃交易市场,或者在活跃市场中没有报价,也无法采用适当的估值技术可靠计量公允价值。

(3)金融机构前期以摊余成本计量的金融资产的加权平均价格与资产管理产品实际兑付时金融资产的价值的偏离度达到5%或以上的产品数超过所发行产品总数的5%,不得再发行以摊余成本计量金融资产的资产管理产品。

表6-16 不同类别资管产品的估值方法

	投资品种	中基协	中银协
标准化投资品种	权益类证券(公允价值、交易类金融资产)	上市流通股	估值日收盘价(最近交易日收盘价或重大事件调整等)
		优先股	估值日收盘价(最近交易日收盘价或重大事件调整等)、现金流折现模型等
		长期停牌股票	采用指数收益法、可比公司法、市场价格模型法、现金流折现法、市场乘数法、重置成本法等估值技术(中基协还包括CAPM)
		限售股票	引入流动性折扣(依据第三方估值机构或看跌期权法等方法)
		股指期货	估值日或最近交易日结算价
		黄金BTF	收盘价或最近结算价
	固收类证券(交易性、以摊余成本计量的金融资产)	交易所固收证券	选取中证登提供的估值净价
		交易所含转股权固收证券	使用净价进行估值
		ABS和私募债	按成本估值(持续评估)
		银行间固收证券	选取中债登提供的价格数据
		跨市场品种	分开进行估值(根据第三方)
		其他摊余成本法	按企业会计准则

续表

	投资品种	中基协	中银协
标准化投资品种	配股权（交易性金融资产）	公允价值计量（或估值技术）	
	存款（含同业，摊余成本计量）	成本法	
	证券投资基金（交易性金融资产） 非上市基金	非货基（估值日的净值）、货基（前一估值日后至估值日期间的万份收益计提估值日基金收益）	
	证券投资基金（交易性金融资产） 上市基金	ETF、定开与封闭式（收盘价），LOF（份额净值）	
	衍生品（交易性金融资产）	结算价等	公允价值（估值技术等）
	结构性理财	仅银行业协会：采用蒙特卡洛模拟的方法对风险因子进行模拟，在模拟出标的资产未来价值后，根据合同中收益的分配规则确定在不同情况下可获得的收益；重复以上步骤来生成大量的随机路径并计算出每条路径对应可能收入现金流的折现值，这些现金流折现值的平均值即为该产品在估值日的公允价值	
非标债权资产		三种情形可使用摊余成本法： (1) 资产管理产品为封闭式产品，且所投金融资产以收取合同现金流量为目的并持有到期； (2) 资产管理产品为封闭式产品，且所投金融资产暂不具备活跃交易市场，或者在活跃市场中没有报价也无法采用适当的估值技术可靠计量公允价值； (3) 金融机构前期以摊余成本计量的金融资产的加权平均价格与资产管理产品实际兑付时金融资产的价值的偏离度达到5%或以上的产品数超过所发行产品总数的5%，不得再发行以摊余成本计量金融资产的资产管理产品	
非上市公司股权（新三板挂牌企业参照执行）		估值日估计各单项投资的公允价值，采取以下几种方法：市场法（参考最近融资价格法、市场乘数法、行业指标法）；收益法（现金流折现法和股利折现法）；成本法（净资产法）	
金融资产减值问题（针对非交易性的金融资产，包括房产、交易量较低的债券、股票、文物、担保债务凭证、私募股权）		(1) 在理财产品报告日和产品开放日前应对该类资产进行减值计量，并按照不同情形分别计量其损失准备、确认预期信用损失及其变动； (2) 理财产品管理人无法对金融资产进行合理评估预期风险计提减值时，可采用"侧袋估值"（流动性风险管理工具）	

（五）非标转标的步伐会加快

除通过资产证券化等方式将非标债权类资产转化成标准债权外，通过有效的估值方法按照标准债权对非标债权进行估值，并取得金融管理部门的认可也是一个路径，鉴于当前较大规模的非标债权资产，我们认为非标转标的步伐可能会加快，并且这一过程预计会得到金融管理部门的鼓励。事实上目前一些非标准化交易场所均在朝着这个方向努力，如2019年10月14日，中债金融估值中心根据银行业理财登记托管中心的理财直接融资工具、银行理财投资的非标准化债权资产提供的信息发布了中债理财资产传值等等。

九、维度9：后续可能会对私人银行等财富管理业务采取牌照管理模式

鉴于产品的分类以及销售端的约束，我们认为后续监管机构可能会对开展私人银行业务、财富管理业务以及高净值业务采取牌照管理模式，设置一定的准入门槛。事实上目前国内开展私人银行业务的银行也仅局限于招商银行、工商银行、建设银行、中国银行、农业银行、中信银行、浦发银行、兴业银行和光大银行等几家。

中长期来看我们强烈建议商业银行积极主动发展私人银行业务，否则后续面临准入门槛时再行开展可能会遥遥无期。目前更多的银行正期望于通过私人银行业务模式将传统的资产管理业务客户迁徙成为中高端客户，如平安银行。因此，私人银行业务的发展不仅能够起到稳定和固化客户的目的，还可以通过不断地迁徙进一步提高存量客户的质量。此外，客户数本身并不是限制私人银行业务发展的根本障碍，例如招商银行的私人银行产品很多并不是卖给本行零售客户，而是销售给那些采购客户，可见从这个角度来看，私人银行也可以进一步提升渠道销售能力。

十、维度10：大资管行业的重要任务是服务于承接债务压力

虽然《资管新规》《理财新规》S《理财子公司管理办法》等一系列政策文件的主旨是为了防范金融风险、服务实体经济，但究其本质导向则是为了服务于经济发展，更多是为了服务于债务的化解。有两个文件基本可以印证这个判断：

（1）发改委联合央行等七部委于2018年1月26日联合发布《关于市场化银

行债权转股权实施中有关具体政策问题的通知》(152号文),明确提出"符合条件的银行理财产品可依法依规向实施机构发起设立的私募股权投资基金出资"。

(2)2019年10月19日,发改委、一行两会一局、财政部联合发布《关于进一步明确规范金融机构资产管理产品投资 创业投资基金和政府出资产业投资基金有关事项的通知》(发改财金规〔2019〕1638号),明确资管产品和私募基金投资创业投资基金、政府出资产业投资基金时,不视为一层嵌套,也即这两类私募基金享受着比公募基金更高的待遇,某种程度上也是为了吸纳大资管行业的进入。

我们之前已经明确指出,目前地方政府显性债务与隐性债务规模分别达到30万亿元与40万亿元,且未来3~5年均处于地方政府债务集中偿还期,为化解地方政府债务风险,除打包卖给其他经济体,也就只有寻找资管资金承接这一条路。因此可以预见,后续大资管行业将更多地服务于承接债务压力。